Gerhard Bosch

# Qualifizieren statt entlassen

Sozialverträgliche Technikgestaltung Band 9

Herausgeber: Der Minister für Arbeit, Gesundheit und Soziales
des Landes Nordrhein-Westfalen

Die Schriftenreihe „Sozialverträgliche Technikgestaltung" veröffentlicht Ergebnisse, Erfahrungen und Perspektiven des vom Minister für Arbeit, Gesundheit und Soziales des Landes Nordrhein-Westfalen initiierten Programms „Mensch und Technik – Sozialverträgliche Technikgestaltung". Dieses Programm ist ein Bestandteil der „Initiative Zukunftstechnologien" des Landes, die seit 1984 der Förderung, Erforschung und sozialen Gestaltung von Zukunftstechnologien dient.
Der technische Wandel im Feld der Mikroelektronik und der modernen Informations- und Kommunikationstechnologien hat sich weiter beschleunigt. Die ökonomischen, sozialen und politischen Folgen durchdringen alle Teilbereiche der Gesellschaft. Neben positiven Entwicklungen zeichnen sich Gefahren ab, etwa eine wachsende technologische Arbeitslosigkeit und eine sozialunverträgliche Durchdringung der Gesellschaft mit elektronischen Medien und elektronischer Informationsverarbeitung. Aber es bestehen Chancen, die Entwicklung zu steuern. Dazu bedarf es einer breiten öffentlichen Diskussion auf der Grundlage besserer Kenntnisse über die Problemzusammenhänge und Gestaltungsalternativen. Die Interessen aller vom technischen Wandel Betroffenen müssen angemessen berücksichtigt werden, die technische Entwicklung muß dem Sozialstaatspostulat verpflichtet bleiben. Es geht um sozialverträgliche Technikgestaltung.
Die Schriftenreihe „Sozialverträgliche Technikgestaltung" ist ein Angebot des Ministers für Arbeit, Gesundheit und Soziales, Erkenntnisse und Einsichten zur Diskussion zu stellen. Es entspricht der Natur eines Diskussionsforums, daß die Beiträge die Meinung der Autoren wiedergeben. Sie stimmen nicht unbedingt mit der Auffassung des Herausgebers überein.

Gerhard Bosch

# Qualifizieren statt entlassen

*Beschäftigungspläne in der Praxis*

2. Auflage

Westdeutscher Verlag

CIP-Titelaufnahme der Deutschen Bibliothek

**Bosch, Gerhard:**
Qualifizieren statt entlassen: Beschäftigungs-
pläne in der Praxis / Gerhard Bosch. –
Opladen: Westdt. Verl., 1990
(Sozialverträgliche Technikgestaltung;
Bd. 9)
ISBN 3-531-12155-3

NE: GT

2. Auflage, 1990

Der Westdeutsche Verlag ist ein Unternehmen der Verlagsgruppe Bertelsmann International.



Umschlaggestaltung: Horst Dieter Bürkle, Darmstadt
ISBN 978-3-531-12155-0 ISBN 978-3-322-97009-1 (eBook)
DOI 10.1007/978-3-322-97009-1

# Inhaltsverzeichnis

# 1 Forschungsthema: Beschäftigungspläne

## 1.1 Problemaufriß

In vielen Ländern haben inzwischen Großunternehmen bei Massenentlassungen oder Betriebsstillegungen Verantwortung mitübernommen, neue Arbeitsplätze zu schaffen oder die betroffenen Beschäftigten in eine neue Beschäftigung zu vermitteln. In einem internationalen Überblick über die hierzu inzwischen vorliegenden vielfältigen Erfahrungen wurde noch vor wenigen Jahren allein in der Bundesrepublik und in Japan eine bewußte Abwehrhaltung der Unternehmen gegen eine aktive Beschäftigungspolitik in betrieblichen Krisenperioden festgestellt. Die Situation in beiden Ländern wird treffend wie folgt charakterisiert: „In Japan und der Bundesrepublik gehen die Großunternehmen davon aus, daß sie, um Arbeitsplätze zu schaffen, in erster Linie wettbewerbsfähig und profitabel sein müssen. Die Probleme des Strukturwandels (reconversion) können nicht von den Großunternehmen direkt bewältigt werden, sondern bleiben Aufgabe der öffentlichen Hand oder anderer Institutionen" (Sagét 1986, S. 26-27).

Dies hat sich seit 1985 verändert. Vor allem auf Druck der Gewerkschaften und Betriebsräte wurden in etwa 20 bis 30 Betrieben in den letzten Jahren sogenannte *Beschäftigungspläne* vereinbart. Entgegen dem vorherrschenden Trend, Kündigungen wieder zu erleichtern bzw. zu umgehen, der sich beispielsweise in der Erleichterung befristeter Arbeitsverträge manifestiert (vgl. Bosch, Seifert 1984; Dragendorf u.a. 1988), wird hier vor oder sogar anstelle einer endgültigen Entscheidung über eine Entlassung zunächst einmal eine *Qualifikationsphase* angeboten.

Die Idee zu Beschäftigungsplänen ist Ende der siebziger Jahre entstanden. In ihr sind Vorschläge zur Produktdiversifizierung, die in gewerkschaftlichen Arbeitskreisen zur „Alternativen Produktion" entwickelt wurden, mit Überlegungen zur Einrichtung eines Arbeitskräftepools, in denen Beschäftigte in Krisenzeiten qualifiziert werden, Ersatzarbeiten ausführen etc., verschmolzen worden. Das Konzept des Arbeitskräftepools wurde in einem Projekt des Projektträgers Humanisierung des Arbeitslebens für die Howaldt Deutsche Werft in Hamburg 1981 präzisiert, dann aber vom Unternehmen nicht umgesetzt. Ohne diese verschiedenen gedanklichen Vorläufe wäre es jedoch 1985 nicht zum Abschluß des ersten Beschäftigungsplanes bei Grundig gekommen.

Die Philosophie der Beschäftigungspläne läßt sich wie folgt zusammenfassen:

1) Durch die Kombination betrieblicher Mittel für Sozialpläne mit zusätzlichen öffentlichen Mitteln der Bundesanstalt für Arbeit oder der Strukturpolitik soll der finanzielle Atem der betrieblichen Personalpolitik verlängert werden. Damit gewinnen die Unternehmen, aber auch ganze Regionen Zeit für eine Diversifizierung, durch die Arbeitslosigkeit vermieden und eine rasche Anschlußtätigkeit nach der Qualifizierung gesichert werden kann.
2) Die Bindung der Beschäftigten an den Betrieb wird während der Qualifizierung aufrechterhalten. Auch un- und angelernte Beschäftigte und Fachkräfte mit einer inzwischen veralteten Ausbildung können betriebliche Umstrukturierungsprozesse durch eine entsprechende Qualifizierung mitvollziehen. Sie gehören somit nicht zu den Verlierern des betrieblichen Strukturwandels, wie bei der häufig zu beobachtenden Rotationsstrategie der Unternehmen, schlechter qualifizierte Beschäftigte zu entlassen und dafür besser qualifizierte einzustellen.
3) In ihrem gewohnten betrieblichen Zusammenhang können gerade auf dem externen Arbeitsmarkt eher benachteiligte Gruppen leichter als in der persönlichkeitszerstörenden Anonymität der Arbeitslosigkeit für eine Weiterbildung gewonnen werden; motivationsfördernd können die – wenn teilweise auch nur vage – Perspektive auf eine Weiterbeschäftigung, die Unterstützung durch andere Kollegen, die sich in der gleichen Lebenslage befinden, und schließlich auch der weiterbestehende Schutz durch den Arbeitsvertrag und die kollektive Interessenvertretung wirken. Durch Beschäftigungspläne können somit Gruppen von Qualifizierungsmaßnahmen erreicht werden, die von der „Qualifikationsoffensive" der letzten Jahre kaum profitiert haben.

Auf der Basis solcher Beschäftigungspläne wurden 1987 und 1988 zwar schätzungsweise nur 2.000 – 3.000 Personen qualifiziert, eine geringfügige Zahl, wenn man sie in Beziehung zu den fast 550.000 Eintritten in Weiterbildungsmaßnahmen der Bundesanstalt für Arbeit allein im Jahre 1987 setzt.

In Perioden raschen Wandels können jedoch nicht nur hohe Prozentzahlen Maßstab bei der Auswahl von Forschungsthemen sein. Neue Entwicklungen kündigen sich zwangsläufig zunächst einmal in Form von Randerscheinungen an. Die Zukunftsorientierung von Forschung erweist sich damit in ihrer Sensibilität für Entwicklungstrends. Folgende Trends sprechen dafür, daß in Zukunft zumindest einige Elemente der Beschäftigungspläne an Bedeutung gewinnen können:

- *Rascher technologischer und wirtschaftlicher Strukturwandel,* der vor allem in den industriellen Kernsektoren mit steigenden Qualifikationsanforderungen und einer systematischeren Personalauslese verbunden ist (vgl. u.a. Kern/Schumann 1984; Jürgens u.a. 1988), erfordert aus betrieblicher Sicht zunehmend breitere Qualifikationen, mit denen Produkt-

oder Verfahrensänderungen ohne allzu große Friktionen (lange Anlernzeiten, hoher Ausschuß etc.) bewältigt werden können.

- Es ist absehbar, daß *weitere Branchen* des verarbeitenden Gewerbes der Bundesrepublik in den nächsten Jahren *Beschäftigungseinbußen* hinnehmen müssen (z.B. Automobilindustrie). Von Entlassungen und Arbeitslosigkeit werden gerade an- und ungelernte Beschäftigte bedroht sein, so daß der politische Druck, sozialverträglichere Mechanismen des Strukturwandels zu praktizieren, auch in der Bundesrepublik wachsen wird.
- Die *Gewerkschaften* versuchen zunehmend – in Reaktion und in Antizipation dieser Entwicklungen, auf den wirtschaftlichen Strukturwandel Einfluß zu nehmen; sie fordern, die Arbeitsmarktchancen gefährdeter Beschäftigter durch eine vorausschauende Qualifizierung und die rechtzeitige Entwicklung neuer Produkte an gefährdeten Standorten zu verbessern.
- Die *Unternehmen* wissen, daß in den neunziger Jahren Personalabbau über Frühpensionierungen aufgrund der Finanzierungsprobleme in der Rentenversicherung sowie des Auslaufens der Vorruhestandsregelung schwieriger sein wird. Sie werden damit nach neuen Formen sozial akzeptabler Personalreduktion bzw. der Überbrückung von Perioden der Unterauslastung suchen müssen. Da gleichzeitig die innerbetriebliche Weiterbildung ausgebaut wird – zum Teil auch durch tarifvertragliche Regelungen von den Gewerkschaften angestoßen, wird Qualifizierung hierbei vermutlich eine Rolle spielen.
- Die *Öffentliche Hand* kann daran interessiert sein, daß die Unternehmen die Folgekosten des Strukturwandels nicht ganz auf den externen Arbeitsmarkt abwälzen, da dies langfristig die öffentlichen Kassen (z.B. der Bundesanstalt für Arbeit durch Dauerarbeitslosigkeit) belastet und einen regionalen Strukturwandel behindert. Sie kann die Unternehmer daher drängen, ihre Sozialplanmittel zunehmend mit arbeitsmarktpolitischen Zielsetzungen, zum Beispiel also zur Weiterbildung von durch Entlassung gefährdeter Beschäftigter, einzusetzen.
- Auf *europäischer Ebene* zeichnet sich ein Konsens ab, bei industriellen Umstrukturierungen Mittel aus dem europäischen Strukturfonds nicht mehr ausschließlich für traditionelle Sozialpläne und Neuansiedlungen zu gewähren, sondern zunehmend eine Qualifizierung der von Umstrukturierung betroffenen Beschäftigten zu fördern; die Qualifizierung wird als die bislang fehlende „Brücke" zwischen alter und neuer Beschäftigung gesehen.
- Die *Beschäftigten selber* erleben innerhalb der Betriebe und auf dem Arbeitsmarkt immer deutlicher die Bedeutung formeller Bildungsabschlüsse (Gottesleben, 1987). Der Zugang zu zukunftsträchtigen Arbeitsplätzen wird zunehmend von Bildungszertifikaten abhängig gemacht. Dieser Erfahrungshintergrund wird das Aus- und Weiterbildungsinteresse

von Beschäftigten gerade in Sektoren mit raschem Strukturwandel erhöhen.

Hier soll kein falscher Zweckoptimismus verbreitet werden, der behauptet, die Entwicklungstrends seien klar und eindeutig. Die Gegentrends sind schnell benannt: Von Entlassung sind häufig ältere und schlecht qualifizierte Beschäftigte betroffen, die kaum zusätzliche Chancen in einer Qualifizierung sehen. Die Unternehmen wollen gerade im Hinblick auf die Realisierung „Neuer Produktionskonzepte" und der Durchsetzung höherer Leistungsstandards sich von Teilen ihrer schlechter qualifizierten und weniger leistungsfähigen Belegschaften trennen. Deren Qualifizierung erscheint ihnen entweder unrealistisch, zu kostenaufwendig oder schlicht als Fehlinvestition. Sie bevorzugen einen raschen Personalabbau, um anschließend ihre Belegschaft neustrukturieren zu können. Sie ziehen sich somit aus der Verantwortung für eine sozialverträgliche Gestaltung des Strukturwandels zurück und externalisieren dessen Folgen. Die Mittelkürzungen bei der Bundesanstalt für Arbeit lassen befürchten, daß die Förderung von Qualifizierungsmaßnahmen im Rahmen von Beschäftigungsplänen nur eine vorübergehende Episode war. Die konservative Regierung will den Strukturwandel forcieren und durch den Verzicht auf beschäftigungspolitische Programme und Einsparungen in der Arbeitsmarktpolitik den Druck des Arbeitsmarktes auf den einzelnen erhöhen, um ihn im Falle seiner Arbeitslosigkeit zu zwingen, niedrigere Löhne und ungünstigere Arbeitsbedingungen zu akzeptieren.

Diese widersprüchlichen Tendenzen zeigen, daß es *politische Gestaltungsspielräume* in die eine oder andere Richtung gibt. Denkbar sind auch unterschiedliche Entwicklungen in einzelnen Regionen, Sektoren oder Betrieben, die Ergebnis einer zunehmenden Segmentation des Arbeitsmarktes sind: In Bereichen mit gut qualifizierten Belegschaften und starken Gewerkschaften kann unter anderem auch durch Beschäftigungspläne interner Strukturwandel gefördert werden, während in Sektoren mit schwachen Gewerkschaften, geringer qualifizierten Beschäftigten und rasch steigenden Qualifikationsanforderungen eher eine Politik des Heuerns und Feuerns dominiert. Sofern Beschäftigungspläne weiterhin vor allem auf betrieblicher oder Unternehmensebene vereinbart und nicht gesetzlich generalisiert werden, wird man die Zukunft also unter Umständen nicht in den Kategorien des „Entweder – Oder", sondern stärker des „Sowohl – Als Auch" erfassen können. Denn anders als in den ersten 25 Jahren der Bundesrepublik kann nicht mehr davon ausgegangen werden, daß – wie bei Sozialplänen – betriebliche Vorreiterregelungen zunächst tariflich verankert und anschließend gesetzlich verallgemeinert werden; dieses Entwicklungsmodell des Sozialstaates, in dem Errungenschaften der Gewerkschaften in den Großbetrieben sich schrittweise in die ökonomisch schwächeren Betriebe und Sektoren ausbereiteten, scheint heute infrage gestellt zu sein. Der Druck auf den Gesetzgeber hat zugenommen, durch gesetzliche Eingriffe die in Betriebsvereinbarungen und Tarifverträgen erreichten Standards wieder abzusenken[1].

## 1.2 Interner oder externer Strukturwandel

Durch Beschäftigungspläne wird in die Mechanismen des wirtschaftlichen Strukturwandels eingegriffen. Die Gewichte sollen vom externen, über den Markt laufenden Wandel auf den internen Wandel, der sich innerhalb eines Betriebes, eines Unternehmens oder eines Unternehmensverbundes vollzieht, verlagert werden. Die *Unterschiede zwischen externem und internem Strukturwandel* erweisen sich somit als zentral für die Analyse der Ursprünge und auch der praktischen Auswirkungen von Beschäftigungsplänen. Um die Fragestellungen unserer Untersuchung präzisieren zu können, sollen diese Unterschiede näher erläutert werden.

Strukturwandel kann sich sowohl auf Arbeitsplätze als auch auf Arbeitskräfte beziehen[2]. Der Strukturwandel in diesen beiden Bereichen kann sowohl parallel als auch gegenläufig verlaufen. Vom internen Wandel auf dem Arbeitsmarkt spricht man, wenn qualitative und quantitative Änderungen[3] vorrangig innerhalb einer Betriebs- bzw. Unternehmenseinheit bewältigt werden, wobei den Arbeitskräften des Betriebes eine Vorzugsbehandlung gegenüber Außenstehenden zuteil wird (Sengenberger 1987, S. 150). Eine interne Anpassung an quantitative Produktionsschwankungen bedeutet z.B. einen Rückgriff auf Überstunden bzw. Kurzarbeit anstelle eines Heuerns oder Feuerns. Auch Arbeitszeitverkürzungen können vor allem in Schrumpfungsphasen interne Anpassungen fördern (vgl. Schaubild 1). Bei einem qualitativen Wandel der Anforderungen an die Arbeitskräfte, ausgelöst durch neue Produkte, neue Produktionsverfahren oder veränderte Formen der Arbeitsorganisation, wird ein Unternehmen bei einer internen Lösung seine Arbeitskräfte weiterqualifizieren oder umsetzen, bei

1 Ein Beispiel für eine solche Rückentwicklung betrieblicher und tariflicher Standards ist die Einfügung des neuen Paragraphen 112a in das Betriebsverfassungsgesetz, durch den die Abfindungen bei Entlassungen stärker an die individuellen Arbeitsmarktchancen gebunden werden und außerdem Sozialpläne erst bei einer höheren Prozentzahl von Entlassungen verpflichtend werden. Ganz offensichtlich sind weitere Eingriffe in die Sozialplanvorschriften geplant. Die von der Bundesregierung eingesetzte Deregulierungskommission erwägt beispielsweise, Sozialpläne ganz auf individuelle Ansprüche umzustellen, sie von der Wiederaufnahme zumutbarer Beschäftigung abhängig zu machen und nach der Maßgabe der Beschäftigungslage in den einzelnen Regionen zu differenzieren.

2 Sagét unterscheidet sozialen (Arbeitskräfte) und ökonomischen (Arbeitsplätze) Strukturwandel. Da die soziale Dimension aber auch ökonomische Aspekte enthält und umgekehrt, ist diese Begrifflichkeit nicht glücklich gewählt (Sagét 1986, S. 15).

3 In der Literatur wird auch das etwas abstraktere aber gleichbedeutende Begriffspaar „numerische oder funktionale Flexibilität" verwendet (Atkinson 1986).

Schaubild 1: *Externer und interner Strukturwandel*

| | Arbeitskräfte | | Arbeitsplätze | |
|---|---|---|---|---|
| | quantitativ | qualitativ | quantitativ | qualitativ |
| intern (Betrieb, Unternehmen, Konzern, Unternehmensverbund | 1) Arbeitszeitvariation (Überstunden, Kurzarbeit, Arbeitszeitverkürzung) | 2) Qualifizierung/Um- und Versetzungen | 5) Ausdehnung/Einschränkung der Produktion im Unternehmen | 6) Diversifizierung der Produktion |
| extern | 3) Einstellungen und Entlassungen | 4) Rotation: Entlassungen und gleichzeitig Einstellungen anders Qualifizierter | 7) Produktionswachstum in anderen Unternehmen/Neugründungen im gleichen Sektor | 8) Diversifizierung anderer Unternehmen/Neugründungen in anderen Sektoren |
| Kein Strukturwandel | 9) Arbeitslosigkeit | | 10) Abnahme der Zahl der Arbeitsplätze | |

einer externen Lösung hingegen einen Teil der Belegschaft gegen besser bzw. anders Qualifizierte austauschen.

Auf der Arbeitsplatzseite sind analoge Vorgänge möglich. Ein Unternehmen kann sich durch Produktionswachstum bzw. eine Produktdiversifizierung quantitativ und qualitativ wandeln. Ebenso können sich Änderungen über den Markt vollziehen, indem einige Unternehmen schrumpfen oder verschwinden, andere hingegen expandieren oder neu entstehen.

Ganz offensichtlich bestehen enge Zusammenhänge zwischen der Art des *Strukturwandels auf dem Arbeits- und auf dem Produktionsmarkt*. Ein interner Wandel auf dem Arbeitsmarkt wird sich auf Dauer nur durchsetzen können, wenn auch auf der Produktseite interner Wandel dominiert. So wird die Herausbildung interner Arbeitsmärkte in der Bundesrepublik in den 50er und 60er Jahren, in denen Stammbelegschaften bei Anpassungsvorgängen bevorzugt behandelt wurden, vor allem mit den hohen Wachstumsraten und der damit möglichen Personalexpansion und -stabilisierung erklärt (Strategien 1 und 5 in Schaubild 1) (Lutz/Sengenberger 1974). Wegen des geringen technologischen Wandels und der langjährigen Stabilität der Arbeitsorganisation waren die damals aufgebauten Stammbelegschaften betriebsintern nur begrenzt flexibel einsetzbar und zumeist fest in bestimmte Abteilungen und Hierarchien eingebunden[4].

Die Anforderungen an die heutigen Stammbelegschaften haben sich beträchtlich gewandelt. Die Arbeitsplätze in den Unternehmen verändern sich qualitativ stärker als früher,nicht allein wegen einer rascheren Diversifizierung der Produkte, sondern vor allem aufgrund technologisch modifizierter Produktionsverfahren und neuer Formen der Arbeitsorganisation (vgl. z.B. Roth/Kohl 1988). Der Strukturwandel enthält heute parallel zu seiner quantitativen Komponente zunehmend eine qualitative. Die Arbeitskräfte müssen über Qualifikationsreserven verfügen, um den technologisch-organisatorischen Wandel an ihrem Arbeitsplatz mitvollziehen und außerdem noch andere Beschäftigte an deren Arbeitsplätzen vertreten zu können, was heute angesichts ausgedünnter Personaldecken zur Regelanforderung wird. Mittelfristig müssen viele Beschäftigte mit Arbeitsplatzwechsel und mit der Notwendigkeit einer Weiterbildung rechnen, wenn sie im Unternehmen verbleiben wollen (Strategien 2 und 6 in Schaubild 1).

Es mehren sich die Anzeichen, daß die *Unternehmen den Strukturwandel auf dem Arbeits- und Produktmarkt partiell voneinander entkoppeln* wollen. Unternehmen, die expandieren bzw. diversifizieren, versuchen ihre Bindungen an geringer qualifizierte Teile ihrer Stammbelegschaft aufzulösen und ihre Belegschaften durch eine Verstärkung der freiwilligen und unfreiwilligen zwischenbetrieblichen Mobilität neuzustrukturieren (Strategien 6 und

4 Typisch hierfür ist beispielsweise folgender Befund aus einer Fallstudie der Stahlindustrie: ca. 80 % der Beschäftigten eines 1972 stillgelegten Röhrenwerkes arbeiteten zum Zeitpunkt der Stillegung in der gleichen Abteilung, in der sie ihre Tätigkeit zumeist in den 50er Jahren aufgenommen hatten (Bosch 1978a, S. 53).

4 in Schaubild 1). In Extremfällen eines sprunghaften Ansteigens der Qualifikationsanforderungen mag dies sogar die einzige Alternative sein, um ein Überleben des Unternehmens zu gewährleisten (Ardenti/ Vrain, 1988, S. 91). Der Rückgriff auf den externen Arbeitsmarkt erscheint dann besonders attraktiv, wenn dort, wie gegenwärtig, aufgrund der öffentlich geförderten Weiterbildung von Arbeitslosen qualifiziertere Arbeitskräfte als im Betrieb verfügbar sind und somit betriebliche Weiterbildungsaufwendungen eingespart werden können.

Ein interner Strukturwandel der Arbeitsplätze ist also mit einer externen Anpassung der Arbeitskräfte vereinbar, kann daher durchaus auf Kosten eines Teils der Belegschaften gehen. Eine interne Anpassung der Arbeitskräfte kann sich auf Dauer als Strategietyp von Unternehmen hingegen nur erhalten, wenn auch auf der Produktseite interner Wandel dominiert. Allerdings trifft diese letzte Aussage nur auf den Arbeitsmarkt als Ganzes, keinesfalls aber auch auf einzelne Arbeitskräfte bzw. die Belegschaften einzelner Unternehmen zu. Da es unabhängig von Veränderungen auf dem Produktmarkt eine beträchtliche sonstige Mobilität von Arbeitskräften gibt (Eintritt jüngerer und Austritt älterer Beschäftigter, Fluktuation zwischen Erwerbstätigkeit und Nichterwerbstätigkeit, Arbeitsplatzwechsel aus persönlichen Gründen) sind auch in schrumpfenden Betrieben, die nicht diversifizieren, interne Personallösungen denkbar. Der ökonomisch notwendige Personalabbau kann aufgrund dieser Personalfluktuation – vor allem, wenn er zeitlich gestreckt wird – übertroffen werden, so daß nicht nur die Chance zu einer Stabilisierung der Beschäftigungsverhältnisse, sondern sogar noch Spielraum für Einstellungen bleibt.

Die Unterschiede zwischen den beiden Typen des Strukturwandels für die Arbeitskräfte ergeben sich aus dem Gefälle an sozialer Absicherung innerhalb und außerhalb des Betriebes. Innerhalb des Betriebes verfügen die Arbeitskräfte über individuelle Rechte aus dem Arbeitsvertrag (z.B. Einstufung in eine bestimmte Lohngruppe, Kündigungsschutz, Absicherung des Lohnes bei Tätigkeitsänderungen) sowie über kollektive Arbeitsrechte (Vertretung durch den Betriebsrat)[5]. Diese Rechte verlieren sie mit Verlassen des Betriebes. Sie sind zwar dort – zumindest in den meisten westeuropäischen Ländern – nicht gänzlich ohne sozialen Schutz (Arbeitslosenversicherung, vorzeitiger Ruhestand bei Arbeitslosigkeit, arbeitsmarktpolitische Hilfen wie Weiterbildung und Arbeitsbeschaffungsmaßnahmen). Dennoch werden auf dem externen Arbeitsmarkt in der Konkurrenz um einen Arbeitsplatz die Karten stets neu gemischt. Ohne den Schutz des Arbeitsvertrages und der Betriebsverfassung erhalten viele Beschäftigte schlechtere Karten als zuvor; sie müssen unter Umständen mit Lohneinbußen und

---

5 Eine Reihe von Schutzrechten können nur über einen Betriebsrat realisiert werden (z.B. Widerspruch des Betriebsrates gegen Kündigungen, Mitbestimmung des Betriebsrates bei Weiterbildungsmaßnahmen, Aushandeln eines Sozialplans), sie können nicht individuell eingeklagt werden.

höheren Arbeitsanforderungen rechnen; ihre Weiterqualifizierung ist keine betriebliche Aufgabe mehr, sondern wird zum individuellen oder öffentlichen Problem. Externer Strukturwandel eröffnet den Unternehmen die Chance einer raschen Redistribution zu Ungunsten der Beschäftigten. Man legt etwa Betriebe ganz oder teilweise still und führt neue Produkte an anderer Stelle ein oder verlagert Aufträge auf Zulieferer. Dies ermöglicht eine Flucht aus existierenden Betriebsvereinbarungen und Gewerkschaftsstrukturen; zudem erleichtert es die Trennung von weniger produktiven Beschäftigten und den Rückgriff auf das wachsende Angebot von Absolventen außerbetrieblicher Bildungsstätten.

Beschäftigungspläne zielen geradezu darauf, diese Redistribution von Beschäftigungschancen auf Kosten eines Teils der Beschäftigten zu blockieren und stattdessen *die erworbenen individuellen und kollektiven Rechte für die Gestaltung des Strukturwandels zu mobilisieren.* Auf der Basis dieser Rechte soll ein Schutzkorridor für die Betroffenen aufgebaut werden, in dem sich die *notwendige interne oder externe Mobilität* vollzieht.

Dabei können verschiedene Strategien verfolgt werden, die wir in vier Grundtypen unterteilen:

1) *Qualifizieren und diversifizieren:* Die interne Weiterbeschäftigung wird durch eine Kombination von Qualifizierung der Arbeitskräfte und eine gleichzeitige Ausweitung der Produktpalette angestrebt (Strategien 2 und 6 in Schaubild 1).
2) *Nur Qualifizierung:* Die interne Weiterbeschäftigung soll alleine auf der Arbeitskräfteseite duch Qualifizierung gesichert werden (nur Strategie 2). Durch die Qualifizierung wird „Zeit gewonnen" und die Reintegration auf einen durch Fluktuation freiwerdenden Arbeitsplatz möglich.
3) *Vermittlung auf externe Arbeitsplätze und Hilfen bei der Arbeitsplatzbeschaffung:* Der Betrieb diversifiziert selbst nicht, unterstützt aber die Neugründung von Betrieben bzw. die Vermittlung in andere Unternehmen. Der Schutzkorridor wird also auf den externen Arbeitsmarkt erweitert und reicht vom Herkunfts- bis zum aufnehmenden Betrieb (Strategien 3 und 8). Man könnte diese Strategie auch als eine partielle Erweiterung des internen Arbeitsmarktes kennzeichnen[6].
4) *Nur Vermittlung in externe Unternehmen:* Die gleiche Strategie kann alleine auf die Arbeitskräfte bezogen verfolgt werden. Die Verpflichtung des Herkunftsunternehmens erstreckt sich ausschließlich auf die Vermitt-

6 Bislang ist in der Arbeitsmarkttheorie immer nur dann von erweiterten internen Arbeitsmärkten die Rede, wenn Unternehmen ihre Produkte auslagern bzw. Zulieferer an sich binden, ohne eine beschäftigungspolitische Verantwortung für diese von ihnen kontrollierten Produkt- und Arbeitsmärkte zu übernehmen. Die Kapitallogik dieser erweiterten internen Arbeitsmärkte liegt gerade im Abbau von Schutzrechten der Arbeitskräfte. Durch Beschäftigungspläne hingegen wird umgekehrt die Verantwortung der Unternehmen für Beschäftigte außerhalb ihres Betriebes erweitert (zum Konzept erweiterter interner Arbeitsmärkte vgl. Sengenberger 1987, S. 273).

lung auf einen anderen Arbeitsplatz, der allerdings nicht neu geschaffen wird.

Die beiden letztgenannten Grundtypen zielen ausschließlich auf einen externen Wandel der Arbeitskräfte. Dem zwischenbetrieblichen Arbeitsplatzwechsel wird allerdings ein wenig der „Schrecken" genommen, indem der Übergang in eine neue Beschäftigung mit gewissen Garantien des entlassenden und zumeist auch des aufnehmenden Betriebes erfolgt.

Alle Strategien können für die überschüssigen Arbeitskräfte eines *einzelnen Betriebes* verfolgt, gleichzeitig aber auch auf *regionaler Ebene verallgemeinert* werden. Maßnahmen, die alleine auf einen Betrieb und damit auf eine Massenentlassung konzentriert sind, gelten vermutlich entsprechend dem Anlaß nur vorübergehend und sind auf die Reintegration einer überschaubaren Anzahl von Arbeitskräften beschränkt.

Eine öffentliche Förderung des Strukturwandels, die diesen nicht alleine dem externen Arbeitsmarkt überlassen will, muß hingegen breiter ansetzen und einen längeren Atem aufweisen. Der Unterschied zwischen betrieblichen und öffentlichen Beschäftigungsplänen läßt sich wie folgt verdeutlichen:

1) *Betriebliche versus öffentliche Qualifizierungspläne:* Der betriebliche Strukturwandel kann durch die Qualifizierung einer bestimmten Anzahl von Arbeitskräften und ihre anschließende Vermittlung abgeschlossen sein. Auf regionaler Ebene hingegen bleibt die Integration und Qualifizierung der nachrückenden Generation bzw. vieler Arbeitskräfte, die Opfer von anderen Entlassungen werden, ungelöst.
2) *Betriebliche versus regionale Existenzgründungen bzw. Diversifizierungsaktivitäten:* Ein Betrieb kann die infolge eines Personalabbaus notwendige interne oder externe Diversifizierung als abgeschlossen betrachten, wenn er u.U. nur befristet Arbeitsplätze für einen Teil seiner Belegschaft bis zu deren Ausscheiden aus dem Erwerbsleben etwa in einer Beschäftigungsgesellschaft schafft. Eine Region hingegen wird sich um dauerhafte Neugründungen bzw. Betriebserweiterungen bemühen müssen.

Öffentliche Beschäftigungspolitik muß also eine größere Reichweite, einen höheren zeitlichen, räumlichen und personellen Generalisierungsgrad als betriebliche Beschäftigungspolitik erreichen, wenn sie die Anstöße, die in betrieblichen Beschäftigungsplänen formuliert wurden, auch aufnehmen will.

Zunächst entsteht mit der Schaffung neuer betrieblicher Instrumente des Strukturwandels ein *Spannungsfeld zwischen betrieblichen und öffentlichen Aktivitäten und Interessen,* in dem es im Kern um die Frage der Generalisierung, der Tolerierung oder der Zurückdrängung neuer Ansätze der Strukturpolitik geht. Bei der Bereitstellung öffentlicher Mittel, die ja Voraussetzung für das Funktonieren von Beschäftigungsplänen ist, wird sich die öffentliche Hand fragen, wie sie den besonderen Mitteleinsatz für eine Beschäftigtengruppe rechtfertigen kann. Grundsätzlich sind hier drei Wechselbeziehungen denkbar, die im Einzelfall auch alle als aufeinanderfolgende Phasen bzw. „politische Konjunkturen" durchlaufen werden können:

1) Betriebliche Qualifizierungs- und Diversifizierungsregelungen werden *Vorreiter* entsprechender öffentlicher Aktivitäten und verbessern durch ihre Verallgemeinerung die Chancen der Mehrheit der Beschäftigten, den Strukturwandel ohne soziale Einbußen mitzugestalten. Um auch politisch solche neuen Standards durchzusetzen, ist es notwendig, daß die positiven Auswirkungen von Beschäftigungsplänen bei der Bewältigung eines sozialverträglichen Strukturwandels artikuliert und propagiert werden. Dies galt z.B. in den 50er und 60er Jahren für viele betriebliche und tarifliche Regelungen, die später gesetzlich verankert wurden (Sozialpläne, Kündigungsschutz).
2) Betriebe und Staat agieren unabhängig voneinander. Der Strukturwandel vollzieht sich nach *unterschiedlichen sozialen Standards* für verschiedene Gruppen von Arbeitskräften. Es gibt einen privilegierten Teil der Beschäftigten in Betrieben mit Beschäftigungsplänen und einen Bereich des „normalen" externen Strukturwandels, der nach Marktprinzipien verläuft. Da die betrieblichen Maßnahmen nach einer gewissen Zeit auslaufen, ist die Koexistenz begrenzt. Die ordnungspolitische Dominanz von Marktlösungen bleibt erhalten. Die öffentliche Hand wird hier die Besonderheiten des Einzelfalles und die zeitliche Begrenzung ihrer Hilfen hervorheben und die grundsätzliche Bedeutung von Beschäftigungsplänen relativieren.
3) Schließlich kann der Staat versuchen, die *Schutzkorridore in dem „privilegierten Bereich" wieder abzubauen und die Regelungen betrieblicher Beschäftigungspläne auf das „normale Maß"* herunterzufahren. In diesem Fall werden in der öffentlichen Diskussion nicht die besonderen Hilfen für benachteiligte Gruppen, sondern die durch Beschäftigungspläne angeblich unberechtigte „Privilegierung" einzelner Beschäftigtengruppen hervorgehoben, die aus Gründen der Gleichberechtigung nicht tragbar sei.

Die *politische Dynamik von Beschäftigungsplänen läßt sich an der Art ihrer Beziehung zur öffentlichen Beschäftigungspolitik ablesen.* Dabei wäre allerdings erstens eine eindimensionale Betrachtung, die sich etwa nur auf die finanziellen Regelungen der Pläne konzentriert unzureichend. Es ist durchaus denkbar oder sogar wahrscheinlich, daß die öffentliche Beschäftigungspolitik Anstöße in Einzeldimensionen aufnimmt (z.B. Anregungen zu einer systematischeren regionalen Weiterbildungsplanung), in anderen Bereichen hingegen ein Anpassungsdruck auf die Betriebe nach unten ausgeübt wird (z.B. bezüglich der Höhe von Abfindungen oder Unterhaltsgeldern). Zweitens können alle diese Politikvarianten unter Umständen auch mehrfach durchlaufen werden; je nach finanziellem Handlungsspielraum der öffentlichen Hand, vorherrschenden wirtschaftlichen und sozialpolitischen Konzeptionen und Reaktionen der beteiligten Parteien (Gewerkschaften, Arbeitgeber, verschiedener öffentlicher Instanzen) kann der Staat eine Generalisierung von Beschäftigungsplänen forcieren, sich dann aber wieder aus der beschäftigungspolitischen Verantwortung herausziehen, so daß eine nur kurzfristige Typisierung der Beschäftigungspolitik sehr schnell überholt sein kann.

## 1.3 Fragestellungen der Untersuchung

Untersucht wurden die Genese und die Umsetzung von 13 Beschäftigungsplänen in der Bundesrepublik Deutschland sowie die französische Rekonversionspolitik von 1984 – 1988. Unsere Überlegungen zum externen und internen Strukturwandel erlauben nunmehr eine genauere Bestimmung dieses Untersuchungsfeldes und der Forschungsfragen.

In den Beschäftigungsplänen der Bundesrepublik wurden neben traditionellen Sozialplanelementen Qualifizierungs- und Diversifizierungsregelungen vereinbart. Die Beschäftigungspläne zielen größtenteils auf einen internen Strukturwandel (Ausnahme Klöckner-Humboldt-Deutz, Thomson, HDW Ross) bzw. halten die Entscheidung über einen Verbleib und ein Ausscheiden der Beschäftigten bis zum Ende einer Qualifizierung offen, stehen jedoch in Konkurrenz zu Instrumenten des externen Strukturwandels (vor allem Abfindungen). Fast alle der untersuchten Vereinbarungen wurden 1987/88 getroffen: ihre Umsetzung war bis zum Abschluß dieser Untersuchung (Mitte 1989) zumeist noch nicht beendet; teilweise waren vereinbarte Qualifizierungs- und Diversifizierungsmaßnahmen noch nicht vollständig angelaufen. Die vorliegende Untersuchung kann deshalb nur eine *Zwischenbilanz* ziehen und allenfalls vorsichtige Einschätzungen über die Wechselwirkungen von Beschäftigungsplänen und öffentlicher Politik geben. Solche Einschätzungen erscheinen jedoch notwendig, um frühzeitig die öffentliche Diskussion über regionale und sektorale Strukturpolitik, in der ja die Beschäftigungspläne eine Rolle spielen, mit empirischen Ergebnissen über die vorläufige Praxis anzureichern.

In Frankreich wurden schon Anfang der 80er Jahre die herkömmlichen Sozialpläne in der Eisen- und Stahlindustrie, bei den Werften und in anderen Krisensektoren durch eine Reihe von zusätzlichen Instrumenten zur Unterstützung der externen Mobilität der Arbeitskräfte (Hilfe zur Selbständigkeit, Qualifizierung, Arbeitsvermittlung, Gründung neuer Betriebe) ergänzt. Durch eine gesetzliche Regelung wurde die Rekonversionspolitik ab 1985 allerdings auf einem niedrigeren Niveau als in den Vorreiterbranchen verallgemeinert. Im Unterschied zu den deutschen Beschäftigungsplänen zielt die Rekonversion der Beschäftigten in Frankreich ausschließlich auf einen zwischenbetrieblichen Arbeitsplatzwechsel. Diese Politik ist inzwischen zu einem weitgehend akzeptierten und vielfach praktizierten Instrument der

Personalpolitik geworden. Die reichhaltigen Erfahrungen sind außerdem durch zahlreiche Fallstudien und vergleichende Analysen gut dokumentiert. Auf der Basis dieser Literatur und eigener Expertengespräche in der französischen Stahlindustrie sollen die Grundzüge der Rekonversionspolitik und ihre Unterschiede zu bzw. Ähnlichkeiten mit den deutschen Beschäftigungsplänen dargestellt werden. Da die französischen Erfahrungen weiter zurückreichen als die bundesdeutschen und bereits eine sehr wechselhafte Entwicklung genommen haben, lassen sich hieraus Aufschlüsse über die politische Entwicklungsdynamik der Rekonversionsphilosophie und -politik im Zeitablauf gewinnen und Rückschlüsse auf mögliche Entwicklungsszenarien in der Bundesrepublik ziehen. Darüber hinaus schärfen internationale Vergleiche den Blick für institutionelle und strukturelle Besonderheiten des eigenen Landes, die allzu leicht als „naturgegebene" Konstanten angesehen werden.

Ziel dieses Forschungsprojektes war es, herauszuarbeiten, inwieweit durch Beschäftigungspläne und Rekonversionsmaßnahmen die Mechanismen des Strukturwandels und seiner Folgen für die Beschäftigten modifiziert wurden, und ob mit dem Einsatz solcher neuen Instrumente der betrieblichen und öffentlichen Beschäftigungspolitik externer oder interner Arbeitsplatzwechsel sozialverträglicher gestaltet werden kann als bisher. Dazu wurde im einzelnen folgenden Fragen nachgegangen:

1) Welche Zielsetzungen wurden mit den verschiedenen Beschäftigungsplänen verfolgt? Zielten sie auf einen Wandel der Arbeitskräfte oder der Arbeitsplätze, auf einen Verbleib der Beschäftigten im Unternehmen oder ihren Übergang in ein neues Unternehmen?
2) Inwieweit wurden diese Zielsetzungen realisiert bzw. inwieweit ergaben sich Zielabweichungen bzw. –verschiebungen? Insbesondere soll festgestellt werden, wie die unterschiedlichen Interessenlagen der Unternehmen, der Arbeitnehmervertretung (Betriebsräte und Gewerkschaften), der betroffenen Beschäftigten und der beteiligten öffentlichen Institutionen das Ergebnis beeinflußt haben.
3) In welchem Verhältnis stehen die Beschäftigungspläne zu Sozialplänen? Unsere Ausgangsüberlegung war, daß sie als Ausbau von Sozialplänen, nicht aber als Alternative zu verstehen sind. Denn alle Beschäftigungspläne sind weiterhin in der Tradition von Sozialplänen abgeschlossen und erhalten neben der Qualifizierungskomponente das übliche Repertoire von vorzeitigen Pensionierungen und Abfindungsregelungen; diese traditionellen Maßnahmen waren in den Entscheidungen der einzelnen, aber auch in der Gestaltung des Personalabbaus durch die Unternehmensleitungen immer als Alternative zu den Qualifizierungsmaßnahmen präsent und haben in der Praxis teilweise auch eine quantitativ größere Bedeutung beibehalten.
4) Welche Rolle spielt die Bundesanstalt für Arbeit bei der Umsetzung der Qualifizierungsmaßnahmen? Es zeigte sich bald, daß trotz der wesent-

lich breiteren struktur- und regionalpolitischen Zielsetzungen öffentliche Mittel fast nur von der Bundesanstalt für Arbeit zu erhalten waren. Beschäftigungspläne und das Arbeitsförderungsgesetz (AFG) mußten aufeinander abgestimmt werden. Hier gab es so viele Probleme, daß dies ein eigenständiger Untersuchungsgegenstand geworden ist. Insbesondere war zu prüfen, unter welchen Bedingungen die Bundesanstalt für Arbeit präventive Weiterbildungsmaßnahmen für von Arbeitslosigkeit gefährdete Beschäftigte fördert.

5) Weisen die Beschäftigungspläne über die Betriebe hinaus und enthalten struktur- bzw. regionalpolitische Komponenten, die unter Umständen zu einer Ausdehnung von Beschäftigungsplänen auch auf andere Betriebe beitragen können? Hier ist zu untersuchen, inwieweit die Beschäftigungspläne in Struktur- oder Regionalprogramme eingebunden sind bzw. welche Anstöße sie zu ihrer Weiterentwicklung gegeben haben.
6) Worin unterscheiden sich die bundesdeutschen Qualifizierungspläne von den französischen Rekonversionsmaßnahmen? Welche Rolle spielen hierbei unterschiedliche ökonomische und institutionelle Ausgangsbedingungen, insbesondere die verschiedenen Gewerkschafts- und Arbeitsmarktstrukturen und -politiken?

## 1.4 Methodik und Ausbau der Studie

Zur Beantwortung der genannten Untersuchungsfragen wurden 1988/1989
- die Beschäftigungspläne von insgesamt 13 Betrieben ausgewertet;
- Kurzfallstudien in 12 dieser Betriebe durchgeführt. Dazu fanden Interviews mit Betriebsräten, Personalleitern, Ausbildungsleitern und in wenigen Fällen einzelnen Umschülern statt (vgl. Schaubild 2);
- sonstige betriebliche Dokumente (Ausbildungspläne, Protokolle betrieblicher Kommissionen etc.) ausgewertet;
- Vertreter der Bundesanstalt für Arbeit auf Bundes-, Landes- und örtlicher Ebene über die Fördermöglichkeiten und -praxis der Bundesanstalt sowie die Beteiligung an den jeweiligen Beschäftigungsplänen interviewt;
- Expertengespräche mit weiteren beteiligten Institutionen (Bildungsträgern, Behörden, Gewerkschaften) geführt.

In dem Untersuchungsbericht sind schließlich praktische Erfahrungen bei der Ausarbeitung des ersten bundesdeutschen Beschäftigungsplanes von Grundig 1985 eingeflossen. Der Verfasser hat an der konzeptionellen Entwicklung des Grundig-Plans, den damaligen Verhandlungen des Betriebsrates und der IG Metall mit der Geschäftsleitung, der Bundesanstalt für Arbeit in Nürnberg sowie dem Landesarbeitsamt Nordbayern über Qualifizierungsmaßnahmen mitgewirkt. Diese z.T. langwierigen Verhandlungen

Schaubild 2: *Übersicht über die Experteninterviews in der Bundesrepublik und Frankreich*

| | Bundesrepublik Interviews | Bundesrepublik telefonische Ergänzungsbebefragung | Frankreich Interviews |
|---|---|---|---|
| Arbeitsamt (örtlich, LAA, BA) | 5 | 1 | – |
| Betriebsräte | 12* | 12 | 1 |
| Unternehmensleitung/Ausbildungsleitung | 7* | 3 | 1 |
| Behörden (Wirtschaftsministerium etc.) | 5 | 1 | – |
| externe Bildungsstätten | 2 | – | – |
| Begleitforscher | 1 | 1 | 1 |
| Gewerkschaften | 8 | 4 | 2 |
| | 39 | 22 | 5 |

*) In 3 Betrieben wurden die Interviews mit Betriebsräten und Unternehmensleitung gemeinsam durchgeführt. Das Schaubild schließt auch die Experteninterviews über Teilzeitqualifizierungsmaßnahmen im Bergbau ein.

waren geeignet, die Schwierigkeiten der Umsetzung dieser neuen Idee kennenzulernen und ausreichend würdigen zu können.

Ergänzend wurden die Teilzeit-Qualifizierungsmaßnahmen für Jugendliche im Ruhrkohlenbergbau untersucht. Dort wird die 1985 im Arbeitsförderungsgesetz verankerte Möglichkeit einer Unterstützung von Teilzeit-Qualifizierungsmaßnahmen für Jugendliche, die hierdurch eine Vollzeitstelle erhalten können, am umfangreichsten genutzt. Diese Teilzeit-Qualifizierungsmaßnahmen sind zwar nicht unter dem Etikett Beschäftigungspläne geplant worden; entsprechend der Tradition der Industriegewerkschaft Bergbau und Energie, die vor allem eine kooperative Strategie gegenüber der Unternehmensleitung vertritt und aufgrund ihrer Organisationsstärke hiermit auch erfolgreich ist, wurde ihre Durchsetzung nicht von öffentlichen Diskussionen über neue beschäftigungspolitische Konzepte begleitet. In der Praxis liefen sie jedoch auf das gleiche hinaus, nämlich durch eine öffentlich geförderte Qualifizierung die Kündigung von Beschäftigten zu verhindern. Zu diesen Teilzeit-Qualifizierungsmaßnahmen fanden Gespräche mit der IG Bergbau und Energie, Betriebsräten und Personalleitern einer Zeche sowie der Hauptverwaltung der Ruhrkohle AG statt.

Die französische Rekonversionspolitik wurde am Beispiel der lothringischen Stahlindustrie untersucht. Dort wurden Expertengespräche mit einem Personalleiter, Betriebsräten, Gewerkschaftsvertretern der CGT und der CFDT sowie einer Begleitforschungsgruppe geführt. Sonstige französische Erfahrungen in anderen Branchen wurden der zu diesem Thema reichhaltigen Literatur und Expertengesprächen mit anderen Begleitforschern entnommen.

# 2 Zur Genese von Beschäftigungsplänen

## 2.1 Beschäftigte zwischen individuellem und kollektivem Arbeitsmarktverhalten

Die Folgen von Massenentlassungen können individuell und kollektiv antizipiert und verarbeitet werden. Bei einer rein individuellen Reaktion werden die Entlassungen mehr oder weniger passiv hingenommen. Dies mag objektive Gründe haben, die z.B. in einer relativ günstigen Arbeitsmarktlage oder einem hohen Qualifikationsniveau der Belegschaft liegen können, aber auch subjektive Gründe, wie z.B. eine geringe Kampferfahrung der Belegschaft bzw. eine unzureichende gewerkschaftliche Organisationsstärke, die keine Alternativen zum individuellen Verhalten bieten. Die Beschäftigungspläne ebenso wie die französischen Rekonversionsmaßnahmen sind hingegen Folgen massiver kollektiver Proteste gegen Entlassungen und die unbefriedigenden Absicherungen, die dem einzelnen durch die traditionellen Sozialpläne geboten werden. Durch kollektives Handeln sollten also die individuellen Optionen auf dem Arbeitsmarkt erweitert werden.

Sind Beschäftigungspläne einmal abgeschlossen, wird jeder Beschäftigte noch einmal sowohl für sich ganz alleine als auch im Belegschaftszusammenhang eine Entscheidung zwischen den neuen Instrumenten der Beschäftigungspläne und den alten Sozialplanelementen (vor allem Abfindungen) treffen müssen. Diesmal steht die Entscheidung im Zusammenhang mit einer konkreten Arbeitsmarktsituation, die sich unter Umständen schon in Form von Arbeitsplatzangeboten an einzelne Beschäftigte präzisiert hat. Auch diese Wahl wird von subjektiven und objektiven Gründen beeinflußt. Die subjektiven schließen das Diskussionsklima im Betrieb über die neuen Vereinbarungen, aber auch den Einsatz der Betriebsräte, Gewerkschaften, Bildungsträger, Arbeitsämter und Unternehmensleitungen bei ihrer Umsetzung ein. Die objektiven Gründe ergeben sich aus den unterschiedlichen Arbeitsmarktchancen der Belegschaftsmitglieder. Hier sind Differenzierungslinien sowohl zwischen ganzen Belegschaften als auch innerhalb von Belegschaften wahrscheinlich. Ein Teil kann auf die Beschäftigungspläne angewiesen sein, ein anderer Teil wird die Abfindungen als Abfederung nutzen, um sich auf eigene Faust einen neuen Arbeitsplatz zu suchen. Kollektive und individuelle Orientierungen können sich gegenseitig sowohl in Richtung einer Inanspruchnahme der Beschäftigungspläne als auch in Richtung einer individuellen Arbeitsplatzsuche verstärken. Sie geraten aber in Gegensatz, wenn einzelne Belegschaftsmitglieder sich einer kollektiven

Orientierung entziehen und ihre eigenen Wege gehen. *Ein Spannungsverhältnis zwischen kollektivem und individuellem Arbeitsmarktverhalten kann also sowohl bei der Entstehung als auch bei der Umsetzung von Beschäftigungsplänen* entstehen.

Im folgenden sollen zentrale Ergebnisse empirischer Untersuchungen zu den Folgen von Massenentlassungen zusammengefaßt werden (2.2). Sie verdeutlichen die unterschiedlichen Arbeitsmarktchancen verschiedener Gruppen von Beschäftigten, die zumindest den objektiven Hintergrund dieses Spannungsfeldes kennzeichnen. Die unterschiedlichen subjektiven Handlungsvoraussetzungen werden soweit wie möglich in den Fallstudien erläutert.

Die herkömmlichen Sozialpläne werden aufgrund veränderter Arbeitsmarktbedingungen zunehmend als unzureichend angesehen. Beschäftigungspläne sind als Ergänzung oder teilweise auch als Alternative zu Sozialplänen entstanden; gleichwohl stehen sie aber weiterhin in der Tradition von Sozialplänen; sie werden auf ihrer rechtlichen Grundlage (BetrVG § 111, 112) abgeschlossen und die neuen Elemente (Qualifizierung und Diversifizierung) mußten sich in der Praxis auch in der Konkurrenz zu den traditionellen Instrumenten behaupten. Um den Zusammenhang von Sozial- und Beschäftigungsplänen nachvollziehen zu können, wird deshalb ein Überblick über die klassischen Regelungsinhalte von Sozialplänen und die Vorgeschichte von Beschäftigungsplänen gegeben (2.3).

## 2.2 Die sozialen Folgen von Massenentlassungen

Allein in der Bundesrepublik Deutschland, England, Schweden, Frankreich und USA wurden nach dem Krieg über 100 Fallstudien durchgeführt, in denen zumeist am Beispiel von Betriebsstillegungen die Folgen von Massenentlassungen untersucht wurden. Die Ergebnisse dieser Untersuchungen weichen erheblich voneinander ab. Die Arbeitslosenquote im Jahr nach der Stillegung reicht beispielsweise von 0 % bei einer schwedischen Werft bis zu 87 % bei einer englischen Werft (Gerdes u.a. 1989, S. 193). Ähnliche Unterschiede lassen sich bei anderen Indikatoren für soziale Folgen von Entlassungen, wie z.B. der Einkommensentwicklung oder der Veränderung von Arbeitsbedingungen feststellen. Es wäre zu vordergründig als Erklärung für diese Unterschiede nur die jeweilige *Höhe der Arbeitslosigkeit* in einem Lande oder einer Region heranzuziehen. Die Arbeitslosenquote prägt zwar zweifellos die Folgen von Entlassungen wie kaum eine andere Einflußgröße. Gleichwohl lassen sich damit weder die sozialen Probleme, die auch bei Vollbeschäftigung zu beobachten sind, noch die Verteilung der Probleme auf die unterschiedlichen Beschäftigtengruppen, noch die Auswirkungen des jeweiligen institutionellen Kontexts und der besonderen ökonomisch-technischen Entwicklungsdynamik (z.B. Trend zur Höherqualifizierung, Strukturwandel nicht mehr vorwiegend innerindustriell, sondern gleichzeitig in Richtung des tertiären Sektors) begreifen.

Die Folgen von Stillegungen sind nur als Ergebnis einer Reihe sich überlagernder Erklärungsfaktoren zu verstehen. Im folgenden sollen unter Bezug auf die neuere arbeitsmarkttheoretische Diskussion die wichtigsten von ihnen (neben der Arbeitslosenquote) skizziert werden; sie erklären zumindest einen großen Teil der unterschiedlichen Ergebnisse der Fallstudien und ermöglichen gleichzeitig auch das Gefährdungspotential für einzelne Belegschaften bzw. Beschäftigtengruppen genauer zu bestimmen.

1) Die *Qualifikationsstruktur des Arbeitsmarktes:* Im allgemeinen werden heute drei Grundtypen von Arbeitsmarktstrukturen unterschieden, die prägend für die Folgen von Entlassungen sind. In sogenannten *unstrukturierten* Arbeitsmärkten verfügen die Arbeitskräfte nur über qualifikatorische Mindestvoraussetzungen; sie werden lediglich in einfachen Hilfsfunktionen eingesetzt und sind leicht austauschbar; Betriebe und Arbeitskräfte entwickeln keine wechselseitigen Bindungen. In Krisensituationen werden diese Arbeitskräfte als erste entlassen. Ein Wechsel in einen anderen Betrieb kann wegen der niedrigen Ausgangsposition nicht mit einem beruflichen Abstieg verbunden sein. Probleme können sich jedoch durch das Lohngefälle zwischen verschiedenen Betrieben und Branchen sowie den Zwang zur räumlichen Mobilität ergeben.

   Völlig anders sind die Folgen hingegen für Beschäftigte in *betrieblich organisierten Arbeitsmärkten.* In diesen Arbeitsmärkten wird den Beschäftigten des Betriebes gegenüber Außenstehenden eine Vorzugsbehandlung zuteil (Sengenberger 1987, S. 150). Anpassungsvorgänge wie z.B. innerbetriebliche Qualifizierung oder Aufstieg werden also vor allem mit Betriebsangehörigen und nicht durch Rückgriff auf Außenstehende bewältigt. Die Beschäftigten haben innerhalb des Betriebes entweder schon einen Aufstieg vollzogen oder noch eine Aufstiegsperspektive vor sich und entwickeln von daher starke Betriebsbindungen. In solchen Arbeitsmärkten sind selbst bei Vollbeschäftigung die Kosten eines erzwungenen Arbeitsplatzwechsels sehr hoch (vgl. Bosch 1978). In diesem Fall wird bzw. bleibt zwar kaum ein Entlassener arbeitslos. Ein erzwungener Betriebswechsel ist gleichwohl besonders gravierend für die betrieblich qualifizierten Angelernten, die sich bereits intern qualifiziert und hochgearbeitet haben und Position einnehmen, die unter Umständen sogar den von Facharbeitern vergleichbar sind (z.B. 1. Schmelzer im Stahlwerk) (vgl. Schaubild 3). Wenn solche Arbeitskräfte den Arbeitsplatz verlieren, sind sie in der Situation – wie es Weltz einmal bildlich formulierte – „eines Spielers, der sich bis 35 vorgewürfelt hat und wieder bei 1 anfangen muß" (vgl. DER SPIEGEL, Heft 18/1976, S. 189). Ihre Qualifikation ist nicht durch einen anerkannten Berufsabschluß dokumentierbar, so daß sie in Unternehmen anderer Branchen wieder als Un- oder niedriger eingestufte Angelernte anfan-

Schaubild 3: *Erzwungener Betriebswechsel in betrieblichen, beruflichen und unstrukturierten Arbeitsmärkten*

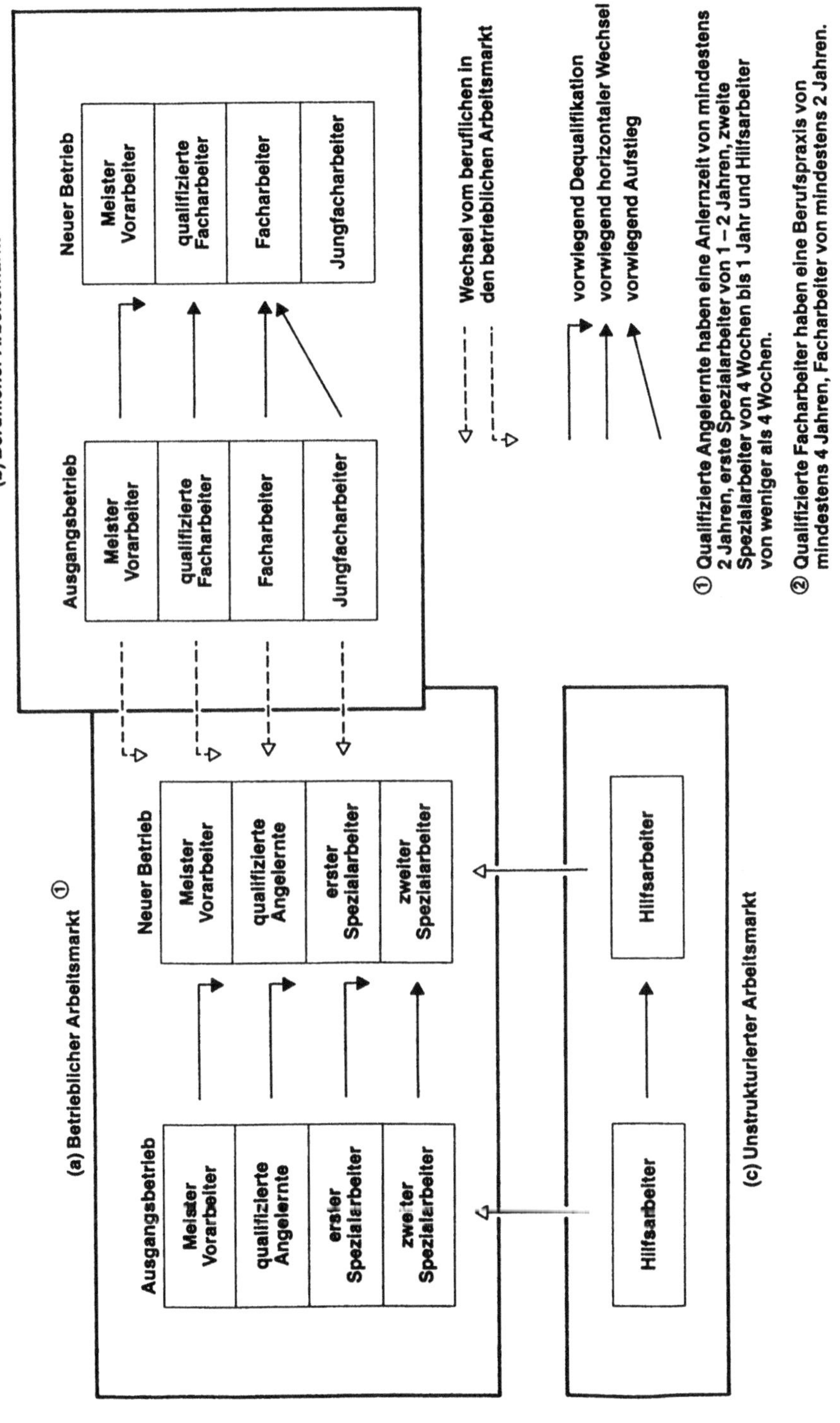

gen müssen. In der gleichen Branche könnten sie zwar vergleichbare Funktionen ausüben; diese Arbeitsplätze sind jedoch in aller Regel den langfristig Beschäftigten des jeweiligen Betriebes vorbehalten, so daß man sich erst die nötige Seniorität neu erwerben muß. Die Einstiegsarbeitsplätze dieser betrieblich Qualifizierten in anderen Betrieben sind deutlich schlechter bezahlt; die zuletzt Eingestellten müssen zudem die eher unangenehmen Arbeiten übernehmen. Erst nach einem allmählichen, oft mehrjährigen Integrationsprozeß gelingt es ihnen, wenn sie nicht zu alt sind, wieder auf einen vergleichbaren Arbeitsplatz zu gelangen.

Weniger gravierend sind die Folgen eines erzwungenen Betriebswechsels in beruflich organisierten Arbeitsmärkten. Dort ist die Qualifikation der Beschäftigten durch anerkannte Berufsabschlüsse überbetrieblich dokumentierbar. Der betriebliche Arbeitsplatzzuschnitt entspricht den überbetrieblich anerkannten Berufen. Der Eintritt in entsprechende Tätigkeiten ist nicht von einer längeren Betriebszugehörigkeit, sondern vom Besitz der geforderten beruflichen Qualifikation abhängig. Ein Betriebswechsel wird durch eine geringe Hierarchisierung der Tätigkeiten erleichtert. Nur Führungsfunktionen (z.B. Meisterfunktionen) werden vorwiegend innerbetrieblich besetzt, so daß auch berufsfachliche Arbeitsmärkte durch Strukturelemente betrieblicher Arbeitsmärkte überlagert werden, die Mobilität behindern (vgl. Schaubild 3).

Berufliche Arbeitsmärkte scheinen also der vergleichsweise beste Schutz der Beschäftigten gegen einen Statusverlust bei Entlassungen zu sein. Allerdings erfordern berufliche Arbeitsmärkte eine räumliche Mindestdichte. Sind die einzelnen Berufe in der Region zu dünn besetzt (aufgrund der geringen Größe des lokalen Arbeitsmarktes, seiner Branchenstruktur oder der Spezifität des Berufes) verringern sich die Chancen eines Betriebswechsels im gleichen Beruf. Die Mindestgröße des beruflichen Arbeitsmarktes muß dann, wenn man einen Statusverlust vermeiden, erweitert werden, entweder durch räumliche Mobilität der Beschäftigten (wie z.B. in vielen Akademikerberufen bereits üblich) oder durch Verbreiterung der Berufe, die den Einsatz in mehreren Branchen/Tätigkeitsfeldern ermöglicht[7].

Sind die Berufe zu eng und unter Umständen nur branchenspezifisch geschnitten, besteht vor allem bei Branchenkrisen die Gefahr eines

7 Die Neuordnung der Berufe dient dem Ziel, die Berufsbilder an technologische Entwicklung anzupassen und gleichzeitig ihren Einsatzbereich zu erweitern. Von 1950 bis 1987 wurde die Zahl der Ausbildungsberufe von 901 auf 383 reduziert (Berufsbildungsbericht 1988, S. 72). Z.B. wurden 42 Metallberufe in sechs Metallgrundberufe mit 16 Fachrichtungen zusammengefaßt. Die neuen Metallberufe basieren auf einer gemeinsamen Grundausbildung. Eine Spezialisierung erfolgt relativ spät, so daß bei einem späteren Tätigkeitswechsel der Anschluß an neue Anforderungen durch Weiterbildungsmaßnahmen rasch gefunden werden kann.

Austrocknens einstmals funktionsfähiger beruflicher Arbeitsmärkte, (z.B. in den bergbau- bzw. stahlspezifischen Berufen). Die Betroffenen müssen dann in betriebliche Arbeitsmärkte wechseln, was in der Regel mit einem Abstieg verbunden ist (vgl. Schaubild 3).

2) *Alter und gesundheitliche Einschränkungen:* Alle vorliegenden Studien kommen zu dem übereinstimmenden Resultat, daß die Gefahr eines beruflichen Abstiegs mit zunehmendem Alter und bei gesundheitlichen Einschränkungen der Arbeitskräfte wächst (vgl. z.B. Walker u.a. 1984, Herron 1975, Hillen 1971, Bosch 1978a). Die physisch-psychische Leistungsfähigkeit älterer bzw. leistungsgewandelter Beschäftigter ist im Vergleich zu der ihrer Konkurrenz entweder tatsächlich reduziert oder wird pauschal als geringer eingeschätzt. Vielfach wird keine individuelle Bewertung der Leistungsfähigkeit mehr vorgenommen, sondern von generellen Trends und Vermutungen auf den Einzelfall geschlossen (statistische Diskriminierung). Dies drückt sich in zumeist informellen Altersgrenzen aus, die maßgeblich für das Einstellungsverhalten der Unternehmen sind. Die Altersgrenze, ab der Entlassene Reintegrationsprobleme haben, reicht von 35 bis 55 Jahren und variiert in jedem Einzelfall. Dies erklärt sich zum einen aus dem unterschiedlichen Niveau der Arbeitslosigkeit. Bei hoher Arbeitslosigkeit sind die Selektionschancen der Unternehmen günstiger und sie können die Altersgrenze bei Einstellung nach unten verschieben und die gesundheitlichen Mindestanforderungen erhöhen. Zum anderen hängen die Altersgrenzen und die Gesundheitsstandards aber auch von der jeweils geforderten Qualifikation und den Arbeitsbedingungen ab. In einem unstrukturierten Arbeitsmarkt ist die Gefahr am größten, daß diese mangels anderer Kriterien zu den einzigen Auswahlgesichtspunkten werden. Bei insgesamt hoher Arbeitslosigkeit reduzieren sich die Eingliederungschancen älterer Unqualifizierter und gesundheitlich Eingeschränkter drastisch[8]. Nur betrieblich Qualifizierte können mit vergleichbaren sozialen Folgen in unstrukturierte Arbeitsmärkte zurückgeworfen werden; denn ab einem gewissen Alter und bei geringerer Leistungsfähigkeit wird ihnen nicht mehr die Chance zu einem Wiederaufstieg gegeben. In beruflich organisierten Arbeitsmärkten hingegen liegt die Altersgrenze für eine erfolgreiche zwischenbetriebliche Mobilität höher als in den beiden anderen Arbeitsmarkttypen. Die beruflichen Kenntnisse und der entsprechende Arbeitsplatzzuschnitt ermöglichen eine schnelle Integration in den neuen Betrieb. In vielen hochqualifizierten Berufen ist eine langjährige Berufserfahrung sogar

8 Während z.B. von allen September 1988 gemeldeten Arbeitslosen 49 % keine abgeschlossene Ausbildung hatten, waren von den längerfristig Arbeitslosen 56 % ohne Berufsabschluß (Arbeitsmarktanalyse 1988 anhand ausgewählter Bestands- und Bewegungsdaten).

eine zusätzliche Integrationshilfe[9]; hier sind die Betriebe noch am ehesten bereit, gewisse gesundheitliche Einschränkungen in Kauf zu nehmen. Berufliche Qualifizierung der Beschäftigten ist also ein Mittel der Arbeitsmarktpolitik, die Altersgrenze, ab der sich die Beschäftigungschancen verschlechtern, wieder zu erhöhen.

3) *Diskriminierung nach Geschlecht, Nationalität und Rasse:* Quer zu der beruflichen Strukturierung und der Ausgrenzung Älterer und Leistungsgewandelter finden sich Diskriminierungslinien bzw. Segregationen des Arbeitsmarktes nach Geschlecht, Rasse oder Nationalität. Beim Zugang zu attraktiven Arbeitsplätzen genießen in den westlichen Industrieländern weiße, männliche Inländer eine Vorzugsbehandlung. Andere Arbeitskräfte werden beim Zugang zu diesen Arbeitsplätzen systematisch benachteiligt. Dies hat gravierende Auswirkungen auf die Folgen von Entlassungen, für die in den meisten Studien Belege zu finden sind. Die amerikanischen Studien belegen fast alle, daß Schwarze unabhängig von ihrem Alter und ihrer Qualifikation größere Wiedereingliederungsprobleme haben als Weiße (vgl. z.B. Aiken u.a. 1968). In den meisten Ländern – auch der Bundesrepublik – stoßen Ausländer auf Einstellungsbarrieren. Daimler-Benz in Bremen etwa stellt gegenwärtig grundsätzlich keine Ausländer ein, so daß nach der Stillegung der AG Weser vielen entlassenen Ausländern nur die Wahl zwischen Rückkehr ins Heimatland, Arbeitslosigkeit oder instabilen Beschäftigungsverhältnissen blieb. Der Anteil von Leiharbeitern oder befristet Beschäftigten betrug bei den noch in der Bundesrepublik verbliebenen ausländischen Arbeitern im August 1985 47,2 vH gegenüber 11,4 vH bei den deutschen Arbeitnehmern (Gerdes u.a., 1987). Das Risiko von Frauen nach Entlassungen arbeitslos zu bleiben oder in instabile Berufskarrieren zu münden, ist deutlich höher als das von Männern (Nowack/Snyder 1983, Gonäs 1989). Aufgrund dieser Diskriminierungslinien stoßen Wiedereingliederungsstrategien, die allein auf beruflicher Qualifizierung beruhen, auf Grenzen.

4) *Der lokale Arbeitsmarkt:* Ganz entscheidend für die Folgen von Massenentlassungen ist die Situation auf den lokalen Arbeitsmärkten. Dabei lassen sich idealtypisch zwei unterschiedliche Konstellationen feststellen. Wenn die Entlassungen in einem räumlich isolierten, kleinen und monostrukturierten Arbeitsmarkt stattfinden – wie z.B. die Stillegung des dominierenden Betriebes in einer ländlichen Region (z.B. Rhyope 1970), dann sind fast alle Kategorien von Beschäftigten von Arbeitslosigkeit bedroht bzw. müssen, um Arbeitslosigkeit zu vermeiden, räumliche Mobilität in Kauf nehmen. Mit steigendem Lebensalter ensteht

9 Dies gilt nicht nur für akademische Berufe und Führungsfunktionen, sondern auch für gewerbliche Berufe. Unsere Fallstudie über den Bergbau (4.5) belegt, daß eine extreme Verjüngung der Belegschaften, die die Risiken der Untertagearbeit noch nicht ausreichend kennt, zu unersetzbaren Qualifikationsverlusten führt.

hier ein Konflikt zwischen der zunehmenden räumlichen Bindung des außerbetrieblichen Lebenszusammenhangs (Familiengründung, Hausbau, soziale Aktivitäten) und räumlichen Mobilitätsanforderungen. Insbesondere wenn die Beschäftigungschancen auch in anderen Regionen nicht günstig sind (vor allem für Ältere in Perioden hoher Arbeitslosigkeit) können die finanziellen Verluste nach einer Entlassung noch durch die Kosten eines Umzugs (ungünstiger Hausverkauf, höhere Mieten im neuen Ort) erhöht werden, ohne daß sich dieser Aufwand dann in Form eines neuen Arbeitsplatzes auszahlt. Vor allem in England und in den USA finden sich viele Untersuchungen über Entlassungen in solchen isolierten Arbeitsmärkten. Dies erklärt die teilweise überdurchschnittlich hohe und lange andauernde Arbeitslosigkeit nach fast allen Massenentlassungen in den Forschungsberichten dieser beiden Länder.

In größeren räumlich verdichteten Arbeitsmärkten, in denen der abgebende Betrieb allenfalls einer unter anderen Großbetrieben ist, bleiben die Entlassenen keine homogene „Masse von Dauerarbeitslosen". Im Zeitablauf differenzieren sich die Berufsverläufe entsprechend den erwähnten Strukturen. Die Unternehmen bedienen sich aus dem Reservoir qualifizierter und zuverlässiger entlassener Arbeitskräfte und tauschten diese gegen für sie „weniger attraktive" Arbeitskräfte aus. Bei Massenkündigungen, insbesondere bei Stillegungen, gelten die Entlassenen außerdem anders als bei Einzelkündigungen als „unschuldig" betroffen, so daß die Unternehmen bei ihnen weniger als bei anderen Arbeitslosen mit einer Einstellung zögern. Unter Umständen hat die öffentliche Diskussion über die Stillegungen sogar eine lokale Hilfsbereitschaft erzeugt, die zu einer bevorzugten Einstellung führt. Die Folgen von Massenentlassungen wandern damit rasch über den Arbeitsmarkt und treffen über Verdrängungsprozesse weniger Qualifizierte, Ausländer, Frauen und Ältere in anderen Betrieben[10].

5) *Stillegung oder Fortführung des Betriebes:* Die Folgen von Entlassungen unterscheiden sich je nachdem, ob der Betrieb fortgeführt wird oder nicht. Betriebsstillegungen treffen unterschiedlos alle Beschäftigte eines Betriebes. Die Folgen sind hier Ergebnis der erwähnten Auswahlprozesse bei der Einstellung in neue Unternehmen. Wird der Betrieb hingegen fortgeführt, geht auch der Entlassung ein Auswahlprozeß voraus. Anders als bei Einstellungen, die in der Regel individuell zwischen einem Unternehmen und einer Arbeitskraft ausgehandelt werden und bei denen der Erwerbstätige das Machtungleichgewicht auf dem Ar-

10 Die direkte Verdrängung ist allerdings die Ausnahme. Auf der Vulkan-Werft in Bremen wurde beispielsweise ausländischen Arbeitern „nahegelegt", in die Heimat zurückzukehren; die freigewordenen Arbeitsplätze wurden AG Weser-Arbeitern angeboten. In den meisten anderen Fällen erfolgte die Einstellung von Weser-Beschäftigten erst zeitlich entkoppelt von Entlassungen anderer Arbeitskräfte, so daß die Verdrängungsprozesse als bedeutsame Sekundärwirkungen von Entlassungen nicht erkennbar wurden (Heseler/Roth 1988, S. 69).

beitsmarkt nicht durch institutionelle Hilfen ausgleichen kann, unterliegen Entlassungen vielfältigen institutionellen Regelungen. Kündigungen müssen in der Bundesrepublik z.B. sozial gerechtfertigt sein; Betriebsräte haben ein Widerspruchsrecht gegen Kündigungen; Sozialpläne sind ab einer Betriebsgröße von 20 Beschäftigten verpflichtend; viele Tarifverträge enthalten besondere Regelungen zum Kündigungsschutz und schließen z.B. die Kündigung von über 50 oder über 55jährigen gänzlich aus (vgl. Bosch 1983). Die Folgen von Stillegungen werden damit durch Auswahlprozeduren, die das Entlassungsrisiko auf bestimmte Beschäftigtengruppen konzentrieren, sozial mitgeformt. Ganz pauschal läßt sich sagen, daß der Schutz vor Entlassungen bei betriebsbedingten Kündigungen mit zunehmender Betriebszugehörigkeit und zunehmendem Alter steigt[11]. Zweifellos ist damit im Kündigungsrecht durch den Schutz Älterer und länger Betriebszugehöriger ein präventives Element gegen negative Folgen von Entlassungen angelegt. Es gehört daher zu den Grunderkenntnissen der hiesigen Arbeitsmarktforschung, daß die Selektivität bei Einstellungen größer ist als die bei Entlassungen[12]. Unterliegen hingegen Entlassungen kaum institutionellen Regelungen und Einschränkungen wie in den gewerkschaftlich nicht organisierten amerikanischen Betrieben, dann kumulieren Selektionsprozesse bei Einstellungen und Entlassungen und verschärfen die Folgen für die zuvor genannten gefährdeten Beschäftigtenkategorien.

6) *Typ des Strukturwandels:* Vor allem in jüngeren französischen Untersuchungen[13] (z.B. Villeval 1989; Ardenti/Vrain 1988) wird der Einfluß des

11 So wurden 1978 von 1000 über 54jährigen „nur" 27 gekündigt gegenüber 100 der 25- bis 34jährigen (Falke 1983, S. 15).

12 In Reaktion auf den Ausbau des Kündigungsschutzes veränderten die Unternehmen allerdings ihre Kündigungspraxis. Der Anteil der betriebsbedingten Kündigungen hat sich insgesamt reduziert. Dies kann am Beispiel einer Bremer Werft belegt werden, deren Personalakten von 1954 bis 1980 ausgewertet wurden. Die Autoren der Studie kommen zu folgendem Schluß: „Die personen- oder verhaltensbedingte Kündigung gewinnt auch als beschäftigungspolitisches Instrument an Bedeutung und ersetzt in rezessiven Phasen im gewissen Umfang die herkömmlichen Entlassungen wegen Arbeitsmangel. Seit 1967 wurden in Abschwungphasen jeweils Listen mit Namen von Arbeitern zusammengestellt, die meist wegen ihrer Fehlzeiten oder wegen 'mangelnder Eignung' entlassen werden sollten..., die Entlassungen erfüllen damit zwei Zwecke: sie räumen, entsprechend der Auftragslage, Arbeitsplätze und dienen zugleich der Selektion und 'Reinigung': es werden gezielt Arbeiter mit solchen Verhaltensweisen und Eigenschaften selektiert, welche nicht der betrieblich geforderten Norm der Disziplin und Leistungstüchtigkeit entsprechen... und auch die Konfliktträchtigkeit von Entlassungen nimmt ab: da sie jetzt individuell begründet werden, steht weder die Verminderung von Arbeitsplätzen, noch die Selektion mehr zur Debatte. Arbeitsplatzvernichtung wird umgemünzt in persönliches Verschulden. Die Selektion wird nicht mehr wie in den 50er Jahren politisch ausgehandelt; soziale Auswahlgesichtspunkte treten hinter solchen der Disziplin und Leistungstüchtigkeit zurück" (Dombois u.a. 1982, S. 19).

13 Die Bundesrepublik hat unter den OECD Ländern bei weitem den größten Anteil von Industriebeschäftigten, so daß sich hier anders als in vielen Nachbarländern die Mobi-

jeweiligen Typs des Strukturwandels auf die Folgen von Entlassungen hervorgehoben. In den 50er und 60er Jahren wechselten entlassene Industriearbeiter zumeist in andere Industriebetriebe mit ähnlichen Lohnstrukturen und Arbeitsverhältnissen sowie vergleichbarer sozialer Absicherung; das rasche Wachstum verbunden mit einer Expansion der Betriebe ermöglichte einen zügigen beruflichen Wiederaufstieg. Heute hingegen nimmt die Zahl der in der Industrie Beschäftigten in allen entwickelten Ländern ab; außerdem verändern sich durch neue Formen der Arbeitsorganisation sowohl die innerbetriebliche als auch die zwischenbetriebliche Arbeitsteilung; gleichzeitig werden durch staatliche Eingriffe in das Arbeitsrecht (Deregulierung) die Rahmenbedingungen erzwungener Mobilität teils in Reaktion auf diese Strukturveränderungen, teils aber auch als unabhängiger politischer Protest verändert. Die entlassenen Beschäftigten verteilen sich damit auf (a) arbeitsorganisatorisch veränderte Industriebetriebe, (b) den wachsenden Anteil von Klein- und Mittelbetrieben, (c) den in abhängiger oder selbständiger Arbeit organisierten Dienstleistungssektor und (d) neue Formen von Arbeitsverhältnissen:

a) Die größeren Industriebetriebe reduzieren ihre Belegschaften, stellen gleichzeitig aber höhere Anforderungen an Qualifikation und Einsatzmobilität der verkleinerten Kernmannschaften. Entlassungen und Einstellungen sind – soweit es die institutionellen Regelungen erlauben – mit systematischen Selektionsprozessen verbunden. Auf diesem Hintergrund haben sich in den letzten Jahren die Wiedereingliederungschancen verschiedener Beschäftigtengruppen immer weiter auseinanderentwickelt. Während bei Jugendlichen von 20 bis 25 Jahren z. B. die Arbeitslosenquote von 13,3 % 1982 auf 8,5 % 1988 sank, stieg die der 55 – 59jährigen im gleichen Zeitraum von 9,6 auf 12,7 % (vgl. Adamy/ Bosch 1989). Seit 1982/83 kann man außerdem geradezu von einer Entkoppelung der Entwicklung der Arbeitslosenquote von Arbeitslosen ohne Ausbildungsabschluß und von Arbeitslosen mit einer beruflichen Ausbildung sprechen. Die Arbeitslosenquote der Beschäftigten ohne Berufsabschluß stieg von 1983 bis 1987 vom ohnehin schon hohen Niveau von 16 % auf 18 % an, während die der Beschäftigten mit einem Ausbildungsabschluß sich im gleichen Zeitraum von 6,2 vH auf 5,9 vH verminderte (vgl. Schaubild 4). In der Bundesrepublik werden die Belegschaften vor allem über die betriebliche Erstausbildung „erneuert", die eine ständige Verjüngung der Belegschaften ermöglicht (vgl. auch unsere Fallstudie über den Bergbau in Abschnitt 4.5); in anderen Ländern mit weniger ausgebauten Integrationsmechanismen für Jugendliche hingegen vollzieht sich die Umstrukturierung der Beschäftigten vor

lität von Industriearbeitern noch sehr stark in dem klassischen Muster eines Wechsels in vergleichbare industrielle Betriebe vollzieht (vgl. Kap. 6.7).

Schaubild 4:

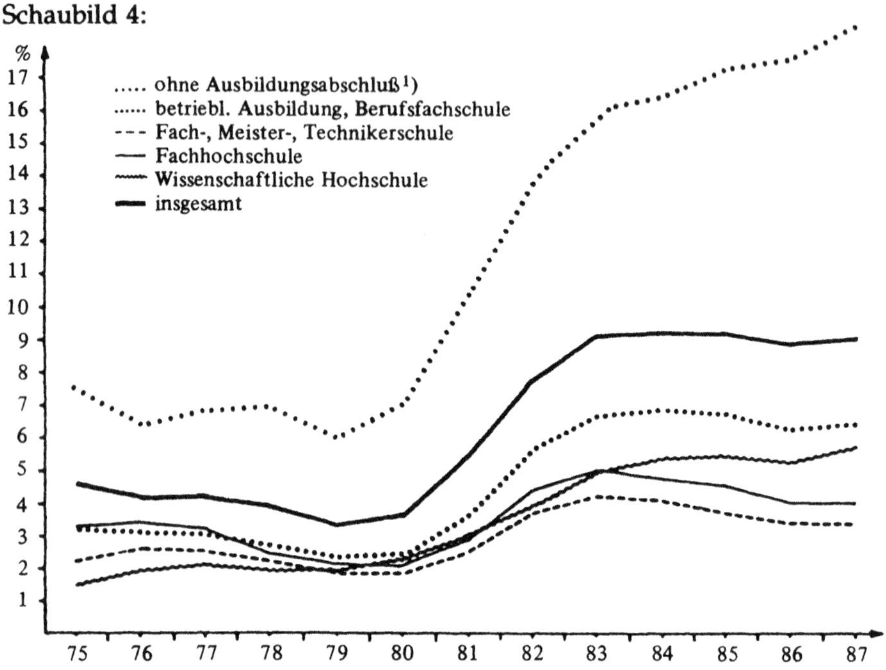


1) ohne Auszubildende: Quoten 1986/87 vorläufig.

Quelle: Tessaring 1988, S. 182

allem über einen direkten Austausch mittels Entlassungen und Einstellungen (Ardenti/Vrain 1988).

b) Innerhalb der Industrie nimmt der Beschäftigtenanteil in Klein- und Mittelbetrieben auf Kosten von Großbetrieben zu. Großunternehmen reduzieren ihre Fertigungstiefe und verlagern ihre Produktion zunehmend auf Zulieferbetriebe, zum Teil um ihre Lohnkosten zu verringern, zum Teil um die Risiken von Auftragsschwankungen zu streuen. Löhne und Sozialleistungen liegen in Klein- und Mittelbetrieben beträchtlich niedriger als in Großbetrieben, allerdings wird in der Bundesrepublik eine Auseinanderentwicklung durch flächendeckende Tarifverträge begrenzt, so daß es nicht zu extremen Lohndifferenzen wie in den USA oder Japan kommt (vgl. Sengenberger 1988 und Tab. 1). Ein Wechsel in einen kleinen oder mittleren Betrieb hat weiterhin Einbußen an sozialer Sicherheit zur Folge. Der Kündigungsschutz ist zum Teil betriebsgrößenabhängig[14], zum Teil ist er an die Existenz von Betriebsräten ge-

14 Der Kündigungsschutz tritt erst ab 5 Beschäftigten in Kraft; Sozialpläne können erst ab 20 Beschäftigten abgeschlossen werden. Eine Reihe von Tarifverträgen sieht ebenfalls für Kündigungs- und Rationalisierungsschutz eine Mindestzahl von Beschäftigten voraus.

bunden, die es in vielen Klein- und Mittelbetrieben nicht gibt[15]. Aufgrund knapperer finanzieller Reserven, geringerer Produktvielfalt, mit der man Nachfrageschwankungen bei einzelnen Produkten ausgleichen könnte, und der Abhängigkeit von Aufträgen der Großunternehmen erhöht sich das Risiko von Entlassungen mit abnehmender Betriebsgröße (vgl. Tab. 2).

c) Durch den Bedeutungsverlust der gewerkschaftlich gut organisierten Industriebranchen mit relativ hohen Durchschnittslöhnen sind Entlassene zunehmend gezwungen, in den Dienstleistungssektor abzuwandern. Dort erhalten vor allem die Arbeiter aufgrund ihrer industriebezogenen Qualifikationen in der Regel nur Zugang zu einfachen Dienstleistungstätigkeiten, die beträchtlich niedriger entlohnt werden, als ihre frühere Arbeit. Zudem kumulieren der gleichzeitige Wechsel in Klein- und Mittelbetriebe und in Niedriglohnsektoren. Der sektorale Strukturwandel verschärft heute die Folgen von Entlassungen, während er sie in den 50er und 60er Jahren durch den Bedeutungsgewinn der industriellen Kernbranchen gegenüber der Landwirtschaft und dem selbständigen Mittelstand abgefedert hat.

d) Schließlich sind heute neben das unbefristete Vollzeitarbeitsverhältnis (Normalarbeitsverhältnis) eine Vielzahl neuer flexibler Arbeitsverhältnisse getreten (Leiharbeit, befristete Tätigkeit, neue Selbständigkeit, verschiedene Formen von Teilzeitarbeiten), die sowohl auf veränderten rechtlichen Regulierungen als auch einer veränderten Nutzung schon vorhandener Regelungen beruhen. Durchsetzen können sich diese flexiblen Arbeitsverhältnisse nur auf dem Hintergrund hoher Arbeitslosigkeit. Man spricht beispielsweise von einer Flucht in die Selbständigkeit. Fast parallel zur Zunahme der Arbeitslosigkeit hat sich die Zahl von Neugründungen entwickelt. Von den Gründern neuer Firmen waren zuvor 9 % arbeitslos, weitere 32,3 % betrachteten ihren Arbeitsplatz als unsicher. „Das würde dafür sprechen, daß die 'wachsende Bereitschaft' nicht immer Ausdruck eines bestehenden Bedürfnisses ist, sich unternehmerisch zu betätigen. Vielmehr dürfte es sich teilweise um den Versuch handeln, in Ermangelung anderer Möglichkeiten am Erwerbsleben teilzunehmen" (Weitzel 1986, S. 7). Diese Arbeitsverhältnisse können für einige Entlassene Vorformen der Ausgliederung aus dem Erwerbsleben bedeuten. Sie können für andere jedoch prekäre Vorformen der Wiedereingliederung in Normalarbeitsverhältnisse sein, wobei diese Vorformen vielfach den Charakter einer langen Teststrecke haben. In diesem Fall muß ein Teil der Entlassenen mit einer *ausgedehnten Instabilitätsphase* rechnen, die zumindest gegenüber den 60er und 70er Jahren neu ist.

---

15 Sozialpläne können nur durch Betriebsräte ausgehandelt werden; zahlreiche andere kollektive Rechte können ebenfalls nur stellvertretend von Betriebsräten wahrgenommen werden (z.B. Widerspruch bei Kündigungen).

Tabelle 1: *Durchschnittliche Löhne nach der Unternehmensgröße*[1) ]
*– (als Prozentsatz des Lohnniveaus in Unternehmen mit über 500 Beschäftigten) in ausgewählten Ländern und Jahren –*

| Land | Jahr | Beschäftigtenzahl des Unternehmens 10–99 | 100–499 | 500 + |
|---|---|---|---|---|
| Dänemark[2)] | 1978 | 93,2 | 97,3 | 100,0 |
| BR Deutschland[3)] | 1978 | 89,7 | 92,2 | 100,0 |
| Frankreich[2)] | 1978 | 82,9 | 86,3 | 100,0 |
| Italien[3)] | 1978 | 85,4 | 92,7 | 100,0 |
| Japan[4)] | 1982 | 77,1 | 82,9[7)] | 100,0[8)] |
| USA[3)] | 1983 | 57,0[6)] | 73,8 | 100,0 |

1) Für die BR Deutschland und Italien beziehen sich die Daten auf die Betriebsgröße. – 2) Stundenverdienste für männliche Arbeitnehmer im Verarbeitenden Gewerbe. – 3) Stundenverdienste männlicher Arbeitnehmer im Verarbeitenden Gewerbe. – 4) Monatsverdienste regulärer Beschäftigter im privaten Sektor (außer Landwirtschaft). – 5) Wochenverdienste von Arbeitern und Angestellten im privaten Sektor (außer Landwirtschaft). – 6) 1 – 99 Beschäftigte. – 7) 100 – 999 Beschäftigte. – 8) 1000 +.

*Quelle:* OECD, Employment Outlook, September 1985, S. 78

Tabelle 2: *Kündigungshäufigkeit und Betriebsgrößen in der privaten Wirtschaft*

| Betriebsgrößenklasse | Prozent-Anteil an der Anzahl der Beschäftigten | Kündigungen | Kündigungen pro 100 Beschäftigte |
|---|---|---|---|
| Bis 20 | 25,7 | 48,4 | 135 |
| 21 - 100 | 22,2 | 25,4 | 82 |
| 101 - 300 | 16,3 | 17,7 | 60 |
| 301 - 1000 | 14,5 | 6,6 | 32 |
| über 1000 | 22,3 | 6,9 | 26 |
| Insgesamt | 100,0 | 100,0 | 74 |

*Quelle:* Falke, 1983, S. 16

Eine solche differenzierte Analyse von Mobilitätsprozessen geht davon aus, daß die Folgen von Massenentlassungen immer weniger nur mit rein statistischer Momentaufnahmen verstanden werden können, sondern ihre Entwicklungsdynamik nur auf dem Hintergrund der Restrukturierung von Belegschaften, Branchen, Sektoren, aber auch Regulationsformen von Beschäftigungsverhältnissen erfaßt werden kann. Die angesprochenen Strukturveränderungen bringen heute auf jeden Fall eine neue Schärfe in die eh schon gravierende soziale Problematik von Entlassungen, die durch den Einflußverlust der Gewerkschaften noch zugespitzt wird. Durch ihren geringeren Organisationsgrad in Klein- und Mittelbetrieben und im Dienstleistungssektor sowie durch Deregulierungen im Arbeitsrecht sind sie immer weniger in der Lage, soziale

Standards auch bei erzwungener Mobilität abzusichern oder gar neue aufzubauen. Von daher wird es für die Gewerkschaftsbewegungen immer schwieriger, konstruktive Strategien der Gestaltung des Strukturwandels zu verfolgen – es sei denn der Abbau sozialer Standards beim heutigen Strukturwandel wird durch eine aktive Beschäftigungspolitik, die gleichzeitig auch den Handlungsspielraum der Gewerkschaften erhält bzw. erweitert, verhindert.

7) *Arbeitsmarkt- und Beschäftigungspolitik:* Die Folgen von Entlassungen werden ganz wesentlich durch die jeweilige öffentliche Arbeitsmarkt- und Beschäftigungspolitik strukturiert. Durch eine Requalifizierung kann der Übergang der Entlassenen in eine neue Beschäftigung erleichtert werden. Eine gute finanzielle Absicherung ermöglicht eine systematischere Arbeitsplatzsuche und verringert den Druck des externen Arbeitsmarktes, das erste Arbeitsplatzangebot anzunehmen, vor allem wenn es mit einem erheblichen Abstieg verbunden ist. Schließlich kann Arbeitslosigkeit in den betroffenen Regionen durch die Schaffung neuer Arbeitsplätze verhindert werden. Durch die Kürzung der Arbeitslosenunterstützung ist in vielen Ländern hingegen inzwischen der Druck des externen Arbeitsmarktes wieder erhöht worden. In dem hierdurch erzeugten Angebot billiger Arbeitskräfte wird nach konservativen Vorstellungen eine wirksame Quelle neuer Arbeitskräftenachfrage gesehen. Die Senkung von Löhnen und die Verschlechterung von Arbeitsbedingungen wird geradezu als Voraussetzung einer erfolgreichen Reintegration auch der benachteiligten Arbeitskräfte interpretiert. In der Praxis führt eine solche – auch die Politik in der Bundesrepublik gegenwärtig dominierende – Konzeption zu einer Erhöhung der Arbeitslosigkeit in strukturschwachen Regionen und einer Ausgliederung von Älteren, Ungelernten, Frauen und Ausländern aus dem Arbeitsmarkt bzw. seinen stabilen Segmenten. Nur in wenigen Ländern sind Versuche unternommen worden, die Arbeitskräfte gleichzeitig im Falle einer Entlassung besser finanziell abzusichern, sie zu requalifizieren und neue Arbeitsplätze zu beschaffen. Ein Beispiel für eine solche Entwicklung „Gegen den Trend" (Heseler 1989) ist die Umstrukturierung der schwedischen Schiffsbauindustrie. Noch in den 70er Jahren verfügte Schweden über eine der größten Schiffsbauindustrien der Welt. Bis Mitte der 80er Jahre wurden alle schwedischen Werften geschlossen, ohne daß es infolge der Stillegungen zu Arbeitslosigkeit kam. Anläßlich der Stillegung der Uddevalla-Werft mit ca. 3000 Beschäftigten verabschiedete die schwedische Regierung z.B. 1985 ein Paket von beschäftigungspolitischen Maßnahmen, das arbeitsmarktpolitische Hilfen, öffentliche Investitionen, Investitionszuschüsse, Hilfen bei der Neuansiedlung von Volvo, Unterstützung von regionalen Entwicklungsgesellschaften und regionaler Technologieberatung sowie den Aufbau von neuen Weiterbildungskapazitäten umfaßte. Die Regierung bezifferte allein dieses Paket

auf 1.482 Mio skr (rd. 500 Mio DM) (Larsson/Sigfridson 1989)[16]. Die Umsetzung dieses ambitionierten Beschäftigungsprogramms erfolgte unter aktiver Beteiligung und Beratung aller beteiligten regionalen Akteure. Jedem ehemaligen Werftbeschäftigten wurde, sofern er nicht vorzeitig in den Ruhestand ging, ein neuer Arbeitsplatz angeboten, auf den er durch frühzeitige Weiterbildungsmaßnahmen vorbereitet wurde.

## 2.3 Von Sozialplänen zu Beschäftigungsplänen

Die ersten Sozialpläne der Bundesrepublik wurden in der Montanindustrie auf *betrieblicher Ebene* vereinbart, und zwar im Bergbau ab 1957 und in der Stahlindustrie ab 1963 (Vogt, 1974; Autorengemeinschaft, 1979). Massenentlassungen hat es zuvor und danach in anderen Bereichen gegeben, ohne daß es zu vergleichbaren sozialpolitischen Regelungen kam[17]. Sozialpläne sind das Ergebnis einer spezifischen arbeitsmarktspolitischen und politischen Konstellation in der Bergbau- und Stahlkrise: Es handelte sich um Branchenkrisen, die jeweils den Beginn weiterer Entlassungen ankündigten und nicht um isolierte Stillegungen; die Branchen waren regional konzentriert und strukturierten die lokalen Arbeitsmärkte; die Branchen hatten bislang erfolgreich die Ansiedlung neuer Betriebe verhindert; die Beschäftigten waren in ihrer Qualifikation (betrieblich bzw. branchenspezifisch und in ihrem privaten Lebenszusammenhang (z.B. durch Werkswohnungen) auf den Betrieb bzw. die Branche orientiert.

Ein Betriebswechsel brachte aufgrund dieser Bedingungen trotz der hohen Wachstumsraten der 50er und 60er Jahre zumindest vorübergehende Integrationsprobleme und Einkommensverluste mit sich. Die Beschäftigten waren gewerkschaftlich weit überdurchschnittlich organisiert und die Betriebsräte sowie die Gewerkschaften verfügten durch die Montanmitbestimmung in diesen Sektoren auch über einen besonderen Einfluß auf die Personalpolitik; schließlich kam es anläßlich fast aller Entlassungen zu Massenprotesten, die Befürchtungen einer politischen Radikalisierung im Ruhrgebiet wach werden ließen. Die Betriebsräte und Gewerkschaften stellten mit ihrer Forderung nach Sozialplänen die einmal getroffenen Unternehmensentscheidungen in der Regel allerdings nicht in Frage, sondern versuchten die sozialen Folgen der Entlassungen abzufedern.

Die erste Generation von Sozialplänen enthielt weitgehend einen finanziellen Ausgleich für Einkommensverluste, evtl. notwendige Umzüge etc.

16 Der tatsächliche Betrag liegt sogar noch höher. Nicht eingerechnet wurden Steuererleichterungen, preisgünstiger Grundstücksverkauf an Volvo etc. (Storrie 1988).

17 1961 wurden nach dem Konkurs von Borgward über 15.000 Beschäftigte ohne Sozialplan entlassen. Die staatliche Arbeitsmarktpolitik beschränkte sich unter Mobilisierung aller personellen Kräfte ausschließlich auf eine schnelle Arbeitsvermittlung, ohne damit eine Dequalifizierung vieler Beschäftigter verhindern zu können (Eberwein, Tholen 1987).

Der Erfolg dieser Sozialplanpolitik hing von der damals günstigen Arbeitsmarktsituation ab, die fast allen Betroffenen eine rasche Wiederbeschäftigung ermöglichte. Die Vielzahl unterschiedlicher betrieblicher Einzelregelungen veranlaßte die Unternehmensleitungen einheitliche Standards zu finden. So wurde beispielsweise 1968 ein *branchenweiter* Gesamtsozialplan für den Steinkohlebergbau vereinbart (Gesamtsozialplan 1968).

Ab Ende der 60er Jahre bis 1974 stand angesichts raschen Beschäftigungswachstums zwar weiterhin außer Frage, daß Entlassene wiederbeschäftigt würden. Angesichts erster größerer technologischer und arbeitsorganisatorischer Umbrüche blieb allerdings offen, ob es sich um vergleichbare Arbeitsplätze handelte. In dieser Periode versuchten die Gewerkschaften, die Folgen von Arbeitsmarktprozessen nicht alleine finanziell abzufedern, sondern in sie selbst aktiv einzugreifen. Sozialpläne enthielten gefördert durch die damalige Diskussion über Rationalisierungsschutzabkommen (Böhle/Lutz 1974) zunehmend auch Regelungen über Qualifizierungsmaßnahmen bei technologischen Änderungen und bei Versetzungen von Rationalisierungsopfern auf andere Arbeitsplätze.

Mit der Reformperiode konnten die betrieblichen und branchenweiten Vorreiterregelungen auf gesetzlicher Ebene verallgemeinert werden. 1972 wurde im neuen Betriebsverfassungsgesetz die Verpflichtung verankert, bei Betriebsänderungen in Betrieben mit mehr als 20 Beschäftigten mit dem Betriebsrat über einen Sozialplan zu verhandeln. Außerdem wurde damals der Vorrang von Versetzungen und dazu notwendigen Qualifizierungsmaßnahmen vor Entlassungen festgeschrieben[18]. „Qualifizieren statt entlassen" ist also seit längerem Rechtsnorm, allerdings nur in einem sehr eingeschränkten Sinn: Zum Zeitpunkt der Kündigung muß bereits eine konkrete innerbetriebliche Versetzungsmöglichkeit vorhanden sein. In die weitere Zukunft gerichtete Beschäftigungsmöglichkeiten, evtl. zur Herstellung neuer Produkte oder in neu zu gründenden Betriebsteilen, sind hiermit in der Regel nicht eingeschlossen. Denn längerfristige Qualifikationsmaßnahmen gelten gerade in Krisensituationen dem Unternehmen kaum als zumutbar, so daß mit dieser Rechtsvorschrift allenfalls kürzere Fortbildungsmaßnahmen durchgesetzt, keinesfalls aber größere Qualifikationsdefizite beseitigt werden können.

Die Qualifizierungskomponente hat in der Praxis der Sozialpläne und des Kündigungsschutzes in den 70er Jahren offensichtlich eine nachgeordnete Rolle gegenüber der „Vergoldung" von Entlassungen und Versetzungen gespielt. Zwei Untersuchungen über Inhalte von Sozialplänen belegen, daß sowohl Anfang der 70er als auch in den 80er Jahren weitgehend nur die Modalitäten von Entlassungen und Versetzungen geregelt wurden. Insgesamt hat in den 80er Jahren die Regelungsvielfalt in Sozialplänen zuge-

18 Nach § 102, Abs. 3 BetrVG kann ein Betriebsrat einer ordentlichen Kündigung widersprechen, wenn die Weiterbeschäftigung des Arbeitnehmers nach zumutbaren Umschulungs- oder Fortbildungsmaßnahmen möglich ist.

Tabelle 3: *Regelung personeller Maßnahmen in Sozialplänen*

| Personelle Maßnahmen | Untersuchung von Ochs Anzahl[1] (N=299) | % | Untersuchung von Hase u.a. Anzahl[1] (N=350) | % |
|---|---|---|---|---|
| Entlassungen | 261 | 87,8 | 335 | 95,0 |
| Versetzung/Weiterbeschäftigung | 144 | 48,2 | 202 | 57,7 |
| Vorzeitiges Aussch. älterer AN | 52 | 17,4 | 80 | 22,9 |
| Berufl. Bildungsmaßnahmen | 51 | 17,1 | 64 | 18,3 |

1) Mehrfachnennungen

*Quelle:* Ochs, 1976, S. 82, und Hase u.a., 1988, S. 12

nommen. In den 80er Jahren sehen etwas mehr Sozialpläne Möglichkeiten zu einer beruflichen Weiterbildung vor als in den 70er Jahren (vgl. Tabelle 3).

Empirische Untersuchungen über die Praxis von Rationalisierungsmaßnahmen und Personalabbau sprechen eher dafür, daß es in den 70er Jahren nur in Einzelfällen zu Qualifizierungsmaßnahmen gekommen ist (Schultz-Wild, 1980, S.135). Eine Befragung von Betriebsräten, vorwiegend aus größeren Betrieben, zeigt, daß nur 22 % von diesen bereits Kündigungen mit dem Hinweis, eine Wiederbeschäftigung nach einer Weiterbildung sei möglich, widersprochen haben. Diese geringe Quote wird wie folgt erklärt: Dieser Widerspruch „erfordert mehr Einsatz von den Betroffenen (Betriebsräten G.B.) und mehr Planung. Weiterbildung und Umschulung sind in aller Regel nicht kurzfristig realisierbar" (Kohl 1978, S. 228).

Mit Beginn der Massenarbeitslosigkeit ab 1975 wurden die Grenzen der bisherigen Sozialplanpolitik deutlich. Es wurde zunehmend unsicher, ob Entlassene überhaupt einen Arbeitsplatz finden würden; eine finanzielle Entschädigung konnte damit immer weniger einen Arbeitsplatzverlust kompensieren. Vor allem in der Montanindustrie verschoben sich auf Druck der Belegschaften und ihrer Interessenvertretung die Gewichte auf Strategien der Ausgliederung aus dem Arbeitsmarkt durch vorzeitigen Ruhestand (Tab. 4).

Die Ausgliederungsmaßnahmen von Älteren wären ohne beträchtliche öffentliche Subventionen (59er Regelung, Vorruhestandsgesetz etc.) nicht praktizierbar gewesen. Direkte Entlassungen wurden vermieden, in einzelnen Betriebsvereinbarungen sogar völlig ausgeschlossen (so z.B. im Saarland, vgl. Judith u.a. 1980). Allerdings wurde zum Teil erheblicher moralischer Druck, begleitet von finanziellen Anreizen, auf ausländische Beschäftigte ausgeübt, in ihr Heimatland zurückzukehren (Schäfer 1986). Durch den Verzicht auf Massenentlassungen konnte unmittelbarer Protest gegen den Personalabbau verhindert werden. Er wurde weitgehend toleriert, da gerade die kampffähigen, gewerkschaftlich gut organisierten Beschäftigten

Tabelle 4: *Personelle Anpassungsmaßnahmen in der Stahlindustrie Nordrhein-Westfalens 1976 bis 1986*

| Anpassungsmaßnahmen | Hoesch Stahl AG | Krupp Stahl AG | Schmiedewerke Krupp Klöckner | Mannesmannröhren-Werke AG | Thyssen-Stahl | Summe |
|---|---|---|---|---|---|---|
| Anzahl der Arbeitnehmer, die in anderen Konzernunternehmen auch an anderen Standorten untergebracht wurden | 809 | 2.969 | 96 | 6.400 | 5.200 | 15.474 |
| Vermittlung von Mitarbeitern in andere Unternehmen | 98 | – | – | – | – | 98 |
| Ausscheiden in den vorgezogenen Ruhestand | 11.864 | 10.700 | 850[1)] | 7.630 | 19.783 | 50.827 |
| Sonstiger Personalabbau | | | | | | |
| a) betriebsbedingte Kündigungen | – | – | – | – | – | – |
| b) Aufhebungsverträge bzw. Abfindungsaktionen (Ausscheiden über Sozialpläne) | 1.500 | – | 118 | – | 4.849[2)] | 6.467 |

1) Seit 30. September 1983
2) Auch ausländische Mitarbeiter, deren Ausscheiden nach dem „Gesetz zur Förderung der Rückkehrbereitschaft von Ausländern vom 28. November 1983" erfolgte.

*Quelle:* Landtag Nordrhein-Westfalen, Drucksache 10/2135, S. 13

in den Großbetrieben beim Arbeitsplatzabbau sozial gut abgesichert blieben. Die negativen Folgen der Sozialplanpolitik für einzelne Regionen wurden jedoch unübersehbar. Erste Stimmen in den Gewerkschaften kritisierten, daß man mit Sozialplänen das Ausbluten ganzer Regionen und den Verlust gewerkschaftlicher Einflußnahme auf den Strukturwandel absegne.

Vorwiegend in den Werften, in denen die Möglichkeiten zu Frühpensionierungen ausgeschöpft waren und Entlassungen bevorstanden, sowie in Rüstungsbetrieben, in denen Entlassungen aufgrund des Auslaufens von Beschaffungszyklen der Bundeswehr befürchtet wurden, begann man daher Ende der 70er Jahre Überlegungen zu Alternativen bzw. zu einer Weiterentwicklung von Sozialplänen anzustellen, die die Beschäftigungssicherung und nicht die Abfederung des Personalabbaus in den Vordergrund stellen sollten.

Vertrauensleute und Betriebsräte richteten Arbeitskreise ein, die Vorschläge zu einer alternativen Fertigung entwickelten (Bosch, 1985; Mehrens, 1985). Ziel war es, durch die rechtzeitige Entwicklung neuer Produkte den Arbeitsplatzabbau im Betrieb vorbeugend zu vermeiden. Diese Arbeitskreise formulierten zahlreiche konkrete Produktideen; im kleineren Maßstab wurden sogar Produktentwicklungsarbeiten geleistet. Die Produktvorschläge zielten größtenteils auf eine zusätzliche öffentliche Nachfrage (neue Energieversorgungssysteme etc.), die jedoch trotz vorhandenen Bedarfs aufgrund der restriktiven Finanzpolitik nicht realisiert wurde. Hinzu kamen Widerstände der Unternehmensleitungen, die ihre Produktpalette an bestimmten Standorten nicht erweiterten, sondern Rationalisierungsstrategien über Produkt- und Standortbereinigungen verfolgten. Schließlich erwies sich die Entwicklung neuer arbeitsplatzschaffender Produkte angesichts umkämpfter Märkte und bereits vielfältiger unternehmerischer Entwicklungsarbeiten als schwieriger als angenommen.

Einzelne Unternehmen, die einen Nachfrageeinbruch erlebten, wollten mittelfristig ihre Produktion diversifizieren und suchten nach einem „Überwinterungskonzept", d.h. nach Möglichkeiten, ihre qualifizierte Stammbelegschaft bis zur erfolgreichen Unternehmensumstrukturierung zu halten. Auf der Howaldtwerke Deutsche Werft AG (HDW) wurde – zum Teil angeregt durch schwedische Vorbilder – das Konzept eines Arbeitskräftepools entwickelt. Mit Unterstützung der Bundesanstalt für Arbeit sollten Beschäftigte qualifiziert werden, um nach Abschluß der Qualifikation eine neue, veränderte Tätigkeit im umstrukturierten Unternehmen aufzunehmen. Auf Antrag des Unternehmens und mit Zustimmung des Betriebsrates wurde, gefördert durch den Projektträger Humanisierung der Arbeit, diese Poolidee bis hin zu Vorschlägen für einzelne Qualifikationsmaßnahmen ausformuliert (Drewes u.a., 1982; Pellul u.a., 1983). Dieses Konzept wurde jedoch nicht realisiert, da die Unternehmensleitung ihre Strategie änderte; sie gab ihre Diversifikationspläne auf und wollte sich durch schnellen Personalabbau einen „verkleinerten aber leistungsfähigen und kostengünstigen Kernbereich der Werft erhalten, um damit langfristig in der weiterhin schwierigen Situation auf dem Weltschiffbaumarkt konkurrenzfähig zu bleiben" (Drewes u.a., 1981, S. 21). Andere – weniger ambitionierte – Poolvarianten wurden jedoch realisiert. So bildete Arbed in Luxemburg aus überzähligen Arbeitskräften eine sog. „Antikrisenabteilung", die bisher nach außen vergebene Instandhaltungs- und Umbauarbeiten übernahm und außerdem Arbeitskräfte an andere Firmen oder für öffentliche Arbeiten verlieh. Diesem Pool gehörten zeitweise bis zu 4.000 Beschäftigte an. Der Personalüberhang konnte zeitlich gestreckt werden, und beim Ausscheiden von Stammbeschäftigten ergaben sich Übernahmemöglichkeiten für Mitglieder der Antikrisenabteilung (Kohl, 1982; Deeke, 1983).

Die Erfahrungen der Arbeitskreise „Alternative Fertigung", aber auch der Howaldt-Werft hatten die Grenzen rein betrieblichen Handelns deutlich werden lassen. Betriebe in Krisenbranchen sind z.B. aufgrund ökonomischer Zwänge zumeist zu schnellen Entscheidungen über Personalabbau gezwungen; darüber hinaus sind sie wegen mangelnder Diversifizierungsbemühungen in der Vergangenheit nicht in der Lage, kurzfristig andere Unternehmensstrategien zu entwickeln. Dazu bedarf es neuer Kompetenzen und Strukturen, die zusätzliche personelle und finanzielle Ressourcen voraussetzen.

Diese Grenzen betrieblichen bzw. unternehmerischen Handelns sollen nach den Vorstellungen der Gewerkschaften durch eine aktive Struktur- und Regionalpolitik wie in Schweden überwunden werden. Die IG Metall schlägt in den Krisenbranchen die Einrichtung von Beschäftigungsgesellschaften vor. Eine „Beschäftigungsgesellschaft Stahl" soll beispielsweise als Tochtergesellschaft der Stahlkonzerne mit öffentlicher Beteiligung gegründet werden. Die Finanzierung erfolgt unter Ausschöpfung öffentlicher Förderungsmaßnahmen durch die Stahlkonzerne. Die Beschäftigungsgesellschaften sollen die Beschäftigten der Unternehmen übernehmen, die keinen akzeptablen Ersatzarbeitsplatz innerhalb des Konzerns finden. Sie sollen Vorschläge für Ersatzarbeitsplätze innerhalb und außerhalb der Konzerne entwickeln und diese mit Qualifikationsmaßnahmen verknüpfen (IG Metall, 1987; Gewos, GfAH, WSI, 1987). Der Erfolg von Beschäftigungsgesellschaften soll durch regional spezifizierte öffentliche Nachfrageprogramme gestützt werden (Löwe, Wand, 1987).

Eine beträchtlich weiterentwickelte gewerkschaftliche Diskussion über die Schaffung neuer Arbeitsplätze bei betrieblichen und Branchenkrisen stieß Anfang der 80er Jahre auf verschärfte ökonomische Randbedingungen und veränderte Unternehmensstrategien. Als es in einigen Branchen (Stahl, Werften, Kohle, Unterhaltungselektronik) zu erneuten Beschäftigungseinbrüchen kam, waren die Grenzen der o.g. Ausgliederungsstrategien erreicht. Die älteren Jahrgänge der Beschäftigten waren in diesen Branchen bereits so ausgedünnt, daß ein Personalabbau immer weniger alleine über vorzeitige Pensionierungen erreicht werden konnte. Rigorose Ausgliederungsstrategien von Ausländern werden zwar von einzelnen Unternehmen vorübergehend praktiziert und immer wieder erwogen, lassen sich aber kaum aus arbeitsmarktpolitischen Gründen (hohes Interesse der Unternehmen an ausländischen Arbeitskräften) und übergeordneten außenpolitischen Erwägungen (europäische Integration, Verhältnis zu Nato-Partnern) dauerhaft praktizieren. Außerdem zieht sich die öffentliche Hand zunehmend aus der Finanzierung von Ausgliederungsstrategien zurück, da diese vergleichsweise kostspielig sind[19]. Im Gegenteil: Das Rentenalter wird mittelfristig wieder heraufgesetzt, und die Sozialplanvorschriften wurden verschlechtert.

Die Beschäftigungseinbrüche werden zudem innerhalb der Unternehmen nicht mehr wie noch Mitte der 70er Jahre als vorübergehende *konjunkturelle* Krise, sondern als langfristiger *struktureller* Einbruch interpretiert (Beschäftigungsrückgang 1985). Damit nahm die Bereitschaft ab, Beschäftigte über Kurzarbeit, Weiterbildung oder sonstige Überbrückungsmaßnahmen möglichst lange im Unternehmen zu halten. Die Unternehmensphilosophie, aber auch die Sichtweise der öffentlichen Politik, zielte eher auf rasche Einschnitte, die längerfristig sowieso unvermeidlich erscheinen. Eine Rückkehr zu Massenentlassungen in den Großbetrieben der industriellen Kernsektoren, in denen in den 70er Jahren der personalpolitische Grundsatz „Keiner wird entlassen" respektiert wurde, schien unvermeidbar. Die parallel geführte politische Diskussion über eine Deregulierung der angeblich zu kostenträchtigen Sozialplanregelungen deutete die Gefahr eines Entwicklungsbruches an. Leitbild der Politik ist nicht mehr ein *sozialpolitisches Fortschrittsmodell,* das erprobte betriebliche und tarifliche Schutzregelungen bei Strukturwandel verallgemeinerte. Dominierend scheint nunmehr ein *Flexibilisierungsmodell,* nach dem durch Eingriffe in gesetzliche Schutzstandards auch ein sozialpolitisches rollback bei Tarifverträgen und Betriebsvereinbarungen vorbereitet werden sollte.

Dieser Widerspruch zwischen neuen gewerkschaftlichen Konzeptionen zur Krisenbewältigung einerseits und angekündigten Entlassungen, ihrer angesichts der hohen Arbeitslosigkeit unübersehbar negativen Folgen für die Beschäftigten und der gleichzeitigen öffentlichen Flexibilisierungsdiskussion andererseits schufen den *Sprengsatz für zunehmende Konflikte beim Personalabbau* in den Krisenbranchen, aus dem die ersten Beschäftigungspläne entstanden sind. Ohne die Entwicklung gut durchdachter Alternativen zu traditionellen Sozialplänen in den 70er Jahren und die Mobilisierung der Beschäftigten in den krisenbetroffenen Betrieben und Branchen wäre der Abschluß des ersten Beschäftigungsplanes 1985 bei der Grundig

19 Das Vorruhestandsgesetz lief Ende 1988 aus. Ab 1984 sind die Unternehmen verpflichtet, der Bundesanstalt für Arbeit das Arbeitslosengeld älterer Beschäftigter zu erstatten, die sie entlassen haben und die auf eine vorzeitige Rente ab 59 Jahre warten, es sei denn, dies würde eine „besondere Härte" für das Unternehmen angesichts seiner prekären wirtschaftlichen Lage bedeuten.

AG, dem bald darauf eine Reihe weiterer, hier untersuchter Beschäftigungspläne folgte, nicht denkbar, gewesen.

Es ist bemerkenswert, daß auch einzelne Unternehmen sich diesen neuen Überlegungen gegenüber frühzeitig aufgeschlossen zeigten, da sie Entlassungen allein mit Sozialplänen nicht mehr konfliktfrei regeln konnten und darüber hinaus selbst eine Diversifizierung anstrebten. Die über zehnjährige Diskussion über Beschäftigungspools, Beschäftigungsgesellschaften etc. hat den anfänglich prinzipiellen Widerstand auf der Unternehmensseite gegen neue Wege der Bewältigung von Unternehmens- und Strukturkrisen zumindest stellenweise aufgeweicht.

## 2.4 Zwischenergebnis

Sozialpläne greifen nicht direkt in die Mechanismen des Arbeitsmarktes bei Entlassungen ein; sie federn allenfalls negative Folgen finanziell ab. Beschäftigungspläne hingegen – so der Anfang der 80er Jahre formulierte Anspruch – sollen durch Qualifizierungs- und Diversifizierungsmaßnahmen sozusagen an der „Wurzel des Übels" ansetzen und Entlassungen im Betrieb vermeiden. Es wird sich zeigen, ob dieser Anspruch eines vorwiegend internen Strukturwandels realisiert werden konnte.

Die zahlreichen Untersuchungen zu den Folgen von Entlassungen bestätigen einige Ausgangsideen der Beschäftigungspläne. Durch eine berufliche Qualifizierung kann der Eintritt oder der Verbleib in einen berufsfachlichen Arbeitsmarkt erfolgen; dies ist eine günstige Absicherung bei erzwungener Mobilität sowohl innerhalb als auch außerhalb des Betriebes. Die Qualifizierung eröffnet also auch – und dies liegt zumindest nicht im formulierten Anspruch von Beschäftigungsplänen – Mobilitätschancen auf dem externen Arbeitsmarkt. Allerdings zeigen die Untersuchungen auch die Grenzen einer Absicherung durch Qualifizierung bei externer Mobilität. Frauen und Ausländer stoßen auf besondere Diskriminierungslinien, die durch Qualifizierungsmaßnahmen alleine nicht zu beheben sind.

In räumlich isolierten Arbeitsmärkten wird ohne räumliche Mobilität oder eine aktive regionale Wirtschaftspolitik jede Qualifizierungsstrategie auf Grenzen stoßen. Gerade hier wird vermutlich der Druck auf interne Lösungen besonders stark entwickelt sein. Schließlich kommt den Selektionsprozessen bei der Auswahl der zu Entlassenden eine entscheidende Rolle zu. Denn Auswahlkriterien für Entlassungen stehen im Gegensatz zu denen erfolgreicher Weiterbildungsmaßnahmen. Dieser Widerspruch wird im folgenden eine beachtliche Rolle spielen.

# 3 Arbeitsmarktpolitik und Beschäftigungspläne

## 3.1 Nadelöhr: Arbeitsförderungsgesetz

Eine öffentliche Beteiligung an der Finanzierung der Beschäftigungspläne ist in vielfältiger Form denkbar. Bund oder Länder könnten beispielsweise einen Fonds für Qualifizierungsmaßnahmen in Betrieben, die sich in einer Umstrukturierungsphase befinden, bereitstellen. Solche Fonds könnten auch regional oder sektoral gezielt eingesetzt werden. Die Bundesregierung gewährte jedoch nur für die von der Werftenkrise betroffenen Küstenländer Finanzhilfen, die zum Teil mit Landesmitteln aufgestockt auch zur Qualifizierung von Werftbeschäftigten eingesetzt werden konnten (vgl. 4.2 und 4.6.3). Sonstige bundesweite strukturpolitische Programme, auf die sich betriebliche Beschäftigungspläne stützen konnten, blieben aus.

Damit waren die Beschäftigungspläne auf die „Regelförderung" beruflicher Weiterbildung der Bundesanstalt für Arbeit verwiesen. Diese Orientierung auf die Bundesanstalt wurde durch die zusätzlichen Leistungen einiger Länder (z.B. des Saarlands oder Hamburgs) eher noch forciert, da diese von vornherein nur komplementäre Hilfen in Form einer Aufstockung der Unterhaltsgelder des Arbeitsamtes vorsahen. Nur in Hamburg wurden noch zusätzlich Mittel zur Diversifizierung der Werften bereitgestellt. Aufgrund dieser Rahmenbedingungen lag allen Beschäftigungsplänen die Voraussetzung zugrunde, daß die Bundesanstalt für Arbeit Unterhaltsgelder und Lehrgangskosten der geplanten Qualifizierungsmaßnahmen trägt.

Die Umsetzung der Beschäftigungspläne steht und fällt also mit der Unterstützung der Bundesanstalt für Arbeit. Die Qualifizierungsmaßnahmen haben dabei das *Nadelöhr des Förderungsrechts* zu passieren. Hierbei ergeben sich zahlreiche Probleme und Schwierigkeiten, die auf dem *Konstruktionsunterschied zwischen Beschäftigungsplänen und Arbeitsförderungsgesetz* beruhen.

*Beschäftigungspläne zielen* auf die Qualifikation ganzer von Entlassung bedrohter *Gruppen von Beschäftigten* ungeachtet ihrer individuellen Besonderheiten; der in Frage kommenden Personenkreis wird in innerbetrieblichen Verhandlungen festgelegt; die Auswahlkriterien variieren je nach betrieblicher Situation von Fall zu Fall. Denn das Betriebsverfassungsgesetz sieht zu Sozialplänen nur Verfahrensregelungen vor; Verhandlungsgegenstände und -resultate sind Ergebnisse dieser Verfahren und damit offen und gestaltbar.

Das *Arbeitsförderungsgesetz* hingegen zielt auf die Unterstützung *einzelner Personen,* die jeweils bestimmte Voraussetzungen zu erfüllen haben. Anders als in etwa Frankreich oder Österreich ist die Förderung ganzer Kollektive von Beschäftigten in bestimmten Sektoren oder Betrieben nicht vorgesehen. Insofern hat es keine pauschale Zusage eines Arbeitsamtes über die Unterstützung beabsichtigter Qualifizierungsmaßnahmen geben können. Die Aussage der Arbeitsämter lautete im allgemeinen: Wir werden jeden Einzelfall prüfen und ihn genauso behandeln wie jedes andere individuelle Ersuchen eines Arbeitslosen oder Beschäftigten. Die in Frage kommenden Beschäftigungsgruppen wurden also durch Einzelgespräche und -beratungen in Individuen zerlegt.

Diese Einzelpersonen mußten zunächst die persönlichen Fördervoraussetzungen erfüllen. Dazu gehören die Eignung für eine erfolgreiche Teilnahme an einer Qualifizierung, die Absicht, vier Jahre nach Abschluß der Qualifizierung mindestens drei Jahre lang eine versicherungspflichtige Tätigkeit auszuüben, die arbeitsmarktpolitische Zweckmäßigkeit der Maßnahme (nach Abschluß der Maßnahme voraussichtlich Vermittlung in Beschäftigung)[20], sowie um den Unterschied zur Erstausbildung zu markieren – für die die Betriebe zuständig sind – eine gewisse Berufserfahrung. Die Zahlung von Unterhaltsgeld bei Weiterbildungsmaßnahmen für Beschäftigte erwies sich teilweise als sehr schwierig. Das bundesdeutsche Arbeitsförderungsgesetz, Handlungsgrundlage der Bundesanstalt für Arbeit, steht in einem historisch gewachsenen ordnungspolitischen Rahmen, der die Zuständigkeit der BA für Weiterbildung eingrenzt (vgl. Schaubild 5):

- Die *Erstausbildung* im dualen Berufsbildungssystem ist Aufgabe der Betriebe und der Berufsschulen.
- Die Bundesanstalt für Arbeit kann nur *berufliche,* nicht aber allgemeine Weiterbildung fördern. Letztere ist einer Vielfalt von Institutionen (Volkshochschulen, privaten Trägern etc.) vorbehalten.
- Die berufliche Weiterbildung von Beschäftigten *im Betrieb* ist grundsätzlich Sache der Betriebe, da diese Maßnahmen vorwiegend auch im betrieblichen Interesse liegen.

20 Eine sofortige Vermittelbarkeit schließt daher die Förderung aus (DA A 6.04). Unter dem Stichwort „Bildung und Vorrat" ist allerdings eine weite Fassung von zweckmäßigen Weiterbildungsmaßnahmen formuliert worden. Hier heißt es: „Eine ungünstige Arbeitsmarktsituation und die damit verbundenen Vermittlungsschwierigkeiten dürfen sich nicht nachteilig auf die Förderung der beruflichen Bildung auswirken. Auch in schwierigen Zeiten (können) mit der Qualifikation auf dem Arbeitsmarkt die Chancen auf einen Arbeitsplatz bzw. dessen Erhalt steigen. Auch bei einer angespannten Arbeitsmarktlage kann davon ausgegangen werden, daß Teilnehmer, die entsprechend einer realistischen Beurteilung für das Bildungsziel geeignet sind, eine dem Bildungsziel entsprechende Tätigkeit finden werden. Als angemessene Zeit im Sinne der o.g. Bestimmung ist noch anzusehen, wenn die Beschäftigungsmöglichkeit bei einer vorausschauenden Qualifizierung erst längerfristig mit einer konjunkturellen Besserung erwartet werden kann" (DA A FuU 6.04, Abs. 2).

Schaubild 5: *Aufgaben der Bundesanstalt für Arbeit im System der Weiterbildung*

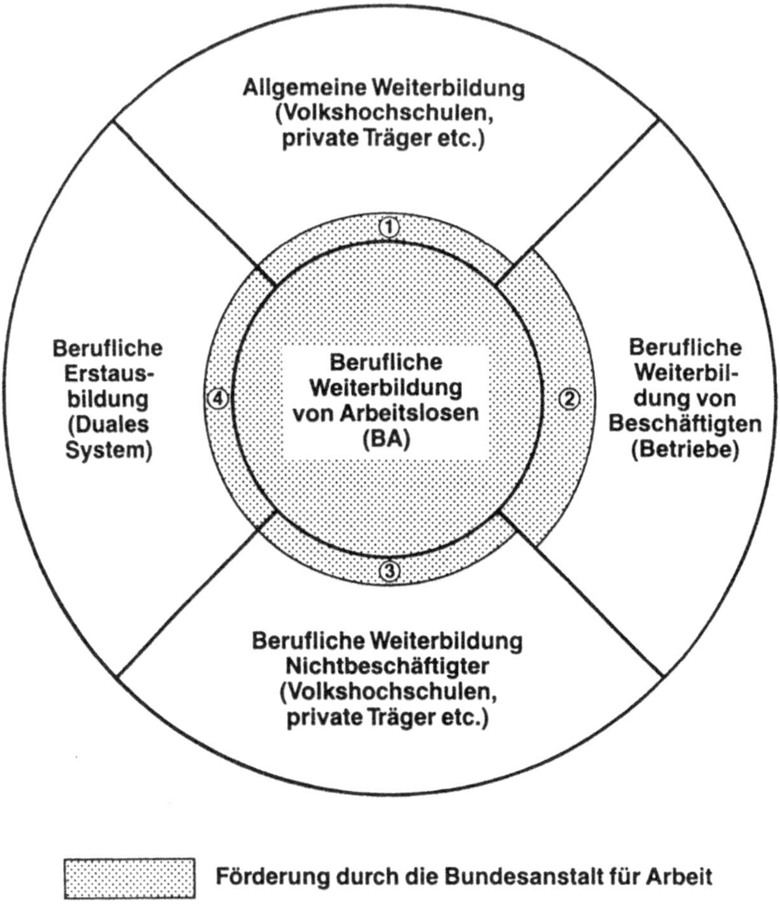


① Allgemeinbildende Bausteine (z. B. Deutsch oder Rechnen), die Voraussetzung für eine erfolgreiche berufliche Weiterbildung sind.

② Berufsbegleitende Aufstiegs- und Anpassungsfortbildungen, Qualifizierung von Un- und Angelernten sowie von Arbeitslosigkeit Bedrohten.

③ Qualifizierung von ehemals Versicherten, die ihre Erwerbstätigkeit (z. B. wegen Kindererziehung) unterbrochen haben.

④ Jugendliche, die im dualen System keinen Ausbildungsplatz gefunden haben (Benachteiligungsprogramm).

- Die Leistungen der Bundesanstalt für Arbeit sind zumindest bei der Zahlung von Unterhaltsgeldern während einer beruflichen Weiterbildung weitgehend nach dem *Versicherungsprinzip* geregelt. Damit entfällt eine Förderung von Nichtbeschäftigten, wenn sie nicht die nötigen Versicherungszeiten aufweisen können.

In diesem Spannungsfeld unterschiedlicher Zuständigkeiten, Institutionen und auch Finanzierungssysteme der Weiterbildung, konzentriert sich die Bundesanstalt für Arbeit auf die *berufliche Weiterbildung* ihrer *Versicherten*, die sie jedoch nur fördert, wenn hier auch ein *arbeitsmarktpolitisches Interesse* vorliegt. Dieses wird vorrangig aus der Perspektive von Individuen, deren Beweglichkeit auf dem Arbeitsmarkt verbessert werden soll, nicht aber von Institutionen (Betrieben etc.) oder räumlichen Einheiten (Funktionsfähigkeit regionaler Arbeitsmärkte) definiert. Durch die Spezifizierung dieses arbeitsmarktpolitischen Interesses grenzt die Bundesanstalt für Arbeit ihre Rolle in der beruflichen Weiterbildung gegenüber anderen Institutionen ab. Ein wichtiger Gegensatz wird beispielsweise im Unterschied von arbeitsmarktpolitischen und betrieblichen Interessen in der Weiterbildung gesehen. Gegenwärtig wird das arbeitsmarktpolitische Interesse aufgrund der hohen Arbeitslosigkeit vor allem in der *beruflichen Weiterbildung von Arbeitslosen* verortet[21].

Die Grenzen zu anderen Feldern der Weiterbildung sind jedoch durchaus flexibel und in den beiden letzten Jahrzehnten seit Bestehen des Arbeitsförderungsgesetzes immer wieder neu gezogen worden. So werden heute bei längerfristig Arbeitslosen und bei Ausländern zunehmend Elemente allgemeiner Weiterbildung zugelassen, da sich gerade bei diesen Personengruppen mangelnde Grundqualifikationen als Haupthindernis für eine erfolgreiche Teilnahme an Weiterbildungen erwiesen haben. Durch die Integration des Benachteiligtenprogramms in das Arbeitsförderungsgesetz übernahm die Bundesanstalt für Arbeit auch Funktionen in der Erstausbildung für Jugendliche, die keinen Zutritt zum dualen Berufsbildungssystem gefunden haben. Der Eintritt in Weiterbildungsmaßnahmen von Nichtbeschäftigten, die wegen einer Kinderbetreuung ihre Erwerbstätigkeit unterbrochen haben, ist etwas erleichtert worden; damit soll vor allem die Reintegration von Frauen in das Berufsleben erleichtert werden. Viele Beschäftigte nehmen mit Hilfe der Bundesanstalt für Arbeit an berufsbegleitenden Maßnahmen der Weiterbildung teil, um Anschluß an den technologisch-wirtschaftlichen Strukturwandel zu erhalten oder die individuellen Aufstiegschancen zu verbessern.

21 1987 waren 64,2 % aller Teilnehmer an Weiterbildungsmaßnahmen zuvor arbeitslos. Bei Vollbeschäftigung hingegen waren es nur 5,8 % (1973); damals wurde also weitgehend die Mobilitätsfähigkeit der Beschäftigten verbessert (Förderung der beruflichen Weiterbildung 1988, S. 12).

### 3.2 Die Förderung von Beschäftigten in Krisenbetrieben

Auch die Förderung von *Beschäftigten* einschließlich der Finanzierung ihres Unterhalts ist unter gewissen Voraussetzungen möglich. Es lassen sich die folgenden vier Gruppen unterscheiden, unter die die im Rahmen von Beschäftigungsplänen zu qualifizierenden Personen fallen konnten:

1) Beschäftigte, die von *Arbeitslosigkeit unmittelbar bedroht* sind, damit sie nicht arbeitslos werden (AFG § 44, Abs. 2, Satz 2, Nr. 2): Eine Förderung ist ausgeschlossen, wenn die Betroffenen in „absehbarer Zeit" vermittelt werden können, da sie in diesem Fall nicht arbeitslos würden. Ihre Bedrohung von Arbeitslosigkeit muß weiterhin „unmittelbar" sein. Eine solche Bedrohung wird dann angenommen,
   - wenn eine Kündigung bereits ausgesprochen oder ein Konkursverfahren bereits eröffnet ist,
   - wenn damit zu rechnen ist, daß ein befristetes Arbeitsverhältnis ausläuft,
   - wenn dem Arbeitsamt bekannt ist, daß mit Kündigungen zu rechnen ist, da die Entlassung entsprechender Arbeitskräfte aus betrieblichen Gründen zu erwarten ist (DA A FuU 1987, Nr. 10.12).

   Der offensichtliche Interpretationsspielraum für das jeweilige Arbeitsamt liegt hier zum einen in der Auslegung der Vermittelbarkeit; diese wird sicherlich auch von den örtlichen Arbeitsmarktbedingungen beeinflußt werden. Zum anderen müssen Kriterien dafür gefunden werden, was man unter „erwarteter" Kündigung versteht. Die Hauptstelle der Bundesanstalt für Arbeit schlägt den lokalen Arbeitsämtern vor, bei der Prüfung der Anträge zwei Fälle zu unterscheiden: Wenn erstens der einzelne an das Arbeitsamt herantritt, soll es genügen, daß eine Massenentlassungsanzeige des Betriebes vorliegt und der Betreffende glaubhaft versichert (evtl. bestätigt vom Betriebsrat), daß er zu dem Segment der möglicherweise Betroffenen gehört. Wenn zweitens der Betrieb an das Arbeitsamt herantritt, muß er bereits eine Namensliste der zu Kündigenden vorlegen. Ist der Betrieb der Antragsteller, wird also eine weitergehende Konkretisierung der Bedrohung des einzelnen verlangt; damit soll verhindert werden, daß der Betrieb seine Weiterbildungsaufwendungen auf die Bundesanstalt für Arbeit abwälzt.
2) Beschäftigte, die *keinen beruflichen Abschluß* haben und einen solchen nunmehr erwerben können (AFG § 44, Abs. 2, Satz 2, Nr. 3): Dazu zählen auch Arbeitnehmer, die doppelt so lange wie ihre Ausbildungszeit berufsfremd gearbeitet haben. Hierbei muß es sich nicht um Arbeitnehmer handeln, die zur Kündigung anstehen. Es soll lediglich ausgeschlossen werden, daß die Maßnahmen vorwiegend „im betrieblichen Interesse" liegen. Werden die Maßnahmen im Betrieb durchgeführt, müssen sie mit einer anerkannten beruflichen Prüfung abschließen (Anordnung FuU 1987 § 9, Abs. 2).

3) Jüngere ArbeitnehmerInnen, die das 25. Lebensjahr noch nicht vollendet haben und in einer Teilzeitbeschäftigung von mindestens zwölf und höchstens 24 Stunden wöchentlich stehen und daneben eine Teilzeit-Qualifizierungsmaßnahme besuchen: Sie erhalten ein Teilzeit-Unterhaltsgeld, wenn die Qualifizierungsmaßnahme zur Aufnahme einer Vollzeitbeschäftigung notwendig ist. Diese Maßnahme ist befristet und gilt für den Zeitraum vom 1.1.86 bis 31.12.1989 (AFG § 44, Abs. 2a, Satz 1).
4) ArbeitnehmerInnen, die entlassen werden und eine *Wiedereinstellungszusage* ihres alten Betriebes zu einem bestimmten Zeitpunkt erhalten: Dieser Fall unterscheidet sich von den anderen beträchtlich, da er nicht notwendigerweise auf Qualifizierung zielt, sondern auch zuläßt, daß die Betroffenen arbeitslos bzw. zwischenzeitlich woanders beschäftigt sind. Sie sind vorübergehend nicht mehr Beschäftigte des Unternehmens, sondern arbeitslos; insofern gelten bei der Prüfung einer Qualifizierungsmöglichkeit die gleichen Bedingungen wie bei allen anderen Arbeitslosen. Probleme können sich allerdings beim Arbeitslosengeld ergeben. Eine Wiedereinstellungszusage begründet nach Auffassung der Bundesanstalt für Arbeit „Zweifel an der Verfügbarkeit", eine zumutbare Beschäftigung auszuüben, und kann mit Sperrzeiten beantwortet werden. Die Betroffenen haben „diese Zweifel in Einzelgesprächen auszuräumen" (Bundesanstalt für Arbeit, Runderlaß 123/87) und dürfen sie nicht durch weitere Indizien (passives Verhalten bei der Arbeitsberatung und der Arbeitsvermittlung) verstärken (Rundverfügung LAA NRW 61/87). Eine mangelnde Arbeitsbereitschaft wird immer dann vermutet, wenn die Wiedereinstellungszusage für den Fall einer anderweitigen Vermittlung zugesagt wird (Runderlaß Bundesanstalt für Arbeit 123/87).

Ist ein Berufsabschluß vorhanden oder der Betroffene nicht zur Kündigung vorgesehen, ist die Qualifizierung nach dem Gesetzestext nicht mehr „notwendig", sondern nur „zweckmäßig". Es werden dann nur die Maßnahmekosten erstattet und das Unterhaltsgeld als Darlehen gewährt. Auf diesen Fall ist im Zusammenhang mit den Beschäftigungsplänen nur in Einzelfällen zurückgegriffen worden; die Betroffenen hätten sich gegenüber dem Arbeitsamt nur hoch verschuldet, ohne die Gewißheit zu haben, ihren Arbeitsplatz sichern zu können[22]. Wären sie hingegen arbeitslos, würde ihnen bei einer gleichen Maßnahme unter Umständen das volle Unterhaltsgeld erstattet.

Das Unterhaltsgeld der Teilnehmer an Qualifizierungsmaßnahmen kann vom Betrieb auf bis zu 100 vH des Bemessungsentgeltes des Arbeitsförderungsgesetzes aufgestockt werden. Dieses umfaßt das Bruttoentgelt ohne

22 In Ausnahmefällen wurde z.B. bei Grundig und Thomson das Darlehen bzw. Teile davon vom Unternehmen zurückgezahlt.

Mehrarbeits- und Schichtzuschläge sowie einmalige Zahlungen (Weihnachts- und Urlaubsgeld). Die Aufstockung kann in der Praxis von 27 vH bis zu 37 vH reichen.

Schließlich trägt die Bundesanstalt nur die „notwendigen" Kosten der Maßnahme selbst. Die Kostenansätze der Betriebe, falls sie die Maßnahmen selbst durchführen, müssen denen vergleichbarer Lehrgänge entsprechen. Der Betrieb darf außerdem nicht aufgrund eines Tarifvertrages oder eines Rationalisierungsschutzabkommens, aber auch eines Beschäftigungsplanes dazu verpflichtet sein, die Kosten selbst zu übernehmen, falls die Bundesanstalt nicht zahlt. Die Förderung durch die Bundesanstalt für Arbeit ist also immer nachrangig gegenüber anderen Verpflichtungen.

Wenn neue Produkte eingeführt werden sollen bzw. ihre Entwicklung absehbar ist, liegt die Qualifizierung nach diesem Rechtsverständnis vorwiegend im „betrieblichen Interesse". Dieser nach der Konzeption der Beschäftigungspläne eigentlich ideale Fall schließt eine Unterhaltsgeldzahlung aus, es sei denn, Un- und Angelernte erhielten einen beruflichen Abschluß. Nur in diesem Fall wird ein überwiegendes arbeitsmarktpolitisches Interesse angenommen. In den untersuchten Betrieben trat dieses Problem jedoch nicht auf, da in keinem Fall die Ideen über neue Produkte schon ausreichend konkretisiert worden waren und die Qualifizierungsmaßnahmen zudem relativ breit angelegt und nicht auf spezialisierte neue Tätigkeiten orientiert waren.

Zusammenfassend läßt sich hier festhalten: Bei der Umsetzung von Beschäftigungsplänen erscheint die Förderung von Ungelernten weitgehend unproblematisch, sofern diese einen beruflichen Abschluß erwerben. Das AFG enthält also eine deutliche präventive Komponente zugunsten der auf dem Arbeitsmarkt besonders gefährdeten Ungelernten[23].

Je qualifizierter die Beschäftigten jedoch sind, desto schwächer ist die präventive Komponente des AFG ausgeprägt. Eine Förderung – so die sicherlich restriktive Interpretation der Bundesanstalt für Arbeit – erfordert eine schon fast vollzogene Kündigung; es werden so, so formulierte ein Gesprächspartner aus der Bundesanstalt für Arbeit, „sehr hohe Anforderungen gestellt, daß die Arbeitslosigkeit auch tatsächlich eintritt". Der Widerspruch zwischen dem Präventionsgedanken des AFG und dem Schutz vor Mitnahmeeffekten wird hier auf Kosten der Prävention „gelöst". Die Befürchtung der BA, die sicherlich nicht ganz von der Hand zu weisen ist, liegt darin, daß Kosten auf die BA verlagert werden, die bisher als „Eigenbelastung anerkannt und getragen" worden sind (DA A FuU 9.01).

Allerdings muß hervorgehoben werden, daß sowohl der Gesetzestext

23 Diese präventive Komponente ist auch in der Praxis genutzt worden. 9,1 vH aller Eintritte in berufliche Bildungsmaßnahmen in den ersten neun Monaten 1988 (32.823 Personen) waren notwendige Maßnahmen von Beschäftigten. Der überwiegende Anteil von ihnen waren Un- und Angelernte. Höchstens 1-2000 Fälle entfielen in die Kategorie „von Arbeitslosigkeit bedroht"

als auch die Durchführungsanweisungen der Bundesanstalt für Arbeit eine weitere Interpretation einer „Bedrohung von Arbeitslosigkeit" zugelassen hätten. So könnte man beispielsweise einen Personalabbau in den letzten drei Jahren vor der Beantragung oder ein schon konkretisiertes Rationalisierungsprojekt, das im Verlauf einer genau bestimmbaren künftigen Periode zu Personalabbau führt, als Indikator für eine Bedrohung zulassen.

Die restriktive Auslegung der Bundesanstalt für Arbeit, aber auch erwartete Schwierigkeiten bei der Motivation der Arbeitnehmer für Qualifizierungsmaßnahmen bzw. bei ihrer Organisation und Finanzierung können daher Betriebe veranlassen, den Weg der Warteschleife in die Arbeitslosigkeit zu gehen (Fall 4). Dieser Weg entlastet den Betrieb von vielfältigen Verpflichtungen, angefangen von Klärungen der Rechtslage mit dem Arbeitsamt bis hin zum Angebot von Qualifizierungsmaßnahmen. Die präventive Komponente der Beschäftigungspläne kann hier privatisiert, also den einzelnen selbst überlassen werden. Dieser Weg scheint auch am besten in die Finanzierungs- und Organisationslandschaft des bundesdeutschen Weiterbildungssystems zu passen, die ganz auf individuelle Bildungsinitiative, -motivation und -bereitschaft angelegt ist. Da die Betroffenen zumindest vorübergehend nicht in einem Betrieb eingebunden sind, wird die *Fiktion* eines reinen individuellen arbeitsmarktpolitischen Interesses gewahrt. Diese Fiktion kann allerdings in der Praxis zu einer Pervertierung der präventiven Qualifizierungskomponente des AFG zuungunsten ungelernter Beschäftigter führen. In der Warteschleife werden sich vermutlich am ehesten die Qualifiziertesten weiterbilden lassen, während die weniger Qualifizierten – und darauf deutet ihre Unterrepräsentanz in den Weiterbildungsmaßnahmen der Bundesanstalt für Arbeit hin – sich selbst überlassen bleiben.

Durch eine aus Angst vor betrieblichen Mitnahmeeffekten zu restriktive Auslegung der „Bedrohung von Arbeitslosigkeit" läuft die BA also Gefahr, Warteschleifenmodelle mit den genannten negativen Folgen zu fördern oder Beschäftigungspläne ganz zu verhindern. Je schwieriger die Förderung von *Nochnicht-Arbeitslosen* ist, desto mehr wird ein interner Strukturwandel der Betriebe erschwert; die Konzentration des Mitteleinsatzes auf *Schon-Arbeitslose* entspricht einer Forcierung des externen Strukturwandels, der gegenwärtig offensichtlich mehr den institutionellen Strukturen des bundesdeutschen Weiterbildungssystems und dem Selbstverständnis der Bundesanstalt für Arbeit entspricht, als die Philosophie der Beschäftigungspläne, die auf Vermeidung von Arbeitslosigkeit zielt.

Die Schwierigkeiten des Ineinandergreifens von Beschäftigungsplänen und Arbeitsförderungsgesetz sowie mögliche unbeabsichtigte Folgen restriktiver Rechtsauslegungen sind durch diese Skizze der Fördermöglichkeiten der Bundesanstalt für Arbeit angedeutet worden. Die praktischen Probleme, die sich hieraus ergeben haben, werden in den folgenden Fallstudien (Abschnitt 4) transparent.

# 4 Die Praxis der Beschäftigungspläne in der Bundesrepublik

Seit 1985 wurden in der Bundesrepublik ca. 20 – 30 Beschäftigungspläne vereinbart. Vermutlich wurden hierdurch 2000 – 3000 Beschäftigte qualifiziert. Die im folgenden analysierten Fälle stammen weitgehend aus Krisenbranchen (vgl. Schaubild 6):

- In drei Hamburger und zwei ostfriesischen *Werften* konnten Beschäftigungspläne vereinbart werden, da der Bund und die Länder mit dem Werfthilfeprogramm die Unterhaltsgelder bei Qualifizierungsmaßnahmen aufstockten. Ohne diese externe strukturpolitische Hilfe wäre es hier vermutlich nicht zu Qualifizierungsmaßnahmen gekommen. Weitere – hier nicht untersuchte – Beispiele lassen sich unter den Werften Schleswig-Holsteins finden.
- In der *Stahlindustrie* gibt es eine Vielzahl unterschiedlicher Vereinbarungen z.B. zur Aufrechterhaltung von Ausbildungskapazitäten (Hattingen, Oberhausen, Rheinhausen), zu konzerninternen und konzernübergreifenden Versetzungen sowie Zusagen zur Schaffung neuer Arbeitsplätze (Krupp Stahl, Rheinhausen). Hier werden die Warteschleifen-Modelle von Saarstahl und Krupp vorgestellt, bei denen die Stahlindustrie Vorreiter war. Die Kruppsche Rahmenvereinbarung ist noch nicht praktiziert worden; ihre Bewährung steht mit der endgültigen Stillegung von Krupp Rheinhausen vermutlich erst noch bevor. Mit der saarländischen Stahlstiftung hingegen wurde – und dies ist ein Charakteristikum dieses Falles – einer der größten Personaleinschnitte in der gleichzeitig kürzesten Zeit realisiert; dies war nur mit zusätzlicher Hilfe des Saarlandes möglich.
- Der *Ruhrkohlebergbau* hat sich angesichts seiner traditionellen Schwierigkeiten, Nachwuchs zu rekrutieren, die sich mit dem Eintritt der geburtenschwachen Jahrgänge ins Berufsleben vor allem in den 90er Jahren wieder verschärfen werden, vor allem auf Teilzeit-Qualifizierungsmaßnahmen für Jugendliche konzentriert. Er hofft, damit einerseits kurzfristig das betriebliche Arbeitsvolumen zu reduzieren und andererseits langfristig eine Integration seiner qualifizierten Jugendlichen in das Unternehmen zu sichern. Bei weitem die meisten Anträge zu Teilzeit-Qualifizierungsmaßnahmen in Nordrhein-Westfalen kamen von der Ruhrkohle AG. Mit dem Personalabbau im Bergbau gerieten auch die Bergbau-Zulieferer in Schwierigkeiten. Insofern ist es kein Zufall, daß bei

Schaubild 6: *Hauptmerkmale der Beschäftigungspläne (Stand Juni 1989)*

| Betrieb/Unternehmen | Zahl der Beschäftigten | Personalabbau insgesamt | Ziele und Elemente des Beschäftigungsplans | Personen in Qualifizierungsmaßnahmen | Zwang oder Berechtigung z. Teilnahme |
|---|---|---|---|---|---|
| 1) GRUNDIG AG Nürnberg | 1988<br>ca. 19 500 | 1985–88: – 5 000 | – Vorrang von Qualifizierung und Umstrukturierung vor Personalabbau<br>– jährliche Information über Unternehmens- und Personalbedarfsplanung sowie Qualifizierungsbedarf<br>– paritätische Kommissionen „Neue Produkte" zentral und an Standorten<br>– Herstellung neuer Produkte an gefährdeten Standorten<br>– Prüfung, ob Qualifizierung anstelle von Kurzarbeit möglich<br>– paritätische Kommission „Arbeitsgestaltung und Qualifizierung" und<br>– paritätische Projektteams „Weiterbildung" an Standorten<br>– Kündigungen nur, wenn andere Maßnahmen nicht greifen<br>– obligatorisches Weiterbildungsangebot für zu Kündigende | 107 aus Werk II in Nürnberg | a) Anspruch auf Teilnahme an lfd. Qualifizierungsmaßnahmen in Absprache m. Betrieb<br>b) Bei Kündigungen muß den Betroffenen ein Weiterbildungsangebot unterbreitet werden |
| 2) BLOHM & VOSS Hamburg | 1986<br>4 500 | bis Ende 1987: – 630 | – Vermeidung betriebsbedingter Kündigungen durch Qualifizierungsmaßnahmen, solange 180 Arbeitnehmer in Weiterbildungsmaßnahmen der Bundesanstalt sind<br>– Insgesamt sollen im rollierenden Verfahren bis Mitte 1989 ca. 400 Beschäftigte qualifiziert werden<br>– Keine betriebsbedingten Kündigungen bis Ende 1988 | rd. 500 | – Qualifizierung für Beschäftigte auf d. Auswahlliste des Unternehmens<br>– Freiwillige |
| 3) HDW ROSS Hamburg | 2/88<br>ca. 1 300 | Schließung des Betriebes bis Ende 1988<br>959 Beschäftigte sollen von Blohm & Voss übernommen werden | – Bis Ende 87 Qualifizierungsmaßnahmen auf der Basis der Vereinbarung bei Blohm & Voss. Es sollen jeweils 100 AN in Qualifizierung sein. Im rollierenden Verfahren sollten insgesamt 200 Leute qualifiziert werden<br>– Ab 1988 Personalabbau von ca. 300 Beschäftigten, denen eine Abfindung oder ein befristetes Arbeitsverhältnis für die Dauer einer Qualifizierung und eine Abfindung von B&V angeboten werden<br>– 2,5 Mio DM werden zur Gründung einer Beschäftigungsgesellschaft (Öko-Tech) zur Verfügung gestellt | a) 59 nach Regelung von 1987<br>b) 81 nach Interessenausgleich v. 1988<br>c) 100 ABM in Beschäftigungsgesellschaft | a) Bis Ende 1987 freiwillige Teilnahme<br>b) Ab 1988 Wahlmöglichk. f. ca. 300 Arbeitskräfte zw. sofortiger Abfindung od. Qualifizierung m. anschl. Abfindung |
| 4) Sietas Schiffswerft Hamburg | 1988<br>rd. 2 000 | | – Vermeidung betriebsbedingter Kündigungen durch Qualifizierung<br>– Keine betriebsbedingten Kündigungen bis Ende 1988 | 80 | freiwillig, von Personalleitung angesprochen |
| 5) Jansen-Werft Leer | 4/88<br>ca. 340 | – Konkurs 5/87 angemeldet. Seidem Personalabbau von – 120.<br>– Konkurs wird mangels Masse nicht eröffnet (9/88) | – Qualifizierungsmaßnahmen zur Vermeidung von Entlassungen für ca. 150–200 Beschäftigte nach Massenentlassungsanzeige 1987<br>– Nach Zerschlagung von Fortführungsplänen weitere Qualifizierungsmaßnahmen zur Verzögerung von Entlassungen | 280 | – Die Hälfte der Teilnehmer wurde von der GL ausgewählt<br>– die andere Hälfte hat sich freiwillig gemeldet |
| 6) Sürken-Werft Papenburg | 8/88: 400 | – 70 seit 1987 | – Qualifizierung zur Vermeidung von Entlassungen<br>– Personalstand für 1988 auf 239 festgeschrieben und zusätzliche Qualifizierungsmaßnahmen vereinbart<br>– Geschäftsleitung und Betriebsrat versuchen, eine örtliche Beschäftigungsinitiative mit ABM-Maßnahmen für ehemalige Sürken-Beschäftigte durchzusetzen (nicht erfolgreich)<br>– Vierteljährliche Beratungen zwischen GL und BR über neue Produktideen | 170 | – 1987 freiwillige Teilnahme. Mindestzahl mußte erreicht werden.<br>– 1988: 50 beabsichtigte Kündigungen werden wg. Teiln. an Qualifizierungsmaßnehmen zurückgenommen |

| | | | | | |
|---|---|---|---|---|---|
| 7) KLÖCK-NER-Becorit Castrop-Rauxel | 12/87<br>ca. 1 400 | Abbau von 350 Arbeitsplätzen bis 9/89 | – Abbau von 350 Arbeitsplätzen durch vorzeitige Pensionierung<br>– Aufhebungsverträge oder Warteschleife mit Qualifizierungsmaßnahmen von 18 bis 24 Monaten mit einklagbarem Wiedereinstellungsanspruch<br>– Nach Rückkehr aus der Warteschleife werden in Rotationsverfahren – falls notwendig – andere Beschäftigte in die Warteschleife hineingeschickt | ca. 70–80 in Qualifizierung davon werden ca. 40 wieder in den Betrieb zurückkehren | – Den Gekündigten wird eine Qualifizierungswarteschleife oder eine Abfindung angeboten |
| 8) Klöckner-Humboldt-Deutz Köln[1] | | Abbau von 2 322 Beschäftigten in 1988 | – Gesamtbetriebsvereinbarung für Konzern<br>– Einrichtung paritätischer Kommission, die über neue Produkte berät sowie über Umstrukurierung des Konzerns<br>– Überprüfung der Wirtschaftlichkeit von Auftragsvergaben | | – Gekündigten wird Qualifizierung angeboten, um Vermittlungsfähigk. zu verbessern |
| 9) KRUPP STAHL Bochum | 2/88<br>4 200 | Abbau von 600 Beschäftigten bis Ende 1988 (nicht realisiert wegen Stahlkonjunktur) | – 1987 Abschluß von drei Gesamtbetriebsvereinb. zur vorzeitigen Pensionierung, zu Abfindungen u. zu einem Warteschleifenmodell<br>– Arbeitskräfte, deren Arbeitsplatz unmittelbar oder mittelbar (Ringtausch) entfällt, scheiden für 24 Mon. aus, ihnen werden Qualifizierungsangebote unterbreitet<br>– falls nach Rückkehr noch Personalüberhang, werden erneut Beschäftigte in die Warteschleife geschickt | wegen Unterbesetzg. gegenwärtig keine Qualifizierungsmaßnahmen | – Gekündigten wird Qualifizierungsangebot unterbreitet, sie können auch arbeitslos bleiben |
| 10) Saarstahl Völklingen | 12/86<br>ca. 13 200 | Abbau von 2 800 Beschäftigten 1987 | – Vertrag DGB-IGM/SVU-TechnoSaar-Dillinger Hütte<br>– Vereinbarung über die Einrichtung einer Stahlstiftung, die ca. 1 800 Beschäftigte von Saarstahl übernimmt<br>– Aufgaben der Stiftung sind die Sicherung von Qualifizierungsangeboten, Sicherung der Ausbildungskapazität für die Erstausbildung, Schaffung von Ersatzarbeitsplätzen, Aufstockung der Arbeitslosenunterstützung | a) 201 Beschäftigte von Saarstahl<br>b) 106 aus der Stahlstiftung (1987) | a) Werben durch Geschäftsleitung u. Betriebsrat<br>b) Es gelten die Zumutbarkeitskriterien des AFG |
| 11) PRÄWE-MA Eschwege | 12/87<br>370 | Vergleich/Übernahme durch FA Rothenberger 130 Entlassungen Ende 1987 | – BV-Vereinbarung zur Aufrechterhaltung von 25 Ausbildungsverhältnissen<br>– Gründung einer Ausbildungsgesellschaft, falls 50 ehemalige Beschäftigte für Weiterbildung übrigbleiben<br>– Gekündigte erhalten Möglichkeit zur Qualifizierung in Ausbildungsgesellschaft, falls Arbeitsamt UHG zahlt und keinen zumutbaren Arbeitsplatz anbietet | 10 ehemalige Beschäftigte<br>35 Auszubildende | |
| 12) Berthold Berlin | 1/88<br>994 | 1986–1988<br>Abbau von 240 Beschäftigten | – Bei betrieblichen Strukturveränderungen werden Qualifizierungsmaßnahmen durchgeführt, sofern betrieblicher Bedarf vorhanden und betriebliche Möglichkeiten gegeben sind | 20–30 berufsbegleitend. Nur 4 auf Basis d. Besch.plans 1 Mon. f. ext. Qualif. freigest. | nur freiwillig möglich |
| 13) Thomson-Brandt-EWD Villingen | 5/88<br>1 047 | Abbau von 371 Arbeitsplätzen | – Erhalt des Standortes<br>– Vorrang von Versetzungen und Ruhestand<br>– Gründung einer Beschäftigungsgesellschaft für max. 350 Beschäftigte. Diese organisiert Fortbildung und Umschulung, Kurzarbeit, ABM<br>– Aufbau eines Industrie- und Technologieparks, Ansiedlung neuer Firmen. | 158 Aufhebungsverträge<br>60 Eintritte in d. Beschäftigungsgesellschaft, davon 30 in Qualifizierung<br>58 unternehmensinterne Versetzungen<br>107 Vorruhestand | Angebot zum Eintritt in Beschäftigungsgesellschaft durch die Unternehmensleitung |

1) Nur Analyse der Betriebsvereinbarung – keine eigene Fallstudie. – Quelle: Erhebungen des WSI.

Schaubild 6: *Hauptmerkmale der Beschäftigungspläne (Stand Juni 1989)*

| Status der zu Qualifizierenden | Finanz. Absicherg. während d. Qualifizierung | Anrechnung d. finanz. Absicherung bei Ausscheiden aus Unternehmen | Träger der Qualifizierung | Verfahren nach Abschluß der Qualifizierungsmaßnahmen | Abstimmung mit dem Arbeitsamt |
|---|---|---|---|---|---|
| 1)a) Beschäftigter<br><br>b) Ruhen des Beschäftigungsverhältnisses | a) Fortzahlung des Verdienstes bezogen auf Normalarbeitszeit<br>b) b. Kündigungen Aufstockung des UHG auf max. 100 % des vormaligen durchschnittlichen Nettoeinkommens | a) keine<br><br>b) überschreitet die Aufstockung des UHG die mögliche Abfindung, wird die Aufstockung stufenweise bis auf 85 % gesenkt. Der Aufstockungsbetrag wird bei einer Kündigung mit der Abfindung verrechnet | extern/intern je nach Maßnahme | a) Anspruch auf d. Qualifizierung entsprechenden Arbeitsplatz u. entsprechende Einstufung<br>b) Bei erfolgreichem Abschluß vorrangige Berücksichtigung bei freiwerdenden Stellen. Bei unverschuldetem Nichterreichen des Ausbildungsziels neues Angebot an Weiterbildung | Beschäftigte aus dem Segment, aus dem Arbeitskräfte entlassen werden sollen, werden als von Arbeitslosigkeit bedroht angesehen |
| 2) Beschäftigungsverhältnis ruht | Aufstockung des UHG durch die FHH auf 90 % des Nettogehalts; Urlaubs- und Weihnachtsgeld werden vom Unternehmen weitergezahlt | keine Anrechnung, da das UHG durch das Land aufgestockt wurde | überwiegend extern | Weiterbeschäftigung nach Abschluß der Qualifizierung | Vereinbarung zwischen FHH und Blohm & Voss. Zustimmungserklärung des Arbeitsamtes zu dieser Vereinbarung |
| 3) a) Ruhen des Beschäftigungsverhältnisses<br>b) befrist. Vertrag bis Ende d. Qualif.maßnahme längstens 2 Jahre | dito | dito | dito | a) Weiterbeschäftigung<br>b) Prüfung, ob Übernahme möglich ist, Übernahme der ROSS-Beschäftigten erfolgt nachrangig nach den Blohm & Voss-Beschäftigten | dito<br>Kontroversen über Zusätzlichkeit, das öffentliche Interesse und die notwendigen persönlichen Voraussetzungen bei ABM in der Beschäftigungsgesellschaft |
| 4) Beschäftigungsverhältnis ruht | Aufstockung des UHG durch die FHH auf 80 % und durch Sietas auf 100 % des Nettogehalts | dito | extern | Weiterbeschäftigung in neuer Produktlinie | dito |
| 5) Beschäftigungsverhältnis ruht | Aufstockung auf 90 % des Nettogehalts durch Land Niedersachsen | dito | weitgehend extern, Konkursverwalter wollte betriebliche Kapazitäten nicht f. Qualifizierung binden | – Kündigung wegen Konkurs | Verwaltungsvereinbarung zwischen Land Niedersachsen und Landesarbeitsamt |
| 6) Beschäftigungsverhältnis ruht | dito | dito | z.T. intern, unter Einschaltung eines Bildungsträgers z. Auslastung d. eigenen Ausbildungskapazitäten, z.T. extern | – automatisch Weiterbeschäftigung<br>– frühzeitige Gespräche über künftige Personalentscheidungen<br>– bei verbesserter Auftragslage vorzugsweise Einstellung von qualifizierten ehemaligen Beschäftigten in der Zukunft | dito |

| | | | | | |
|---|---|---|---|---|---|
| 7) – Arbeitslos mit Wiedereinstellungszusage nach 18–24 Monaten | DM 150,– pro Monat zusätzlich zum UHG oder ALG, jedoch max. in Höhe der möglichen Abfindung | Anrechnung auf Abfindung bei Ausscheiden | nur extern, um Betriebsbindung zu lockern | – Übernahme nach 18–24 Monaten, falls Qualifizierung früher beendet, bis zur Wiedereinstellung arbeitslos | |
| 8) befrist. Besch.verh. ruht bis z. Abschl. d. Qualifiz. Bei vorzeit. Abbruch endet Arbeitsverh. automatisch | Aufstockung d. UHG auf 85 % d. letzt. Nettoeink./ Abfind. bei Ablehnung d. Qualifiz.angebots um 8,3–20,0 % niedriger als bei Annahme | Anrechnung der Aufstockung des UHG auf Abfindung. Bei Übernahme gilt Aufstockung 2 Jahre lang als Darlehen, das b. vorzeit. Aussch. zurückgezahlt werden muß | Angebot, Träger von Qualifizierungsmaßnahmen zu werden | – automatisches Ausscheiden aus dem Unternehmen<br>– Übernahmeverpflichtung des Unternehmens, falls freie u. f. Beschäftigte geeignete Arbeitsplätze vorhanden | |
| 9) arbeitslos, Tätigkeit bei anderen Unternehmen, Qualifizierung | Aufstockung des UHG oder ALF auf 90 % | Anrechnung bei Ausscheiden auf Abfindung<br>Bei Ausscheiden 12 Monate nach Austritt aus dem Unternehmen keine Abfindung | | – Wiedereinstellungsanspruch nach 24 Monaten<br>– Tätigkeit in anderen Unternehmen hebt den Anspruch nicht auf | Runderlaß der BA wg. Krupp: Die Arbeitslosen müssen Zweifel an ihrer Verfügbarkeit ausräumen |
| 10)a) Beschäftigungsverhältnis ruht<br>b) arbeitslos | a) Aufstockung des Lohns durch das Unternehmen<br>b) einkommensabhängige Aufstockung des UHG oder ALG durch das Land bis 1989 durchschnittlich auf 85 % | Keine Anrechnung, da das UHG durch das Land aufgestockt wurde | a) intern zur Sicherung von Arbeitsplätzen<br>b) in Einzelfällen externe Maßnahmen | a) werden anschließend weiterbeschäftigt<br>b) vorrangiges Angebot von freiwerdenden Arbeitsplätzen bei Saarstahl | – Beschäftigte von Saarstahl wurden wegen Vertrag IGM/DGB nicht als von Arbeitslosigkeit bedroht angesehen<br>– Maßnahmen abgelehnt, da zu aufwendig im Vergl. zu anderen Trägern<br>– Maßn. f. Angelernte abgelehnt, da ohne Berufsabschl. u. Überwiegen des betriebl. Interesses<br>– Kontroversen über d. Zusätzlichkeit u. das öffentliche Interesse bei geplanten AB-Maßnahmen |
| 11) arbeitslos | Aufstockung des UHG bei Qualifizierungsmaßnahmen f. ehemalige Beschäftigte auf 80 % f. max. 1 Jahr | Bei Aufstockung des UHG keine Abfindung | nur externe Qualifizierung; Arbeitsamt hat Betroffene in externe Träger eingewiesen. Die f. d. Ausbildungsgesellsch. nötige Zahl von 50 wird nicht erreicht | – bevorzugte Wiedereinstellung bei freien Arbeitsplätzen | Arbeitsamt sah<br>– wegen hoher Qualifikation der Externen nur geringe Notwendigkeit zur Qualifizierung<br>– wegen Unterauslastung anderer Träger u. Mittelsperre beim AFG keinen Bedarf nach neuem Träger |
| 12) Beschäftigte | – Zeitaufwand f. Qualifizierung wird je z. Hälfte v. AG u. AN getr./50 % der Kurs- u. Prüfungsgeb. werden v. AG getragen | Bei Eigenkündigungen Rückforderung von Zuschüssen zu Kursen möglich | extern | Bevorzugte Wiedereinstellung bis zu 2 Jahren nach Ausscheiden, falls gleich qualifiziert | Arbeitsamt sah Bedrohung von Arbeitslosigkeit erst bei Vorliegen von Kündigungen. Es hielt die zu Kündigenden für Qualifizierung für zu alt |
| 13) doppeltes Beschäftigungsverh. mit EWD und der Beschäftigungsgesellsch., während der Qualif. ruht das Beschäftigungsverhältnis | Aufstockung des UHG auf 80 % | geringfügige Anrechnung der Aufstockung auf Abfindung | extern | Weiterbeschäftigung bei EWD oder bei neuen Unternehmen. Kündigung, falls keine Qualifizierung oder Beschäftigung möglich ist | |

fast allen *Bergbau-Zulieferern* über Beschäftigungspläne nachgedacht bzw. verhandelt wurde. Bei einem von ihnen, nämlich Klöckner-Becorit in Castrop-Rauxel, wurde ein Warteschleifen-Modell durchgesetzt.

- Schließlich sind Beschäftigungspläne in Betrieben der *Unterhaltungselektronik* vereinbart worden, die unter den „modernen" Branchen durch den Übergang von der Feinmechanik zur Elektronik die stärksten Beschäftigungseinbrüche erlebte. Während die Konsumgüterhersteller Grundig und Thomson (vielleicht noch durch den Arbeitskampf während der Stillegung von Vidocolor in Ulm gewarnt) Beschäftigungsplänen zustimmten, um einerseits ihre Markennamen nicht zu beschädigen und andererseits die Bindungen ihrer Beschäftigten an das Unternehmen nicht durch eine „Hire and Fire-Politik" zu gefährden, waren entsprechende Vorstöße bei dem Produktionsmittelhersteller Berthold erfolglos, obgleich bei diesem Produzenten von Fotosatzmaschinen ein ähnlich gravierender technologischer Umbruch zu verzeichnen war. Allerdings war bei Berthold aufgrund der geringen Betriebsgröße und der prekären finanziellen Lage der personalpolitische Handlungsspielraum des Unternehmens wesentlich geringer, als etwa bei Thomson oder Grundig.
- Die beiden restlichen Betriebe kamen aus dem *Maschinenbau*. Nachdem bei der Klöckner-Tochter Becorit bereits ein Warteschleifenmodell erreicht worden war, kam es auch zu einer allerdings beträchtlich schlechteren Vereinbarung (nur befristete Verträge während der Qualifizierung) im Maschinenbaukonzern Klöckner-Humboldt-Deutz. Die Praxis dieser Vereinbarungen konnte nicht mehr untersucht werden, da sie uns zu spät bekannt wurde. Präwema ist ein Beispiel für einen Kleinbetrieb, in dem zwar ein Beschäftigungsplan gegen den Willen der Geschäftsleitung erkämpft werden konnte, dann aber an ihrem Widerstand in der Praxis scheiterte.

Im folgenden werden einige der größeren und komplexeren Fälle wie Grundig, Hamburger Werften, Saarstahl, Thomson und Ruhrkohle AG (4.1 bis 4.5) detailliert dargestellt und eingeschätzt. Es folgt ein Überblickskapitel über die Besonderheiten der Beschäftigungspläne in den sonstigen untersuchten Betrieben (4.6). Bei der Falldarstellung wurde einem gemeinsamen Auswertungsraster gefolgt, um die Vergleichbarkeit der Fälle zu gewährleisten. Die Darstellungen enthalten daher alle Aussagen über den Entstehungsprozeß, die Zielsetzung, die Finanzierung der Beschäftigungspläne, das Verhältnis zu traditionellen Sozialplänen, die Realisierung von Diversifizierungsplänen, die Qualifikationsinhalte, die Teilnehmerauswahl und die Reintegration der Qualifizierten. Daneben werden die Besonderheiten der Einzelfälle hervorgehoben, deren Kenntnis unabdingbar ist, um nicht zu falschen Verallgemeinerungen oder Schlußfolgerungen zu gelangen.

## 4.1 Die Beschäftigungspläne von Grundig

### *4.1.1 Die Krise in der Unterhaltungselektronik*

Die Unterhaltungselektronik ist im Vergleich zu den meisten anderen krisenbetroffenen Branchen eine sehr junge Industrie. Sie erlebte ihre Expansionsphase erst nach dem zweiten Weltkrieg mit der Ausdehnung des Marktes für Rundfunk, Fernseh-, Tonbandgeräte und Plattenspieler. 1950 lag die Zahl der Beschäftigten in dieser Branche erst knapp über 20.000 und stieg bis Mitte der siebziger Jahre auf über 120.000 Beschäftigte (Schaubild 7). Marktsättigung, zunehmende internationale Konkurrenz und stark ansteigendes Rationalisierungstempo mit jährlichen Produktivitätszunahmen von mehr als 10 vH führten in den folgenden Jahren zu einem dramatischen Beschäftigungseinbruch (IG Metall, 1984). Von 1978 bis 1984 gingen in dieser Branche 51.000 der 127.000 Arbeitsplätze verloren.

### *4.1.2 Der Beschäftigungsplan von 1985*

Grundig – der größte deutsche Hersteller von Unterhaltungselektronik – hatte 1977 noch 37.449 Beschäftigte. 1984 betrug der Belegschaftsbestand nur noch 23.246. Der Personalabbau erfolgt in erster Linie durch einen Nichtersatz der Fluktuation und vorzeitige Pensionierungen. Das Unternehmen stand vor einem erneuten Einschnitt, da im Geschäftsjahr 1983/84 ein Verlust von fast 300 Mio DM zu verzeichnen war. Für das folgende Geschäftsjahr deuteten sich erneut Verluste an. Nach Übernahme durch Philips sollte Grundig durch einen raschen Personalabbau vor allem im vergleichsweise großen indirekten Bereich[24] wieder in die Gewinnzone gebracht werden. Weitere 5.000 Arbeitsplätze sollten abgebaut werden. Anfang 1985 wurde dem Arbeitsamt Nordbayern die Entlassung von 2.530 Beschäftigten angekündigt. Ganze Standorte galten als gefährdet. Gegen diesen personalpolitischen Kahlschlag regte sich Widerstand. Es kam zu Protestaktionen in den Grundigbetrieben. Die IG Metall schlug den Abschluß eines Beschäftigungsplanes vor, um Kündigungen zu verhindern. Die Unternehmensleitung lehnte dies zunächst ab; sie befürchtete, nicht im gewünschten Tempo ihr Personalbudget verringern zu können; außerdem schien ihr die finanzielle Beteiligung der Bundesanstalt für Arbeit an Qualifizierungsmaßnahmen zu ungewiß.

Die IG Metall erzielte in mehreren Gesprächen mit der Bundesanstalt für Arbeit, dem Landesarbeitsamt und dem örtlichen Arbeitsamt eine Grundsatzklärung über die Förderungsmöglichkeiten. Dies erwies sich als schwierig, da auch die Bundesanstalt für Arbeit hier arbeitsmarktpolitisches

24 Arbeiter und Angestellte, die nicht direkt in der Fertigung arbeiten.

Schaubild 7: *Beschäftigte in der Unterhaltungselektronik*

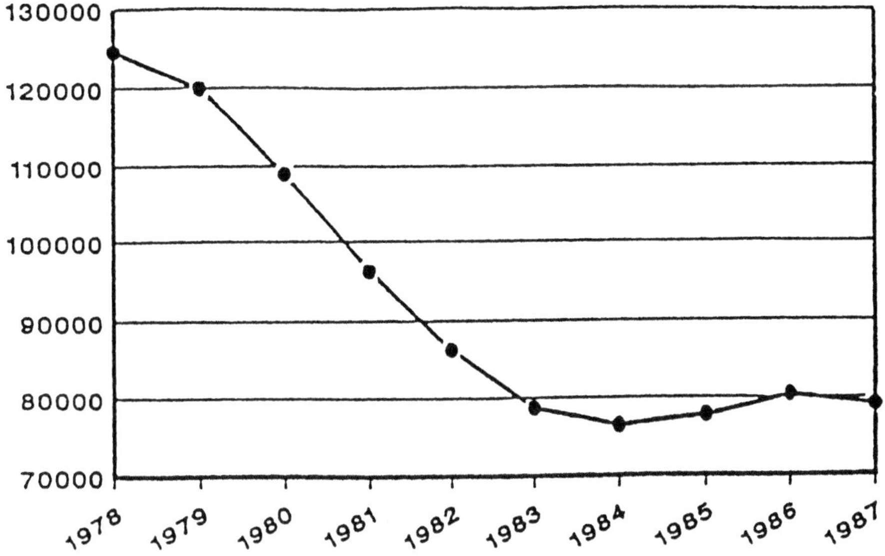


*Quelle:* IG-Metall

Neuland betrat. Da sie eine Präzedenzentscheidung mit unabsehbaren Folgekosten fürchtete, verhielt sie sich anfänglich sehr zurückhaltend und gab erst nach mehreren Verhandlungen ihre ablehnende Haltung auf. Nach dieser Klärung und da Grundig befürchtete, sein Image auf dem Konsumgütermarkt durch einen harten Konflikt zu beschädigen, stimmte die Unternehmensleitung im März 1985 dem Abschluß des ersten Beschäftigungsplanes in der Bundesrepublik zu.

Dieser enthielt im wesentlichen die von der IG Metall zuvor ausgearbeiteten Eckpunkte. Zur Vermeidung von Kündigungen wurde Beschäftigten ab 55 Jahren ein Seniorenplan (Aufstockung des Arbeitslosengeldes bzw. der Arbeitslosenhilfe auf 85 vH des Nettogehaltes bis zum vorzeitigen Ruhestand) oder ein Aufhebungsvertrag angeboten. Für den dann noch verbleibenden Personalabbau war nach vorheriger Sozialauswahl eine sog. *Transferliste* zu erstellen. Die auf dieser Liste Benannten sollten die Wahl zwischen einer Abfindung und einer Qualifikationsmaßnahme haben. Das Unternehmen verpflichtete sich, das Unterhaltsgeld des Arbeitsamtes auf 100 vH des vorherigen Nettogehaltes aufzustocken. Wurde dabei jedoch die individuell mögliche Abfindungssumme überschritten, sank der Ausgleich stufenweise auf 80 vH des Nettogehalts ab. Während der Qualifikationsmaßnahmen ruhte das Beschäftigungsverhältnis. Nach Abschluß der

Qualifikationsmaßnahmen sollten den Absolventen vorrangig Arbeitsplätze im Betrieb angeboten werden. Falls solche Arbeitsplätze nicht vorhanden waren und die Betroffenen gekündigt werde mußten, wurde der Aufstockungsbetrag auf die Abfindung angerechnet. Durch einen gegenüber den Qualifikationsmaßnahmen höheren Multiplikator (für Alter und Betriebszugehörigkeit) bei der Berechnung der Abfindungssumme war ein finanzieller Anreiz für die Inanspruchnahme der Abfindung gegeben.

Das Unternehmen verpflichtete sich zur Übermittlung der nötigen Planungsinformationen und der Formulierung seines Qualifikationsbedarfs. Zur Umsetzung der Qualifikationskomponente sowie der Erarbeitung von Konzeptionen zur menschengerechten Gestaltung der Arbeitsplätze wurde eine paritätisch besetzte Kommission eingerichtet, die während der Arbeitszeit tagen und ggf. auch Sachverständige hinzuziehen konnte. Darüber hinaus bestand Einigkeit, daß das Unternehmen seine Produktstruktur diversifizieren müsse. Hierzu sollte die ebenfalls paritätische Kommission „Neue Produktlinien" Vorschläge erarbeiten.

Der Personalabbau wurde fast ausschließlich über die traditionellen Sozialplaninstrumente, also den Seniorenplan und Aufhebungsverträge (die teilweise unter Druck unterschrieben wurden), sowie die Stillegungen ausländischer Betriebe (in Portugal) realisiert. Es ist nur zu einzelnen Qualifikationsmaßnahmen auf der Grundlage des Beschäftigungsplanes von 1985 gekommen. Das Unternehmen hatte eine Transferliste durch seine Vorgesetzten zusammenstellen lassen, auf der vor allem ältere und leistungsschwächere Beschäftigte zu finden waren, die sicherlich im Zweifel eher eine Abfindung als eine Qualifikationsmaßnahme gewählt hätten. Der Betriebsrat stimmte jedoch dieser Liste nicht zu und verlangte die erforderliche soziale Auswahl; danach wären durch die hohe Gewichtung von Alter und Betriebszubehörigkeit vor allem jüngere Arbeitskräfte ausgewählt worden, weshalb die Unternehmensleitung hierauf verzichtete. Zu freiwilligen Qualifikationsmaßnahmen ist es nicht gekommen, da das Qualifikationsniveau der Beschäftigten im indirekten Bereich – für die ausschließlich der Beschäftigungsplan von 1985 galt – bereits sehr hoch lag.

Die Kommission zur Weiterbildung tagte bis Ende 1985 siebenmal. Die Unternehmensleitung formulierte nur punktuellen Weiterbildungsbedarf vor allem im Bereich der höher qualifizierten technischen Angestellten. Die mehrfach angemahnte Übersicht über die Qualifikationsstruktur der Beschäftigten wurde nicht erstellt; ebensowenig versuchte das Unternehmen, seinen Qualifikationsbedarf zu formulieren. Die Kommissionsarbeit schlief ein, als klar wurde, daß es zu keinen Qualifikationsmaßnahmen kommen würde. In einem Positionspapier der IG Metall zur Umsetzung des Beschäftigungsplanes heißt es, daß „zumindest bezogen auf den Beschäftigungsplan für den Weiterbildungsbereich mit dem Wegfall von Massenentlassungen der Gegenstand für die Weiterbildung entfällt" (IG Metall Nürnberg, 1986).

Die Kommission „Neue Produktlinien" tagte bis Ende 1986 insgesamt 16 mal. Anfänglich verfolgte die Unternehmensleitung eine reine Blockadepolitik. „Sie lehnte sich zurück und forderte die Arbeitnehmerseite auf, Produktvorschläge vorzulegen, die anschließend als nicht realisierbar erklärt wurden", formulierte ein Arbeitnehmervertreter. Nach einem Auswechseln der Vertreter der Unternehmensleitung wurde das Gesprächsklima kooperativer. Die Unternehmensleitung gab punktuelle Einblicke in ihre Innovationsstrukturen. Es wurde deutlich, daß in der Vergangenheit alle Entwicklungskapazitäten auf die Unterhaltungselektronik konzentriert worden waren und die industrielle Elektronik vernachlässigt worden war. Auf Initiative der Arbeitnehmervertreter wurden mit Sachverständigen Nachfrage- und Absatzpotentiale im Bereich der Umweltmeßtechnik, vor allem bei der Feststellung von Schadstoffen im Abwasser, erörtert. Ergebnis der Kommissionsarbeit war zumindest die Bildung einer Arbeitsgruppe beim Vorstand, die sich mit Produktdiversifizierung befaßt, und ein Anstoß zur Überprüfung der verkrusteten Innovationsstrukturen, die bislang zu einseitig nur auf die Unterhaltungselektronik fixiert waren. In einer solchen Anstoßfunktion sieht die IG Metall die wesentliche Funktion dieser Kommission (IG Metall Nürnberg, 1986).

### *4.1.3 Der Beschäftigungsplan von 1987*

Der Beschäftigungsplan 1985 war ausdrücklich nur für den Personalabbau im indirekten Bereich konzipiert worden. 1987 wurden weitere größere Rationalisierungsprojekte durchgeführt. Anlaß für Verhandlungen über einen neuen Beschäftigungsplan, der auch auf den produktiven Bereich erweitert werden sollte, war die Einstellung der Laufwerkfertigung für Videorecorder im Werk 11 in Nürnberg-Langwasser infolge einer Kooperation mit dem japanischen Hersteller Matsuhita. Im Werk 11 gingen dadurch von 1.300 Arbeitsplätzen 1986 bis heute rund 600 verloren.

Die Unternehmensleitung weigerte sich, den mit dem Arbeitsdirektor bereits ausgehandelten neuen Beschäftigungsplan zu unterzeichnen, da ihr die dort erzielten Mitbestimmungsrechte und finanziellen Verpflichtungen zu weit gingen. Der Arbeitsdirektor wurde entlassen und berät inzwischen andere Betriebe (z.B. Porsche) bei Beschäftigungsplänen. Betriebsräte und Belegschaften waren jedoch nicht bereit, hinter das einmal erzielte Verhandlungsergebnis zurückzugehen. Die Unternehmensleitung hätte es nicht ohne Gefährdung des sozialen Friedens verschlechtern können und unterzeichnete es daher schließlich im April 1987.

Der neue Beschäftigungsplan geht über den von 1985 hinaus. Die Unternehmensleitung verpflichtete sich zu einer vorausschauenden Produktions- und Personalplanung. Vorschläge zu einer Erweiterung der Produktpalette können von an den Standorten gebildeten paritätischen Projektteams formuliert werden, die während der Arbeitszeit tagen und Sachverständige hinzuziehen können. Das Unternehmen erstellt jährlich eine Bildungsplanung. Bildungsdefizite sollen durch Weiterbildungsmaßnahmen mit einem anerkannten Abschluß beseitigt werden. Frauen, Ältere, Ausländer und Ungelernte sind dabei besonders zu fördern. Zur Umsetzung der Qualifikationsmaßnahmen werden paritätische Projektteams gebildet. Sofern keine Bezuschussung durch das Arbeitsamt möglich ist, übernimmt das Unternehmen die Kosten. Gewährt das Arbeitsamt nur ein Darlehen, wird dieses vom Unternehmen zurückgezahlt. Die Aufstockung des Unterhaltsgeldes ist wie 1985 geregelt. Im Gegensatz zu 1985 ist der Multiplikator zur Berechnung der individuellen Abfindungssumme bei der Teilnahme an einer Qualifikationsmaßnahme jedoch höher als bei einem Aufhebungsvertrag. Es besteht also nunmehr ein finanzieller Anreiz zur Teilnahme an einer Qualifikationsmaßnahme, zumal den Absolventen anschließend ein ihrer Qualifikation entsprechender Arbeitsplatz anzubieten ist. Falls keine freie Stelle zur Verfügung steht, können allerdings erst nach einer sozialen Auswahl Kündigungen erfolgen.

Der Gesamtbetriebsrat unterzeichnete Ende 1987 einen etwas verschlechterten Konzern-Beschäftigungsplan. Das Unternehmen trägt danach beispielsweise nur noch die Sach-, nicht aber mehr die Unterhaltskosten einer Qualifikationsmaßnahme, wenn die Bundesanstalt für Arbeit nicht zahlt. Für Nürnberg-Langwasser gilt jedoch die weitergehende Betriebsvereinbarung.

Bis Mai 1989 sind insgesamt 107 Grundig-Beschäftigte in Qualifizierungsmaßnahmen eingetreten, die durch die Bundesanstalt für Arbeit unterstützt werden. Aus Werk 11 gingen nur rund 18 der insgesamt 600 Arbeitskräfte, deren Arbeitsplatz wegfiel, in eine Bildungsmaßnahme. Der Rest wurde im Konzern versetzt, schied nach dem Seniorenplan oder mit einer Abfindung (vor allem Facharbeiter oder Ausländer) aus. Rund 200 Arbeitskräfte sind übriggeblieben. Sie wollen bzw. können aufgrund ihres Alters oder chronischer Krankheiten nicht an einer Bildungsmaßnahme teilnehmen und konnten aus den gleichen Gründen nicht kurzfristig auf freie Schichtarbeitsplätze in anderen Werken versetzt werden. Sie sind für kleinere Kundendienstarbeiten verantwortlich und „drehen ansonsten Däumchen". Gekündigt wurde ihnen nicht, da in diesem Fall die Betriebsräte aller Standorte Widerstand angekündigt haben. Bis Mitte 1989 gingen ca. 100 von ihnen in den vorzeitigen Ruhestand oder wurden innerhalb des Konzerns versetzt. Inzwischen hat der Vorstand beschlossen, daß jeder Standort ein „Solidaritätsopfer" bringen und einige der Schwervermittelbaren übernehmen müsse.

80 weitere Bildungsmaßnahmen sind durch Ringtausch zustande gekommen. An anderen Standorten gab es Bildungsinteressierte. Die freigesetzten Beschäftigten wurden auf deren Arbeitsplätze versetzt. Nach Abschluß der Rationalisierungsmaßnahmen im Werk 11 kam es dann nur noch

zu vereinzelten weiteren Qualifizierungsmaßnahmen. Das Arbeitsamt akzeptierte den Ringtausch. Es verlangte nicht mehr, wie beim Beschäftigungsplan 1985, eine Kündigungsliste, sondern akzeptierte eine Erklärung des Betriebsrats, daß diese Arbeitnehmer aus dem Segment der potentiell gefährdeten Beschäftigten stammen. Damit konnte ein hohes Maß an Selbstbestimmung über eine Teilnahme erreicht werden, was eine günstige Erfolgsvoraussetzung für eine Qualifizierungsmaßnahme ist. Einige Qualifikationsmaßnahmen scheiterten allerdings daran, daß die Arbeitnehmer nicht die individuellen Voraussetzungen erfüllen bzw. als vermittelbar galten.

Die Teilnehmer verteilten sich auf zwei Typen von Qualifizierungen: zum einen Umschulungen von Ungelernten zu Facharbeitern. Ungelernte ArbeiterInnen werden zu IndustriemechanikerInnen oder Bürokaufleuten umgeschult. Ein Teil von ihnen nimmt am Modellvorhaben „Industriemechaniker" des Zentrums für Arbeit, Technologie und Umwelt (ZATU) teil, das eine zweijährige Umschulung nach einer dreimonatigen Vorförderung (mit allgemeinbildenden Elementen, Beratung und praktischen Übungen) umfaßt. Zum anderen werden Facharbeiter zu Technikern oder Meistern fortgebildet. Wie erwähnt, zahlt das Unternehmen die Darlehen bei diesen Aufstiegsfortbildungen an das Arbeitsamt zurück.

Die meisten Teilnehmer sind unter 40 Jahre. Dieses geringe Durchschnittsalter spiegelt das hohe Maß an Freiwilligkeit der Teilnahme wider. In Einzelgesprächen wurden sie vom Betriebsrat beraten und auf konkrete Maßnahmen hingewiesen. Die Bildungsbereitschaft war am höchsten, wenn sie in der Vergangenheit „bereits erzeugt wurde". Seit 1985 wird im Werk II eine Diskussion über die Notwendigkeit von Weiterbildung geführt. Bei einigen Ungelernten, die vom Band wegwollten, entstand eine entsprechende Erwartungshaltung. Während einer Kurzarbeitsperiode wurde Bandarbeiterinnen ein einwöchiger Kurs über ihr Arbeitsumfeld und Grundelemente der Elektronik angeboten. Einige der hiervon begeisterten Teilnehmerinnen haben freiwillig an Abendkursen über Grundlagen der Elektronik teilgenommen und sich später für eine Weiterbildungsmaßnahme nach dem Beschäftigungsplan interessiert.

Die Qualifikationsmaßnahmen finden alle außerhalb des Unternehmens statt, darunter auch der Grundig-Akademie. Die betriebliche Bindung wird teilweise durch Praktika im Unternehmen aufrechterhalten. Darüber hinaus hält der Betriebsrat regelmäßig Kontakt mit den Teilnehmern. Ihre Perspektive ist die Rückkehr in den Betrieb; die Bereitschaft zur Teilnahme war auch deshalb sehr hoch, da die Weiterbildung nicht das Stigma einer möglichen Entlassung trägt. Vor einer Entlassung würde erst eine soziale Auswahl der zu Kündigenden stehen. Die Wahrscheinlichkeit, hiervon betroffen zu sein, nimmt mit einer Weiterbildungsmaßnahme eher ab.

Die Personalsituation bei Grundig hat sich aufgrund der günstigen Konjunkturlage gegenwärtig (Mai 1989) bei ca. 19.000 Beschäftigten stabilisiert.

Ein weiterer Beschäftigungsabbau ist zumindest kurzfristig nicht geplant, so daß es in absehbarer Zeit nur noch zu vereinzelten Eintritten in Qualifizierungsmaßnahmen nach dem Beschäftigungsplan kommen wird. Die ersten Bildungsteilnehmer (Absolventen von Meisterkursen) sind bereits in den Betrieb zurückgekehrt. Sie nehmen dort Meisterfunktionen wahr bzw. sind „auf die Laufbahn" gebracht worden.

Das betriebliche Projektteam im Werk 11 bestimmt inzwischen Inhalt und Teilnehmer fast jeder Weiterbildungsmaßnahme mit; jede betriebliche Rationalisierungsmaßnahme wird auf ihre möglichen Auswirkungen auf die Qualifikation und auf die Zahl der Beschäftigten überprüft; schließlich gelang es, das Bildungsangebot besser auf die Situation der Beschäftigten abzustimmen. Der zunehmende Anteil von Zweischicht-Arbeitern beispielsweise erforderte, bestimmte Kurse der Grundig-Akademie zweifach jeweils in vierzehntägigen Rhythmus anzubieten. In einem Konfliktfall bestätigte das Arbeitsgericht dem Betriebsrat unter Bezugnahme auf den Beschäftigungsplan ein über das Betriebsverfassungsgesetz hinausgehendes Mitbestimmungsrecht.

Offensichtlich, um die Mitbestimmungsdynamik bei Weiterbildungsmaßnahmen und in der Folge entstehende Kosten nicht weiter zu fördern, zögerte die Unternehmensleitung die Erarbeitung einer konzern- und standortbezogenen Bildungsplanung hinaus. Dies wurde ihr erleichtert, da der Gesamtbetriebsrat diese Planung lange nicht einklagte. Erst 1989 begann die zentrale Weiterbildungskommission wieder zu tagen, und über die Auswirkungen der langfristigen Investitions- und betrieblichen Gestaltungspläne („Szenario Grundig 2000") zu beraten.

Die Kommission „Neue Produktlinien" war ebenfalls aufgrund der entspannenden Personallage und der Überlastung der verantwortlichen Betriebsräte mit anderen Aufgaben eingeschlafen. Der Betriebsrat will diese Kommission wieder ins Leben rufen. Im Werk 4 in Fürth wurde von dem betrieblichen Arbeitskreis „Neue Produkte" bereits ein Fragebogen zu möglichen Produktideen verteilt. Die Unternehmensleitung hat der Kommission das Recht bestritten, einen solchen Fragebogen zu verteilen. Diese Kontroverse wird vor Gericht ausgetragen.

### *4.1.4 Vom Beschäftigungsplan zur langfristigen Personalplanung?*

Der Beschäftigungsplan von Grundig hatte Pioniercharakter, und zwar sowohl für die Gewerkschaften und Betriebsräte als auch für die Unternehmensleitung und die Bundesanstalt für Arbeit. Ohne die 1985 erzielten Verhandlungsergebnisse im Betrieb, aber auch mit der Bundesanstalt für Arbeit, wären viele der folgenden Pläne nicht zustande gekommen. Der Grundig-Plan hatte für die IG Metall so sehr Symbolcharakter, daß man zeitweilig nicht zur Kenntnis nahm, wie wenig die Vereinbarungen tatsächlich umgesetzt wurden.

Bei der Umsetzung des Personalabbaus spielten die Weiterbildungsmaßnahmen in den Strategien der Unternehmensleitung, aber auch von Teilen des Betriebsrats, von Anfang an jedoch nur eine untergeordnete Rolle gegenüber den traditionellen Sozialplanregelungen. Als das Unternehmen den erwünschten Vorteil, eine Sozialauswahl bei Kündigungen zu umgehen, nicht realisieren werden konnte, verzichtete es ganz auf Qualifikationsmaßnahmen. Die Blockadehaltung der Unternehmensleitung in den Kommissionen sowie die Verweigerung der vereinbarten Information und Planungen zeigt, wie sehr die weitreichenden Ideen von Beschäftigungsplänen im Vollzug boykottiert werden können. Nur mit großem Kraftaufwand und Unterstützung durch die IG Metall – die in dieser Weise nur einer beschränkten Anzahl von Betrieben gegeben werden kann – ist es gelungen, zumindest Anstöße zu einem Überdenken der betrieblichen Innovationsstrukturen zu geben.

Der 1987 beschlossene Beschäftigungsplan war in der Weiterbildungsfrage inhaltlich und praktisch ein großer Schritt nach vorne. Die Betriebsräte im Werk 11 üben heute ein erweitertes Mitspracherecht in der Weiterbildung aus und haben mehrere Maßnahmen vor allem für an- und ungelernte Beschäftigte angestoßen; der Beschäftigungsplan gibt ihnen den nötigen Rückhalt, *einen Ausbau der betrieblichen Weiterbildung bei Grundig auch über den eigentlichen Anlaß des Personalabbaus hinaus zu forcieren.* Voraussetzung hierfür war jedoch einen entsprechende Bildungsbereitschaft der Beschäftigten, die durch kleinere Bildungsbausteine in den Jahren zuvor erzeugt wurde.

In mehreren Grundigwerken wird der Beschäftigungsplan gegenwärtig noch nicht angewendet. Dort ist die in der Weiterbildung so bekannte statische Situation zu beobachten, in der der Betriebsrat die Belegschaft nicht zu Weiterbildung drängt, da diese seiner Auffassung nach „nicht interessiert ist", und die Beschäftigten nicht an den Betriebsrat herantreten, da sie sich eine Qualifizierung nicht zutrauen und vom Betriebsrat hierbei auch keine Unterstützung oder Beratung erwarten. Da in diesen Werken in den letzten Jahren kein Personal abgebaut wurde, wurde auch keine Notwendigkeit gesehen, die Instrumente des Beschäftigungsplanes zu nutzen. Der rasche technolologische Wandel sowie neue arbeitsorganisatorische Konzepte verändern die Qualifikationsanforderungen im Unternehmen jedoch so deutlich, daß die Unternehmensleitung gezwungen ist, ihre Personalentwicklungsplanung auszubauen. Die Beschäftigungspläne bei Grundig enthalten viele zukunftsträchtige Informations- und Mitbestimmungsrechte, die zeitlich nicht befristet oder an konkrete Rationalisierungsvorhaben gebunden sind. Es deutet sich an, daß die Betriebsräte in den nächsten Jahren in diese Vereinbarung „hineinwachsen" und ihre Mitbestimmungsmöglichkeiten nutzen. Damit besteht die Chance, daß sich die Beschäftigungspläne bei Grundig nicht mit Abschluß eines konkret definierten Personalabbaus erledigen, wie das in den meisten anderen Betrieben der Fall ist, sondern ein Schritt zu einer langfristigen Personalplanung unter Beteiligung des Betriebsrates sind. Hierin liegt die eigentliche Besonderheit der Beschäftigungspläne bei Grundig.

## 4.2 Die Hamburger Werften

### *4.2.1 Das Hamburger Aktionsprogramm Wirtschaft*

Die weltweiten Einbrüche im Schiffbau haben auch in der Hamburger Schiffbauindustrie tiefe Spuren hinterlassen. Von 1957 bis 1980 nahm die Zahl der Beschäftigten von einstmals 35.000 auf 14.100 ab; 1980 bis 1986 gingen noch einmal rund 5.000 Arbeitsplätze verloren. Dieser Beschäftigungsabbau erfolgte weitgehend über die herkömmlichen personalpolitischen Instrumente Entlassungen, Aufhebungsverträge, vorzeitige Pensionierungen und Versetzungen in andere Betriebe.

Solange die Region noch einigermaßen durch die Expansion des Dienstleistungssektors prosperierte, wurde diese Sozialplanpolitik hingenommen. Seit Ende der siebziger Jahre jedoch – mit Zunahme und Stabilisierung der Massenarbeitslosigkeit – begannen Betriebsräte, Gewerkschaften, aber auch Regionalpolitiker die traditionelle Sozialplanpolitik im Schiffbau zunehmend kritisch zu betrachten und nach Alternativen zum Arbeitsplatzabbau zu suchen. Bei HDW waren Anfang der 80er Jahre Planungen, mit Hilfe der Einrichtung eines Arbeitskräftepools und Qualifizierungsmaßnahmen sowie dem Aufbau neuer Produktlinien den Betrieb zu diversifizieren und die Belegschaft zu halten, bereits weit fortgeschritten. Sie wurden dann aber abgebrochen, da sich das Unternehmen durch Massenentlassung kurzfristig von Lohnkosten entlasten wollte. Bei Blohm & Voss und HDW richteten die Vertrauensleute und Betriebsräte Arbeitskreise zur alternativen Fertigung ein; diese arbeiteten Vorschläge für neue Produkte aus, um den Personalabbau zu verhindern (Zukunftsperspektiven, 1985), die aber von den Werftunternehmen und vom Hamburger Senat als nicht realisierbar bezeichnet wurden (vgl. 2.2).

Diese gut ausgearbeiteten Alternativen zu den traditionellen Formen des Personalabbaus, die sie begleitenden politischen Diskussionen und Aktionen (Besetzung von HDW) und die bevorstehenden Bürgerschaftswahlen haben den Boden dafür bereitet, daß sich das Land 1986 – als eine neue Welle des Personalabbaus bevorstand – gegenüber neuen Denkvorstößen aufgeschlossen zeigte.

Die Ministerpräsidenten der Küstenländer hatten für die Schaffung von Ersatzarbeitsplätzen 500 Mio DM und für die Umstrukturierungsmaßnahmen des Schiffbaus 350 Mio DM im Rahmen eines Sonderprogramms gefordert. Die Bundesregierung gewährte statt dieser 850 Mio DM im Oktober 1986 Finanzhilfen in Höhe von 300 Mio DM für 1987 und 1988 sowie eine Aufstockung der Gemeinschaftsaufgabe „Verbesserung der regionalen Wirtschaftsstruktur" (GRW)[25] von 120 Mio DM in den Jahren 1987 bis 1989[26]. „Darüber hinaus hat die Bundesregierung die Bundesanstalt für Arbeit aufgefordert, die arbeitsmarktpolitischen Instrumente des Arbeitsförderungsgesetzes insbesondere in den Gebieten einzusetzen, die von Anpassungsmaßnahmen der Werftindustrie betroffen sind" (Hamburger Aktionsprogramm Wirtschaft, 1986, S. 2). Hamburg hat die Bundeshilfen von 60 Mio DM mit eigenen Mitteln auf insgesamt 90 Mio DM aufgestockt und zu einem Hamburger Aktionsprogramm Wirtschaft zusammengeführt.

Die Unternehmen meldeten sofort Bedarf zur Unterstützung von Sozialplänen an. Nach der Küstenländerrichtlinie „Gewährung von Kapazitätsanpassungshilfen" konnten bis zu 50 vH der Sozialplankosten erstattet werden. Der Hamburger Senat beschloß jedoch, nicht zuletzt auf Drängen der Gewerkschaften, sich im Gegensatz zu Schleswig-Holstein nur in Ausnahmefällen an der Finanzierung von Sozialplänen und an Sonderabschreibungen zu beteiligen. Es sollten neue Wege der Wirtschaftsförderung eingeschlagen werden: „Ziel aller Maßnahmen muß es dabei sein, neben einer zukunftsorientierten Modernisierung der Werften eine Verbesserung der Wirtschaftsstruktur in Hamburg zu erreichen. Da der wirtschaftliche Umstrukturierungsprozeß nicht auf dem Rücken der Arbeitnehmer ausgetragen werden darf, müssen alle Maßnahmen nicht nur auf den Erhalt von Arbeitsplätzen bzw. die Schaffung von neuen und Ersatzarbeitsplätzen, sondern auch auf Umschulung und Qualifizierung abzielen. Der Senat beabsichtigt daher, die notwendigen Hilfen für die Hamburger Schiffbauindustrie in Kooperation zwischen Unternehmen, Kammern, Betriebsräten, Gewerkschaften, Arbeitsverwaltung und Senat zu verkoppeln mit einer aktiven Strukturpolitik, die mittel- und langfristige Standortvorteile ausbaut" (Hamburger Aktionsprogramm Wirtschaft, 1986, S. 5-6). Dazu sollten neue Technologien zur ökologischen Modernisierung, Existenzgründungen von Unternehmen, Diversifizierung der Hamburger Schiffbauindustrie und die Qualifizierung von Werftbeschäftigten gefördert werden.

Ziel des Qualifizierungsprogramms[27] ist es, die Beschäftigten für eine veränderte Tätigkeit innerhalb der Werft oder in einem anderen Betrieb zu qualifizieren und die Unternehmen in einer schwierigen Umstellungspha-

25 Mit Hilfe der GRW werden regionale Investitionen bezuschußt (vgl. Bosch u.a. 1987, S. 82 ff).

26 Die Vergabe der Bundesmittel war an eine Einigung der betroffenen Bundesländer über den Einsatz der Mittel in der sog. „Küstenländerrichtlinie" gebunden.

27 Das Qualifizierungsprogramm ist Gegenstand eines Begleitforschungsprojekts, das von Siegfried Bergner in Zusammenarbeit mit dem Amt für Berufs- und Weiterbildung Hamburg und gefördert von der Hans-Böckler-Stiftung durchgeführt wird. Auf vorläufige Ergebnisse dieser Begleitforschung wurde hier mehrfach Bezug genommen (vgl. Bergner 1987 und 1988).

se von Personalkosten zu entlasten. Das Land stellte Mittel zur Aufstokkung der Unterhaltsgelder der Bundesanstalt für Arbeit auf rund 90 vH der letzten Nettobezüge für rund 400 Werftbeschäftigte bereit. Die Werftenkrise sei – so hieß es im Programm – nur der Anlaß der Qualifizierungsinitiative, die Perspektiven regionaler Weiterbildungsplanung reichten jedoch darüber hinaus. Gefördert wurde deshalb nicht nur die Weiterbildung von Werftbeschäftigten. Zusätzlich erhielten die Träger beruflicher Weiterbildung Mittel für die Entwicklung neuer, auch auf die Werftbeschäftigten orientierter Curricula, sowie die Weiterbildung von Ausbildern; die Modernisierung von Bildungszentren wurde ebenso gefördert wie die Einrichtung eines neuen CNC-Qualifikationszentrums[28].

Das Landesarbeitsamt äußerte anfänglich Bedenken gegen die Förderung von Beschäftigten der Werften. Es hielt ursprünglich einen individuellen Nachweis der Arbeitsplatzbedrohung durch eine schon ausgesprochene Kündigung für notwendig. Diese Bedenken wurden fallengelassen, und es folgten Bereitschaftserklärungen des Landesarbeitsamtes, das Programm mitzutragen.

Der Senat hatte vorgeschlagen, die Umsetzung des Qualifizierungsprogramms durch eine Koordinierungsstelle zu steuern, der Vertreter der beteiligten Behörden, der Kammern, der Gewerkschaften und anderer, für die Durchführung der Qualifizierungsmaßnahmen wichtiger Institutionen angehören sollten. Dieser Vorschlag „löste beim Arbeitsamt beträchtlichen Ärger aus" und wurde als unzulässiger Eingriff in die Autonomie der Bundesanstalt für Arbeit gesehen. Zudem lehnte das Arbeitsamt jede strukturpolitische Orientierung bei der Beratung und Planung von Qualifizierungsmaßnahmen ab. Man gehe vom Einzelfall und von der Entwicklung der offenen Stellen und Vermittlungen aus. Damit wurde bald deutlich, daß weder eine strukturpolitische Orientierung der Weiterbildung noch die gewünschte Verknüpfung von Diversifizierung und Qualifizierung herstellbar war. Die Programmteile Qualifizierung und Diversifizierung des Hamburger Aktionsprogramms wurden im folgenden völlig unkoordiniert von zwei verschiedenen Hamburger Behörden abgewickelt. Die Zeitstrukturen beider Programmteile waren nicht zu synchronisieren. Die Qualifizierungsmaßnahmen mußten zur Kostenentlastung der Unternehmen schnell eingeleitet werden; die Ausschöpfung des Diversifizierungstitels hingegen erforderte erst konzeptionelle Vorarbeiten. Schon sehr frühzeitig gab man in den Hamburger Behörden die ursprüngliche Zielvorstellung einer Verknüpfung der verschiedenen Programmteile auf und sprach von einem eigenständigen Wert einer Qualifizierung für den Arbeitsmarkt.

28 An der Errichtung dieses CNC-Zentrums ist viel Kritik geübt worden. Es wurde darauf hingewiesen, daß in Hamburg bereits ausreichende Kapazitäten für CNC-Kurse vorhanden seien. Das geplante CNC-Zentrum werde sich nicht über Aufträge aus der Industrie finanzieren können und zwangsläufig mit den bereits bestehenden Trägern in die Konkurrenz um Maßnahmen der Bundesanstalt für Arbeit treten. Hier werden viele Schwierigkeiten gezielter regionaler Weiterbildungspolitik deutlich.

### 4.2.2 *Die Umsetzung des Qualifizierungsprogramms*

Nach der Verabschiedung des Aktionsprogramms Wirtschaft begannen auf betrieblicher Ebene Verhandlungen über die Umsetzung der Qualifikationsinitiative.

#### 4.2.2.1 Blohm & Voss

Blohm & Voss gab Ende 1986 einen Personalabbau von 630 von rund 4.500 Beschäftigten bekannt. Ein Teil des Personalabbaus (rd. 450 Beschäftigte) war bereits über Fluktuation und Abfindungen realisiert worden, so daß sich im Frühjahr 1987 bei Beginn der Verhandlungen der Personalüberhang bereits „entschärft" hatte. Diese etwas entspannte Personallage sowie die Angst der Thyssen-Tochter Blohm & Voss, durch Massenentlassungen ihr Image zu gefährden, förderte die Bereitschaft, Qualifikationsmaßnahmen nach dem Hamburger Aktionsprogramm Wirtschaft durchzuführen.

Im März 1987 wurde eine Betriebsvereinbarung abgeschlossen. Danach sollte 420 Beschäftigten, die auf einer Auswahlliste des Vorstandes – die Bestandteil der Betriebsvereinbarung war – standen, Qualifizierungsmaßnahmen angeboten werden. Betriebsbedingte Kündigungen blieben ausgeschlossen, solange 180 von diesen 420 Arbeitnehmern sich in Qualifizierungsmaßnahmen der Bundesanstalt für Arbeit befanden. Sonstige aus dem Betrieb ausscheidende Personen wurden auf diese Zahl von 180 angerechnet. Der Betrieb zahlt den Teilnehmern an Weiterbildungsmaßnahmen Urlaubs- und Weihnachtsgeld, so daß sie insgesamt etwa 97 vH ihres Nettolohnes erhalten. Das Beschäftigungsverhältnis ruht während der Qualifikation; anschließend werden die Absolventen der Weiterbildungsmaßnahmen weiter beschäftigt. Die Unterstützung der Betriebsvereinbarung wurde vom Land und vom Arbeitsamt schriftlich bestätigt.

Die erste Liste von 420 Leuten ist vom Unternehmen aufgestellt worden. Hier sind offensichtlich viele aus den verschiedensten Gründen (z.B. Verweigerung von Überstunden etc.) unbeliebte Arbeitskräfte ausgewählt worden. Das Arbeitsamt erhielt eine Liste mit 440 Namen; davon waren 250 über 45 Jahre und 100 mehrheitlich gering qualifizierte Türken – nach Angaben des Arbeitsamtes nicht die „Topleute" des Betriebes. Der Betriebsrat hat in Informationsveranstaltungen den Betroffenen zu einer Qualifikation geraten, da ansonsten Kündigungen zu befürchten seien. Die erste Liste hatte zweifellos den Charakter einer Kündigungsliste; die Leute fühlten sich abgestempelt und sahen die Gefahr, durch eine Qualifizierungsmaßnahme aus dem Betrieb abgeschoben zu werden. Als die Beratungen über Qualifikationsmaßnahmen begannen, kam es jedoch schon zu ersten freiwilligen Meldungen von Beschäftigten, die nach Rückkehr der Qualifizierten befürchteten, durch ihre Qualifikationsdefizite in eine nachteilige Position zu geraten; anderen Beschäftigten wurde von ihren Vorgesetzten geraten, etwas für sich zu tun, wenn sie langfristig im Betrieb bleiben wollten; weitere hatten individuelle Qualifikationspläne, zum Teil auch mit Blick auf eine neue Tätigkeit. Durch diese freiwilligen Meldungen erweiterte und verjüngte sich der potentielle Teilnehmerkreis beträchtlich.

Das Arbeitsamt führte bei Blohm & Voss in nur wenigen Tagen über 700 Beratungen durch. Dabei wurden für 490 Personen Bildungsmaßnahmen festgelegt; vor allem ältere Beschäftigte sahen sich den angebotenen Bildungsmaßnahmen unter dem enormen Zeitdruck, sich zu entscheiden, nicht gewachsen und schieden mit einer Abfindung aus dem Unternehmen aus. Aus Interviews mit späteren Teilnehmern an Weiterbildungslehrgängen wird diese Zwangslage deutlich. Eine Gruppe Interviewter berichtet: „Von den Vorgesetzten sei ihnen gesagt worden, sie hätten in die Weiterbildung einzutreten, sonst stünde das Werkstor weit offen". Eine andere Gruppe äußerte sich wie folgt: „Wir hatten gar keine andere Wahl. Es hieß: Sonst kannst Du gleich gehen" (Bergner 1988). Das Unternehmen umging durch diese Zwangssituation praktisch die bei Kündigungen notwendige Personalauswahl und baute wesentlich mehr Personal ab, als ursprünglich geplant. Wieviele Beschäftigte vorzeitig pensioniert wurden oder über Abfindungen ausschieden, kann aufgrund der restriktiven Informationspolitik des Unternehmens nicht genau angegeben werden.

Fast zwei Drittel aller Teilnehmer an Qualifizierungsmaßnahmen waren aufgrund dieser Auswahlprozesse jünger als 30 Jahre. Die älteren nahmen vor allem an kürzeren Bildungsmaßnahmen teil. Ca. 30 vH aller Maßnahmen dauerten bis zu drei Monate und 36 vH mehr als 18 Monate. Die kürzeren Lehrgänge umfaßten vor allem Schweiß-, CNC-, Hydraulik- und Pneumatikkurse. Bei den längerfristigen Maßnahmen überwogen Aufstiegsfortbildungen zum Techniker oder Umschulungsmaßnahmen für die An- und Ungelernten, darunter auch für Ausländer mit einer zusätzlichen sprachlichen Vorförderung.

Das Unternehmen beteiligte sich nicht an der Planung der Maßnahmen, da es nach eigenen Aussagen über eine ausreichend qualifizierte Belegschaft verfüge. An anderer Stelle wurde aber betont, daß das Unternehmen weitgehend von der Einzelfertigung lebe. Dadurch sei es anders als in den Unternehmen mit Serienfertigung nicht möglich, die gesamte bestehende Belegschaft über Anpassungsfortbildungen an den neuen Stand der technischen Entwicklung heranzuführen. In bestimmten Abständen sei man gezwungen, einen Teil des Personals gegen neue und für die geänderten Anforderungen nicht passend qualifizierte Mitarbeiter auszutauschen (Bergner 1988). Ein Indikator für das geringe Interesse des Unternehmens an internem Strukturwandel ist die nur rudimentär entwickelte Personalentwicklungsplanung. Die Vorgesetzten bezeichneten einen Teil ihrer Arbeitskräfte als nicht mehr integrierbar. Der Betrieb wollte in erster Linie mit Hilfe der Qualifizierungsmaßnahmen die auf der ersten Auswahlliste genannten

Leute loswerden. Um die Betriebsbindung zu lockern, wurden die Maßnahmen auch nur extern durchgeführt. Die Betroffenen sollten nicht in geschlossenen Gruppen qualifiziert werden, sondern einzeln Kontakt mit anderen Personen, Bildungsstätten und Betrieben (über Praktika) bekommen, um sich „vorstellen zu können, auch einmal woanders zu arbeiten". Der Arbeitsdirektor wollte außerdem „keine unterbeschäftigten Kader als politischen Unruhefaktor auf dem Betriebsgelände".

Durch die freiwilligen Nachmeldungen für Qualifizierungsmaßnahmen kam es letztlich nicht zu der von der Unternehmensleitung gewünschten Personalauswahl. Dies ist wohl der Grund für die offensichtlich negative Bewertung des Qualifizierungsprogramms durch die Unternehmensleitung von Blohm & Voss. In den insgesamt 500 Qualifizierungsmaßnahmen in diesem Unternehmen (und den zusätzlich 130 Maßnahmen bei HDW-Ross) seien überwiegend die schon recht gut ausgebildeten Facharbeiter weitergebildet worden. „Die Personen, die das Unternehmen eigentlich hätte freisetzen wollen und die die größten Qualifikationsdefizite aufwiesen, zeigten überwiegend keine Weiterbildungsbereitschaft. Sie genössen durch das Programm einen absoluten Kündigungsschutz, das Unternehmen könne diese Personen eigentlich nicht mehr einsetzen. Daher müsse über Möglichkeiten nachgedacht werden, die Freiwilligkeit der Teilnahme einzuschränken" (Bergner 1988).

#### 4.2.2.2 HDW-Ross-Industrie

HDW-Ross-Industrie gehörte früher zu Howaldt Deutsche Werft und wurde 1986 von der Thyssen-Tochter Blohm & Voss übernommen. Durch attraktive Vorruhestands- und Abfindungsregelungen wurde die Zahl der Beschäftigten von 2.500 auf rund 1.800 1986 reduziert. Im Juni 1987 wurde eine zu Blohm & Voss inhaltsgleiche Betriebsvereinbarung über Qualifikationsmaßnahmen abgeschlossen, nach der 200 Beschäftigte an Maßnahmen teilnehmen und sich 100 in solchen Maßnahmen befinden sollten. Im Unterschied zu Blohm & Voss akzeptierte der Betriebsrat von Ross die vom Unternehmen vorgelegte Auswahlliste nicht als Bestandteil der Betriebsvereinbarung, sondern warb selbst von Anfang an um Freiwillige, ohne allerdings für alle Beschäftigten die Zwangslage einer Entscheidung für eine Qualifizierung oder eine Abfindung auflösen zu können.

Mitte 1987 wurde die Auflösung der Ross-Industrie, die anschließende Stillegung des Werkes sowie die Verlagerung der Produktion zu Blohm & Voss beschlossen. Mit dem Betriebsrat von Blohm & Voss wurde gleichzeitig vereinbart, dort bis Ende 1988 keine betriebsbedingten Kündigungen auszusprechen, so daß sich der gesamte Personalabbau auf Ross-Industrie konzentrierte. Diese Vereinbarung bei Blohm & Voss förderte die Spaltung der beiden Betriebsräte und Belegschaften und führte zwischen diesen zu beträchtlichen Spannungen bis hin zu gerichtlichen Auseinandersetzungen. Die Unternehmensleitung akzeptierte nach diesem Stillegungsbeschluß keine weiteren Qualifikationsmaßnahmen von Ross-Beschäftigten auf der Basis der abgeschlossenen Betriebsvereinbarung mehr, da diese ja ein Rückkehrrecht in den Betrieb enthielt. Sie kündigte die Betriebsvereinbarung bei Ross und stoppte bereits vorgesehene, aber noch nicht begonnene Bildungsmaßnahmen. Nach der ersten Betriebsvereinbarung kam es bei Ross zu insgesamt 59 Weiterbildungsmaßnahmen.

In dem Anfang 1988 unterzeichneten Interessenausgleich zwischen Blohm & Voss und dem Ross-Betriebsrat wurde festgelegt, daß von den 1.277 verbliebenen Beschäftigten 936 von Blohm & Voss übernommen werden und 341 Arbeitskräfte, deren Arbeitsbereiche detailliert aufgeführt wurden, nicht mehr weiter beschäftigt werden. Diesen 341 Betroffenen wurde entweder ein Aufhebungsvertrag oder ein befristetes Arbeitsverhältnis für die Dauer einer Bildungsmaßnahme (maximal zwei Jahre) angeboten. Im Anschluß an die Qualifikationsmaßnahme können sie entweder von Blohm & Voss übernommen werden (das Unternehmen verpflichtet sich allerdings nur dazu, diese Möglichkeit zu „prüfen"), oder – wenn sie auf dem Arbeitsmarkt keine Beschäftigung finden – in eine zu gründende *Beschäftigungsgesellschaft* eintreten. Für die Gründung einer Beschäftigungsgesellschaft durch die Freie und Hansestadt Hamburg stellte Blohm & Voss 2,5 Mio DM zur Verfügung. Der Ross-Betriebsrat stimmte trotz erheblicher Bedenken diesem Interessenausgleich zu, um damit die auch von ihm unterstützte Idee einer Beschäftigungsgesellschaft zu retten.

Nach der Stillegung von HDW-Ross traten 81 Personen mit einem befristeten Verag in Qualifizierungsmaßnahmen nach dem Interessenausgleich ein; fast die Hälfte von ihnen absolviert eine Technikerfortbildung und hofft auf eine entsprechende Beschäftigung. Es verblieben zunächst nur rund 30 Teilnehmer an Qualifizierungsmaßnahmen, die sich für einen Eintritt in die neue Beschäftigungsgesellschaft interessiert zeigten. Der Betriebsrat hat in dieser Stillegungsphase nicht unbedingt zu einer Qualifizierung gedrängt, sondern angesichts der Altersstruktur, der Dauer der Betriebszubehörigkeit und der nicht erfolgten sozialen Auswahl zu Kündigungsschutzklagen geraten. Durch die geringe Zahl der Teilnehmer an Qualifizierungsmaßnahmen schien die Gründung der Beschäftigungsgesellschaft gefährdet, da der Interessenausgleich diese nur als eine Anschlußmaßnahme an eine Qualifizierung definierte. Das Unternehmen verweigerte daher zunächst die zugesagten 2,5 Mio DM. Eine Befragung aller 400 Beschäftigten, die ausgeschieden waren, ergab jedoch eine Summe von 230 Interessenten. Es handelte sich zumeist um Ältere.

Über die Gründung der Beschäftigungsgesellschaft entbrannte unter starkem publizistischen Trommelfeuer eine öffentliche Kontroverse. Befürworter waren die Behörde für Arbeit, Jugend und Soziales. Gegner waren aus ordnungspolitischen Gründen die Wirtschaftsbehörde, die FDP und die

Handwerkskammer. In einer staatlich subventionierten Beschäftigungsgesellschaft wurde eine Wettbewerbsverzerrung zu Lasten des Handwerks und eine unzulässige Ausdehnung staatlicher Aktivitäten gesehen. Das Unternehmen befürchtete schließlich, durch ein erfolgreiches Modell einer Beschäftigungsgesellschaft entsprechende Forderungen in seinen Stahlunternehmen zu provozieren.

Mitte 1988 kam es zur Gründung der Beschäftigungsgesellschaft Öko-Tech, nachdem das Unternehmen schließlich akzeptiert hatte, daß auch Ross-Beschäftigte, die nicht an einer Qualifizierungsmaßnahme teilgenommen hatten, einbezogen werden konnten. Durch einen Senatsbeschluß wurde festgelegt, daß im siebenköpfigen Vorstand der Beschäftigungsgesellschaft auch drei seiner Gegener vertreten sein sollten (Handwerkskammer, FDP-Fraktion, Behörde für Wirtschaft, Landwirtschaft und Verkehr) und alle Grundsatzentscheidungen mit einer Mehrheit von 5 zu 2 getroffen werden müßten. Öko-Tech wurden für seine durch Senatsbeschluß festgelegte vorläufige Lebenszeit von 2 Jahren zu den 2,5 Mio DM von Blohm & Voss 1,4 Mio DM aus dem Hamburger Programm Wirtschaft zugesagt. Hinzu kommen Mittel für Arbeitsbeschaffungsmaßnahmen von der Bundesanstalt für Arbeit (8 Mio DM) und von der Freien Hansestadt Hamburg (2 Mio DM). Öko-Tech hat seine Tätigkeit inzwischen mit rund 100 ABM-Kräften, zunächst nur ehemalige Ross-Beschäftigte[29], begonnen. 80 vH ihres Lohnes zahlt das Arbeitsamt, 20 vH die Freie und Hansestadt Hamburg. Aus den Eigenmitteln der Gesellschaft wurden zehn Stammkräfte eingestellt. Die ABM-Beschäftigten wurden beim Zentrum für die berufliche Reintegration von Arbeitslosen (ZEBRA) in sechswöchigen Kursen, die von der FHH finanziert wurden, in „ökologischen Fragen sensibilisiert". Als Anlaufprodukt steht ein Auftrag vom Bausenator über 4.000 Fahrradeinstellplätzen an Hamburger U-Bahnhöfen in Aussicht, die ein „Bike- and Ride-System" aufbauen helfen sollen. Mit der TU Harburg wird eine Rahmenvereinbarung zur Erstellung der Apparaturen für den geplanten Sonderforschungsbereich Altlastensanierung abgeschlossen werden. Darüber hinaus gibt es eine Reihe von weiteren Einzelprojektideen. Ganz offensichtlich besteht ein Markt für kleinere Umweltprodukte, die von Großunternehmen als zu gering dimensioniert unbeachtet bleiben und für deren Entwicklung und Produktion die etablierten kleinen und mittleren Unternehmen (noch?) nicht die nötige Problemsicht und Qualifikation besitzen. Langfristig sollen mit Hilfe erfolgreicher Produktentwicklungen z.B. im Bereich der Altlasten-

29 Kurzfristig ist nach Auffassung der Unternehmensleitung eine Öffnung für andere Arbeitslose nicht möglich. Blohm & Voss drohte an, dann seine Gelder zurückzuziehen, die sie ausschließlich ehemaligen Ross-Beschäftigten vorbehalten will. Der Betriebsrat sah eine solche Ausschließlichkeit nicht vereinbart. Mittelfristig werden wohl auch andere Arbeitslose eingewiesen. Ansonsten hätte auch das Arbeitsamt Schwierigkeiten bei der Mittelgewährung, da es sich dann nur um ein rein betriebliches, nicht aber mehr öffentliches Projekt handelte.

sanierung oder Abfallwirtschaft auch Existenzgründungen gefördert werden. Allerdings ist der Widerspruch zwischen Innovationsorientierung einerseits und Qualifikation und Altersstruktur der ABM-Kräfte andererseits nicht zu übersehen. Die Beschäftigungsgesellschaft wird, um ihre Innovationsorientierung zu stärken, auf Dauer ihre Relation von Stammpersonal und ABM verändern bzw. durch externe Unterstützung ihr Entwicklungspotential stärken müssen.

#### 4.2.2.3 Sietas

Völlig anders als bei Blohm & Voss und Ross verliefen die Qualifizierungsmaßnahmen bei Sietas. Dort wurde kein Personal abgebaut. Die Werft war bis 1989 durch den Bau von sechs Fischtrawlern für Marokko und sechs Frachtern für Finnland voll ausgelastet. Gleichzeitig erweiterte die Werft ihre Produktpalette. Es läuft nunmehr die Produktion von Gascontainern an, in denen man verderbliche Güter mit Edelgas haltbar macht. Für die Herstellung dieser Container sind Qualifikationen in der Dünnblechbe- und verarbeitung sowie zusätzliche Schweißkenntnisse nötig. Über diese Kenntnisse verfügte die Belegschaft nicht in ausreichendem Maße. Aus diesem Grunde wurden 78 Beschäftigte von Sietas von der Personalabteilung für solche Schweiß- und Dünnblechbearbeitungskurse geworben. Während ihrer externen Qualifizierung wurde ihr Lohn durch die Stadt Hamburg und Sietas auf 100 vH aufgestockt, was die Bildungsbereitschaft erheblich förderte. Die Qualifizierungsmaßnahmen waren auf die neuen Produktlinien abgestimmt; die Betroffenen wußten also, welche Arbeitsplätze sie nach der Rückkehr erwarteten. Sie gaben danach auch an, ihre neu erworbenen Qualifikationen nach ihrer Rückkehr in dem Betrieb anwenden zu können.

Die Bedrohung von Arbeitslosigkeit dieser Beschäftigten wurde vom Arbeitsamt darin gesehen, daß die Firma unter Umständen diese oder andere Arbeitskräfte aus dem gleichen Beschäftigungssegment entlassen und dafür schon entsprechend Qualifizierte eingestellt hätte. Es wurde weiterhin ein überwiegend arbeitsmarktpolitisches Interesse gegenüber dem rein betrieblichen Interesse angenommen, da die Qualifizierungsmaßnahmen mit anerkannten Prüfungen oder auch auf dem Arbeitsmarkt anerkannten Zertifikaten abschlossen (vgl. Kapitel 3).

Die Ambivalenz der Qualifizierungsmaßnahmen bei Sietas ist aber unverkennbar. Einerseits wurde mit öffentlichen Mitteln die interne Diversifizierung eines Betriebes in einer schrumpfenden Branche unterstützt, die in den anderen Werftbetrieben nicht gelang. Andererseits war der hohe Mitnahmeeffekt unübersehbar. Es bleibt eine ungelöste Frage, ob man eine enge Verknüpfung von Qualifizierung und Diversifizierung in der Strukturpolitik überhaupt ohne große Mitnahmeeffekte realisieren kann.

#### 4.2.2.4 Neue Curricula

Die Weiterbildungsträger in Hamburg zeigten sich für die Umsetzung des Qualifizierungsprogramms nur teilweise vorbereitet. Der Beginn der Qualifizierungsmaßnahmen verzögerte sich durch Engpässe bei den Trägern. Mängel gab es auch bei den Curricula. So mußten Werftbeschäftigte bei einem Träger vier Wochen lang einfache Feilarbeiten ausführen, die sie bereits seit 20 Jahren beherrschten. Eine Reihe von Ausländern nahm vormittags bei einem Träger an Sprachkursen und nachmittags bei einem anderen an berufsbildenden Kursen teil. Diese beiden Kurse liefen völlig unabhängig voneinander. Es fehlte offensichtlich – ohne daß man dies für alle Träger und alle Maßnahmen verallgemeinern könnte – einerseits an der Integration allgemeiner und berufsbildender Bildungsabschnitte und andererseits an der Feinabstimmung der Kurse auf die unterschiedlichen Voraussetzungen der Teilnehmer.

Durch das Hamburger Aktionsprogramm Wirtschaft wurde die Entwicklung neuer Curricula gefördert, die vor allem eine zielgruppenspezifischere Weiterbildung ermöglichen sollte. An die Stiftung berufliche Bildung/Arbeitslosenwerk flossen Mittel zur Entwicklung eines Curriculums für Vorbereitungskurse für Ausländer, die Allgemeinbildung (einschl. Deutschkurse), Fachtheorie und Werkstattpraxis integrieren sollten. Im Deutschunterricht werden etwa Grammatikbeispiele mit Fachausdrücken aus dem kommenden Werkstatt-Tag gebildet, im Mathematikunterricht berechnet man Fälle aus der Fachtheorie (z.B. Flächen). Voraussetzung für eine solche Integration ist die Teamarbeit der verschiedenen Lehrkräfte, die Anwesenheitspflicht haben und auch an Kursabschnitten anderer Lehrkräfte teilnehmen. Die Vorförderung der Ausländer erfolgt im Baukastensystem; diejenigen, die schon fast perfekt Deutsch sprechen, nehmen nur an der letzten Stufe teil. Von diesen neuen Curricula konnten die Werftbeschäftigten nur in Ausnahmefällen profitieren, da der Großteil der Qualifizierungsmaßnahmen sehr schnell anlaufen mußte.

### *4.2.3 Qualifizierung und Diversifizierung entkoppelt*

Bemerkenswert an dem Hamburger Programm Wirtschaft ist zweifellos der Versuch, Mittel der regionalen Strukturpolitik, der Bundesanstalt für Arbeit und der betrieblichen Sozialpläne mehrerer Betriebe miteinander zu kombinieren. Die anfängliche Vorstellung, Qualifizierungs- und Diversifizierungsstrategien aufeinander abzustimmen, konnte allerdings nicht erreicht zu werden. Eine Großwerft wurde geschlossen (HDW-Ross) und eine andere (Blohm & Voss) versuchte, sich auf niedrigerem Niveau zu konsolidieren. Die Qualifzierungsmaßnahmen auf diesen beiden Werften standen ganz unter dem Vorzeichen, Personal abzubauen. Eigentlich alle Verantwortlichen in Hamburg haben diese Ausgangsbedingung des Qualifizierungsprogramms stillschweigend mitgetragen. Die Qualifizierungsmaßnahmen wurden nur extern durchgeführt, um die Lösung der Beschäftigten vom Betrieb zu fördern.

Insgesamt wurden 790 Beschäftigte aus allen Hamburger Werften mit Hilfe des Programms qualifiziert. Bei der Auswahl dieser Personen zogen die beteiligten Parteien bei Blohm & Voss sowie HDW-Ross wegen des beabsichtigten Personalabbaus nicht an einem Strang. Die Unternehmensleitungen wollten quasi Entlassungslisten aufstellen und damit die soziale Auswahl bei Kündigungen umgehen. Eine Reihe von Beschäftigten mit sehr ungünstigen Bildungsvoraussetzungen wurde vor die Wahl „Qualifizierung oder Entlassung" gestellt und verließ den Betrieb resigniert. Dieses Vorgehen erschwert es den Betriebsräten, gerade in der Anfangsphase das Programm voll mitzutragen und die Beschäftigten von der Notwendigkeit einer Qualifizierungsmaßnahme zu überzeugen. Erst durch freiwillige Meldungen zu einer Qualifizierung konnte die Personalauswahl modifiziert und ein Teil dieser schlechter Qualifizierten geschützt werden. Bei HDW-Ross wurde die Umsetzung des Programms durch den Stillegungsbeschluß von Ross beeinträchtigt, der in diesem Unternehmen nicht mehr die Gleichbehandlung der zu Qualifizierenden gewährleistete. Es gab dort nunmehr Qualifikationsteilnehmer mit einer Beschäftigungsperspektive bei Blohm & Voss und andere mit einem befristeten Vertrag und einer Zwangsorientierung auf den externen Arbeitsmarkt.

Bei der Planung der Qualifizierungsmaßnahmen kamen bei Blohm & Voss und HDW-Ross wegen des angestrebten Personalabbaus und einer schlecht entwickelten Personalplanung keinerlei Anregungen oder Hilfen. Nur Sietas hatte aufgrund seiner Diversifizierungsstrategie konkrete Vorstellungen über die notwendigen Qualifizierungsinhalte. Für die Betroffenen der beiden anderen Unternehmen wurden die Maßnahmen wie jede andere vom Arbeitsamt in individuellen Gesprächen festgelegt. Verschiedene Senatsbehörden kritisierten an diesen Beratungen, daß das Arbeitsamt von der Illusion ausgehe, daß man „sich auf dem Arbeitsmarkt völlig frei bewegen und praktisch jede Berufsausbildung wählen kann. Der Sprung zu einer strukturpolitischen Fragestellung hat noch nicht stattgefunden".

Durch das Qualifizierungsprogramm wurde einigen hundert Beschäftigten von Blohm & Voss und von Ross, soweit diese bis Herbst 1987 in eine Qualifizierungsmaßnahme eingetreten sind, eine Rückkehr zu Blohm & Voss gesichert. Es wird sich zeigen, ob und wie Blohm & Voss diese Beschäftigten, für deren neue Qualifikation angeblich kein Bedarf besteht, integriert. Viele schlecht qualifizierte Beschäftigte konnten durch die freiwillige Qualifizierung jüngerer Fachkräfte vor einer Entlassung bewahrt werden. Dies wird in Hamburg aus arbeitsmarktpolitischen Gründen positiv bewertet, da ansonsten die Zahl der Dauerarbeitslosen angestiegen wäre. Durch Öko-Tech wurde weiterhin eine Auffangmaßnahme für ältere werftspezifisch qualifizierte Entlassene von HDW-Ross geschaffen. Für Blohm hingegen ist die unzureichend scharfe Personalselektion ein Grund für die eher negative Bewertung des Qualifizierungsprogramms.

## 4.3 „Die saarländische Lösung"

### *4.3.1 Die Restrukturierung der saarländischen Stahlindustrie*

Die saarländische Stahlindustrie ist aufgrund ihrer Standortnachteile, ihrer zersplitterten Eigentumsstruktur, die eine technologische Modernisierung bremste[30], und die erst relativ spät anlaufende Kooperation zwischen den verschiedenen saarländischen Stahlproduzenten als erste von den westdeutschen Stahlregionen in die Krise geraten.

1978 übernahm Arbed-Luxemburg die Aufgabe, die Standorte Völklingen, Burbach und Neunkirchen neuzuordnen. 1982 wurden die verschiedenen Unternehmen zur „Arbed-Saarstahl" verschmolzen. Mit der Dillinger Hütte wurde Ende der siebziger Jahre die Einrichtung einer gemeinsamen Roheisenproduktion (Rogesa) in Dillingen und einer Zentralkokerei unter Beteiligung der Saarbergwerke (Cogesa), die den benötigten Hochofenkoks liefern sollte, beschlossen. Bestandteil dieser technischen Umstrukturierung war, daß mit Anlaufen der neuen Roheisenproduktion 1985/86 die anderen Werke ihre Roheisenproduktion und Kokerei stillegten. Darüber hinaus nahm Arbed eine umfangreiche Modernisierung und Standortkonzentration der Stahlproduktion, der Walzstahlerzeugnisse und der Weiterverarbeitung vor. Die gesamte Restrukturierung führte zu beträchtlichen Rationalisierungseffekten in der saarländischen Stahlindustrie.

Saarstahl reduzierte seine Belegschaft von über 30.000 im Jahr 1974 auf rund ein Drittel seines vormaligen Bestandes (ca. 11.300 Mitte 1986). Dieser drastische Einschnitt wurde aufgrund der weitreichenden sozialen Abfederung ohne politischen Widerstand hingenommen. In einem Restrukturierungsvertrag zwischen Arbed-Saarstahl, dem DGB und der IG Metall wurden betriebsbedingte Kündigungen während der technischen Restrukturierung der saarländischen Stahlindustrie ausgeschlossen (Judith u.a., 1980). Der Personalabbau wurde weitgehend durch vorzeitige Pensionierungen und Nichtbesetzung der aufgrund der natürlichen Fluktuation freiwerdenden Arbeitsplätze bewältigt.

Die Dillinger Hütte blieb von der dramatischen Krise der saarländischen

30 Die vier Hüttenwerke Dillingen, Völklingen, Burbach und Neunkirchen waren vor 1971 im Besitz von sechs Großaktionärsgruppen aus drei europäischen Ländern, die sich aufgrund unterschiedlicher nationaler und Konzerninteressen nicht auf eine rechtzeitige Kooperation und Modernisierung verständigen konnten (IHK des Saarlandes 1982). 1971 fusionierten die Burbacher Hütte und die Röchlingschen Eisen- und Stahlwerke, unterhielten aber weiterhin zwei integrierte Hüttenwerke.

Stahlindustrie weitgehend verschont, stockte sogar in den achtziger Jahren ihr Personal noch leicht auf. Sie produziert vergleichsweise kostengünstig Grobbleche größtenteils für den französischen Markt, mit dem sie über eigene sowie Beteiligungen ihrer französischen Muttergesellschaft (Usinor-Sacilor) durch feste Lieferbeziehungen verbunden ist.

Mit der erneuten Verschärfung der Stahlkrise Anfang der achtziger Jahre erhöhten sich die Verluste bei Saarstahl. Arbed-Luxemburg wollte sich angesichts dieser Entwicklung aus der Verantwortung zurückziehen. Die neugewählte SPD-Landesregierung favorisierte eine saarländische Lösung unter Einschluß der Dillinger Hütte. Überlegungen, eine Kooperation mit einem der Stahlkonzerne des Ruhrgebietes zu unterstützen, wurden verworfen. Es wurde befürchtet, daß diese Konzerne aufgrund ihrer regionalen Bindungen an Nordrhein-Westfalen Stillegungen auf das Saarland konzentrieren würden. Die saarländische Investitions- und Kreditbank, zu 51 vH im Besitz des Saarlandes, übernahm Arbed-Saarstahl und übertrug 1986 der Dillinger Hütte die Geschäftsführung. 1989 wurde vereinbart, beide Unternehmen in einer Holding zusammenzuführen; dabei übernimmt Usinor-Sacilor 70 % der Anteile; der Rest entfällt auf das Saarland (27,5 %) und Arbed-Luxemburg (2,5 %).

Die Übertragung der Geschäftsführung von Arbed-Saarstahl auf die Dillinger Hütte war mit der Vorgabe verbunden, 1987 insgesamt 320 Mio und davon 150 Mio DM allein im Personalbereich einzusparen. Dies entsprach einem Personalabbau von 2.800 Arbeitskräften[31].

### *4.3.2 Der Personalabbau 1987*

Die Spielräume für eine vorzeitige Pensionierung bei Saarstahl waren durch den vorherigen Personalabbau erschöpft. Es war allen Beteiligten klar, daß eine weitere Peronalreduzierung nicht mit den bisherigen Mitteln bewältigt werden konnte und neue Wege gegangen werden mußten. Die Unternehmensleitung stellte Überlegungen an, Kündigungen auszusprechen und/oder einvernehmliche Aufhebungsverträge abzuschließen. Nach längeren Verhandlungen wurde im Juli 1986 eine neue Vereinbarung unterschrieben, nach der betriebsbedingte Kündigungen bis auf begrenzte Ausnahmen ausgeschlossen sind. Der Personalabbau wurde 1987 stattdessen auf folgende Art und Weise realisiert:

1) Die Dillinger Hütte hatte eine für die Stahlindustrie völlig atypische Altersstruktur. Da hier nicht – wie in fast allen anderen Stahlbetrieben – in den vergangenen Jahren Personal durch Frühpensionierungs-Pro-

31 Bei der Ermittlung des Personalabbaus ging man sehr schematisch vor: Man teilte die 150 Mio DM durch das durchschnittliche Jahreseinkommen eines Beschäftigten und errechnete so den notwendigen Abbau von 2.800 Stellen.

gramme abgebaut worden war, waren auch die Jahrgänge über 55 Jahre noch besetzt. Nunmehr wurden 400 ältere Beschäftigte in Dillingen vorzeitig pensioniert und dafür nach dem Stellvertreterprinzip 400 Beschäftigte von Saarstahl übernommen[32] (Tabelle 5).

2) Bei Saarstahl schieden 200 Beschäftigte, die 55 Jahre und älter waren, vorzeitig aus. Ihre Arbeitslosenunterstützung wird bis zum vorzeitigen Rentenbezug durch eine befristete Betriebsrente (Schaubild 8) aufgestockt.
3) Die „natürliche Fluktuation" verminderte den Personalbestand um 200 Kräfte.

Tabelle 5: *Personalabbau bei Saarstahl 19871)*

| | |
|---|---|
| 1) Frühpensionierungen in Dillingen und Versetzungen nach Dillingen (Ringtausch) | 400 |
| 2) Frühpensionierungen bei Saarstahl | 200 |
| 3) Natürliche Fluktuation | 200 |
| 4) Umschulungen und Fortbildungen bei Saarstahl | 200 |
| 5) Übergang in die Stahlstiftung | 1800 |
| Summe | 2800 |

1) Gerundete Zahlen. Die tatsächlichen Zahlen weichen leicht ab. Darüber hinaus gibt und gab es Bewegungen zwischen den einzelnen Größen, z.B. Übergänge von Umschulungen in die Stiftung.

*Quelle:* Saarstahl

4) 200 Beschäftigte von Saarstahl begannen eine längerfristige Umschulung oder Fortbildung. Ihr Beschäftigungsverhältnis ruht während der Qualifizierung.
5) Die restlichen rund 1.800 Beschäftigten gingen zumeist nach einer einvernehmlichen Aufhebung des Arbeitsvertrages ohne Einhaltung der Kündigungsfristen in die neu gegründete *Stahlstiftung*, die das eigentlich neue personalpolitische Element der „saarländischen Lösung" darstellt.

Diese Stiftung ist eine gemeinnützige Einrichtung. In ihrem Beirat sind die Unternehmensleitung, der Betriebsrat, die IG Metall, das Wirtschaftsministerium Saarland und das Landesarbeitsamt vertreten. Der Stiftung sind anspruchsvolle Ziele gesetzt. Sie soll die Stiftungsmitglieder betreuen, ihnen Bildungsmaßnahmen oder Arbeitsbeschaffungsmaßnahmen anbieten, Ersatzarbeitsplätze schaffen, Beschäftigungsinitiativen unterstützen und eine „Gemeinnützige Gesellschaft für Beschäftigung und Qualifizierung" gründen, die diese Aktivitäten umsetzt.

Die von der Stiftung betreuten ehemaligen Beschäftigten von Saarstahl

32 Die Frühpensionierungen in Dillingen mit den entsprechenden Versetzungen von Saarstahl laufen weiter, da auch der Personalabbau bei Saarstahl weitergeht.

Schaubild 8:

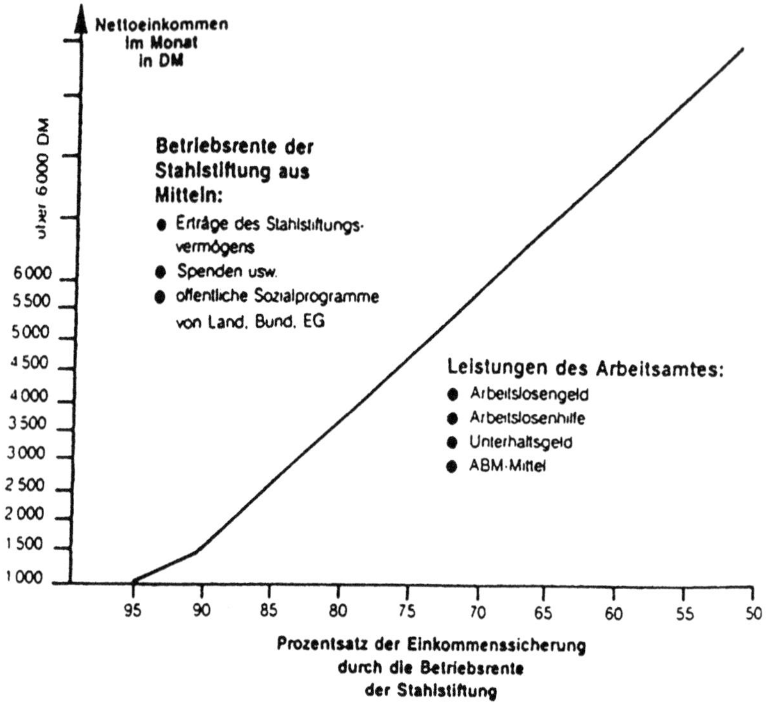


*Quelle:* Das soziale Konzept Stahlindustrie. Die saarländische Lösung 1987.

sind gekündigt und arbeitslos. Ihre Arbeitslosenunterstützung wird mit Stiftungsmitteln auf 90 bis 50 vH je nach Einkommenshöhe aufgestockt (vgl. Schaubild 8). Im Durchschnitt erhalten die Stahlstifter 85 vH ihres vorherigen Nettoeinkommens[33].

Diese sogenannte *befristete Betriebsrente* ist bis 1989 gesichert. Die Stiftung wird aber vermutlich noch zwei weitere Jahre bestehen und finanziert werden können. Falls die Stiftung die befristete Betriebsrente nicht zahlen kann, muß das Unternehmen einspringen.

Das Unternehmen verpflichtet sich, freiwerdende und neu geschaffene Arbeitsplätze vorrangig Stiftungsmitgliedern anzubieten. Eine formelle Rückkehrgarantie gibt es jedoch nicht. Das Arbeitsamt hätte bei einer solchen

33 Im Zuge der Restrukturierung mußten die Betriebsräte und die IG Metall eine Verschlechterung der Sozialpläne von einer Absicherung von zunächst 100 vH der Nettolöhne auf 90 vH und später auf 82 vH akzeptieren. Mit der befristeten Betriebsrente ist man erstmals von einer pauschalen Absicherung zu einer differenzierten Ausgleichszahlung übergegangen. Die gering Verdienenden verbessern sich dadurch sogar gegenüber früheren Sozialplänen.

Rückkehrgarantie das Arbeitslosengeld wegen mangelnder Verfügbarkeit der Stahlstifter verweigert[34].

Finanziert werden die Ausgaben der Stiftung aus mehreren Quellen. Das Unternehmen hat seine Wohnungsbaugesellschaft eingebracht, die 1987 und 1988 jeweils 538.000 DM abwarf. Ein Förderverein, dem vor allem Belegschaftsmitglieder, aber auch Pensionäre und Lieferanten angehören, steuerte 1987 288.000 und 1988 800.000 DM bei. Die Zahlungen aus Brüssel nach dem Montanunions-Vertrag beliefen sich 1987 auf rund 5,1 Mio DM und 1988 auf 5,4 Mio DM. Das Land bürgt mit 78,5 Mio DM für die Ausgaben der Stiftung für fünf Jahre. Diese Gelder decken die offenbleibenden Ausgaben der Stiftung ab (1987 4,8 Mio DM und 1988 5,1 Mio DM). Der größte Kostenanteil entfällt aber auf die Bundesanstalt für Arbeit, die Arbeitslosenunterstützung, Unterhaltsgelder bei Weiterbildungsmaßnahmen und Lohn bei Arbeitsbeschaffungsmaßnahmen für die Stahlstifter zu tragen hat (1987 ca. 60 Mio DM)[35].

Die Durchführung des vorgegebenen Personalabbaus erforderte zunächst umfassende Umstrukturierungsmaßnahmen, um die entsprechende Anzahl von Arbeitsplätzen einzusparen, und anschließend die Auswahl der Leute für die einzelnen Maßnahmen. Seit Mitte 1986 befanden sich bis zu 1000 Beschäftigte in Dauerkurzarbeit. Es handelte sich um die Belegschaften aus den stillgelegten Bereichen Hochöfen, Kokereien und Flüssigphase. Diese Stillegungen waren schon vor zehn Jahren im Rahmen des Umstrukturierungsprogramms beschlossen. Daher waren in diese Unternehmensbereiche auch keine jüngeren Beschäftigten mehr nachgerückt. Der Altersdurchschnitt lag bei ca. 50 Jahren. Diese Gruppe wurde fast geschlossen in die Stiftung versetzt.

Darüber hinaus wurden die Betriebsabläufe durchleuchtet und geändert. Die knappen personalpolitischen Kostenvorgaben von Dillingen wurden außerdem auf Saarstahl übertragen, was keinesfalls immer konfliktfrei verlief. So betrugen in der Erstausbildung die Gruppengrößen pro Ausbilder in Dillingen 1:15, in Völklingen hingegen 1:7. Der Krankenstand in Dillingen liegt erheblich niedriger als in Völklingen. Wie bislang in Dillingen werden nunmehr auch bei Saarstahl regelmäßige Einzelgespräche bei häufigen Fehlzeiten geführt. Teilarbeitsunfähige werden im neu geschaffenen *Personaleinsatzbetrieb* beschäftigt.

Die Dillinger Hütte stellte „hohe Anforderungen an die fachlichen Kenntnisse und den Gesundheitszustand der Arbeitskräfte", die zu ihnen versetzt wurden. Darüber hinaus wurde aber auch Arbeitskräften ein Vertrag

34 Hier ist offensichtlich in der Bundesanstalt für Arbeit nicht einheitlich verfahren worden. Krupp Stahl und Klöckner-Becorit gaben Wiedereinstellungszusagen, ohne daß das Landesarbeitsamt NRW die Verfügbarkeit der Arbeitskräfte in der Warteschleife generell in Frage gestellt hätte (vgl. 4.6.2).

35 1988 lagen die Ausgaben schätzungsweise bei 50 Mio DM, da über 400 Stiftungsmitglieder zumindest zeitweise wieder beschäftigt waren.

angeboten, die in Dillingen wohnten bzw.auf ihrem Weg zu Saarstahl bislang an Dillingen „vorbeifuhren".

Un- und angelernte Arbeitskräfte wurden vorrangig angesprochen, an einer Qualifizierungsmaßnahme teilzunehmen. Daraus resultierten 200 Umschulungsmaßnahmen. Jedem, der in die Stiftung gehen sollte, wurde zuvor eine Umschulungsmöglichkeit angeboten. Das Selbstvertrauen, eine Weiterbildung zu bewältigen, sei – so hieß es in mehreren Interviews – im klassischen „Stahlmilieu" nicht sehr groß, so daß weniger Beschäftigte als erwartet zu einer Qualifizierung bereit waren.

Ein Teil dieser Qualifizierungsmaßnahmen (ca. 50) zielte auf hüttenspezifische Berufe wie Verfahrensmechaniker. Die restlichen 150 Umschulungen erfolgen in branchenunspezifischere Metallberufe wie Dreher oder Meß- und Regelmechaniker. Die Chancen, daß die Umschüler anschließend in ihrem neuen Beruf tätig werden, scheinen relativ günstig zu sein. Zum Teil „warten die Betriebe von Saarstahl schon auf sie, um Löcher im Personalbestand zu stopfen".

Die verbleibenden „überzähligen" Beschäftigten wurden in die Stiftung versetzt. Mit jedem einzelnen wurden hier unter Beteiligung des Betriebsrats Gespräche mit dem Ziel einer einvernehmlichen Vertragsauflösung geführt. In 95 vH aller Fälle wurde dieses Einvernehmen erreicht, und die Versetzung in der Stiftung erfolgte ohne Einhaltung einer Kündigungsfrist. Dieses hohe Maß an Freiwilligkeit konnte nur durch eine „moralische Wiedereinstellungsverpflichtung" des Unternehmens erreicht werden; diese konnte den Beschäftigten nur mit Hilfe des Betriebsrats glaubhaft gemacht werden. Ohne dessen Unterstützung hätte das Stiftungskonzept nicht realisiert werden können, wäre es andererseits vermutlich aber zu Kündigungen gekommen.

### 4.3.3 *Die Praxis der Stahlstiftung*

Insgesamt 1.957 Personen sind in die Stiftung eingetreten (vgl. Tabelle 6). Davon waren 1.295 (66 vH) über 50 Jahre und 74 vH un- oder angelernt.

Die über 50jährigen Stiftungsmitglieder sollen vorzeitig pensioniert werden. Die Regelung hierzu unterscheidet sich jedoch je nach Alter. Die über 52jährigen können nach einer neuen Regelung des Montan-Union-Vertrages mit 56 Jahren pensioniert werden, ohne zuvor noch in den Betrieb zurückzukehren. Die 50- bis 52jährigen gelten auf dem Arbeitsmarkt kaum mehr als vermittelbar. Das Unternehmen muß sie in Erfüllung seiner moralischen Rückkehrgarantie wieder eingliedern; falls nach dieser Eingliederung dann wieder ihre Arbeitsplätze wegfallen und damit nach den Richtlinien des Montan-Union-Vertrages ein „Anpassungsfall" entsteht, können sie vorzeitig mit 55 Jahren pensioniert werden. Ein direkter Übergang dieser

Tabelle 6: *Struktur der Mitglieder der Stahlstiftung Saarstahl (Stand 31.5.1989)*

| Altersstufen | bis 31.5.89 in Stiftung eingetreten | Austritte | Wiederbeschäftigung Saarstahl | Wiederbeschäftigung andere[1] Betriebe | ABM | Qualifizierungen in Qual. | Qualifizierungen beend. Qualif. | Qualifizierungen vor Stiftung[2] | Summe | nicht verfügbare | verfügbarer Bestand 31.5.89[3] | Altersstufen |
|---|---|---|---|---|---|---|---|---|---|---|---|---|
| bis 30 Jahre | 118 | 26 | 25 | 49 | – | 14 | 29 | 74 | 117 | 3 | 1 | bis 30 Jahre |
| 31-40 Jahre | 175 | 34 | 61 | 58 | 4 | 7 | 16 | 81 | 104 | – | 11 | 31-40 Jahre |
| 41-50 Jahre | 369 | 60 | 181 | 62 | 4 | 9 | 22 | 43 | 74 | – | 53 | 41-50 Jahre |
| 51 und älter | 1295 | 62 | 119 | 25 | 8 | 6 | 3 | 3 | 12 | 4 | 1071 | 51 und älter |
| Summe | 1957 | 182 | 386 | 194 | 16 | 36 | 70 | 201 | 307 | 7 | 1136 | Summe |

1) Zumeist Tochterunternehmen von Saarstahl
2) Qualifizierung bei Saarstahl anstelle eines Eintritts in die Stiftung. Nicht Mitglieder der Stiftung.
3) Stiftungsbestand abzüglich Wiederbeschäftigung, derzeitige Qualifizierungen, ABM und Austritte

*Quelle:* Stahlstifung Saarstahl

Gruppe aus der Stiftung in die Frühpensionierung ist nach der gegenwärtigen Rechtslage nicht möglich.

Das Alter der restlichen verfügbaren Stiftungsmitglieder lag unter 51 Jahren. Auch hier kumulieren sich Vermittlungshemmnisse, die zum Teil in der geringen Qualifikation oder dem eingeschränkten Gesundheitszustand zu sehen sind; weiterhin haben die weiblichen Stiftungsmitglieder aufgrund des extrem niedrigen Angebots von Arbeitsplätzen für Frauen in der klassischen Montanregion Saar große Schwierigkeiten, eine neue Beschäftigung zu finden.

Die Mehrheit der Stahlstifter „tat während ihrer Stiftungszeit nichts". Dies war aus jeder Interessenperspektive problematisch. Der Betriebsrat und die Unternehmensleitung befürchteten vor allem bei den unter 51jährigen einen Verfall von Qualifikationen und entsprechende Wiedereingliederungsprobleme; die Unternehmensleitung sieht die Gefahr, ihre Rückkehrgarantie erfüllen zu müssen, ohne dafür eine adäquate Arbeitsleistung zu erhalten; die Belastungen für das Saarland steigen, da auf Dauer das Arbeitslosengeld ausläuft und dann die niedrigere Arbeitslosenhilfe aufgestockt werden oder bei Nichtbedürftigkeit der Betroffenen sogar der gesamte Unterhalt getragen werden muß.

Es gab daher ein allgemeines Interesse aller im Stiftungsbeirat vertretenen Parteien, diese Untätigkeit der Stahlstifter nicht andauern zu lassen. Alle Stiftungsmitglieder wurden mehrfach auf eine Teilnahme an Bildungsmaßnahmen angesprochen. Nur insgesamt 106 Stahlstifter haben jedoch bisher an einer Qualifizierungsmaßnahme während der Stiftungszeit teilgenommen. Es handelte sich z.T. um Einzelmaßnahmen, wie etwa CNC-Lehrgängen, aber auch Gruppenmaßnahmen zum Baufachwerker und Metallbearbeiter. Der trotz beträchtlichen Werbeaufwands geringe Anteil von Qualifizierungsmaßnahmen hat mehrere Ursachen: Es gab praktisch *keinerlei finanzielle Anreize für eine Qualifizierung;* die Teilnehmer verschlechterten sich teilweise sogar durch die mit einer Qualifizierung verbundenen Mehraufwendungen . Die Älteren warteten auf den Vorruhestand und waren für eine Qualifizierung nicht mehr zu gewinnen. Viele der Jüngeren erfüllten die Voraussetzungen für die Teilnahme an einer Bildungsmaßnahme (Bildungseignung) nicht. Schließlich ist der bereits abgelaufene Ausleseprozeß zu bedenken. Für die Stiftung wurden nicht die leistungsstärksten Arbeitskräfte ausgewählt, und jeder, der in die Stiftung ging, wurde vor seinem Übertritt schon einmal vergeblich für eine Teilnahme geworben. An der Schwelle zum Übergang in die Stiftung waren bereits 200 Bildungswillige gewonnen worden.

Die geringe Bildungsbereitschaft und -fähigkeit der Mehrheit der Stiftungsmitglieder gefährdete das Durchhaltevermögen der 200 Teilnehmer an Bildungsmaßnahmen im Unternehmen, die trotz ihrer Bildungsanstrengungen finanziell nicht besser gestellt waren, nicht unbeträchtlich. Eine Reihe von ihnen wollte aus der für sie ungewohnten und belastenden Weiterbildung heraus und in die Stiftung gehen. Ca. 10 – 12 Personen wurden aus gesundheitlichen Gründen aus Qualifikationsmaßnahmen genommen. Die anderen wurden jedoch vor die Wahl Kündigung oder Fortführung der Qualifizierungsmaßnahmen gestellt, um ein Scheitern des gesamten Qualifizierungsprogramms zu verhindern.

Überlegungen, einzelnen Beschäftigten – z.B. Ingenieuren – Hilfen zur Selbständigkeit zu geben, scheinen erfolglos geblieben zu sein. Das Unternehmen wollte hier die „Mutterrolle" übernehmen und Einrichtungen, Kundenbeziehungen etc. zur Verfügung stellen. Als Beispiel wurde die Einrichtung eines Labors für Umweltanalytik genannt, das bei der Renaturierung von Brachflächen einen Aufgabenbereich finden könnte.

Bis Mitte 1988 konnten bereits rund 400 Stahlstifter zu Saarstahl oder Techno-Stahl rückversetzt werden. Diese Versetzungen wurden durch die anziehende Stahlkonjunktur ermöglicht. Darüber hinaus wurden 1988 während der Sommerpause keine Aushilfen mehr, sondern Stahlstifter mit befristeten Verträgen eingestellt, die zum Teil später in unbefristete Verträge umgewandelt wurden.

Die Aufnahmefähigkeit von Saarstahl und der Dillinger Hütte waren jedoch 1987 und 1988 begrenzt. Es blieben also für viele Stahlstifter nur öffentlich geförderte Arbeitsbeschaffungsmaßnahmen. Im Jahre 1988 waren die meisten Stiftungsmitglieder über ein Jahr arbeitslos und erfüllten damit die individuellen Voraussetzungen einer Teilnahme an ABM (mindestens sechs Monate Arbeitslosigkeit). Von der Stiftung wurde daher eine Reihe von Ideen für Arbeitsbeschaffungsmaßnahmen entwickelt, deren schnelle Verwirklichung aber an Finanzengpässen bei der Bundesanstalt für Arbeit und grundsätzlichen Einwendungen des Landesarbeitsamtes scheiterte bzw. hinausgezögert wurde. ABM-Stellen bei der Stiftung und bei der Stadt Völklingen zur Entwicklung von Konzeptionen für die Nutzung des Brachgeländes wurden nicht genehmigt, da es sich hier um „Pflichtaufgaben handele". Eine „Schürfergruppe" sollte eine Art Kontaminierungsatlas der Brachflächen erstellen. Diese Maßnahme wurde mit dem Hinweis abgelehnt, die Besitzverhältnisse der Flächen seien unklar; damit sei auch der mögliche Nutznießer solcher Aktivitäten offen. Nach langem Tauziehen wurde eine AB-Maßnahme mit insgesamt zehn Stellen genehmigt, die das Gebläßehaus und die alte Hochofengruppe – die ältesten dieser Art in der Bundesrepublik – erhalten und evtl. zum Museum ausbauen soll. Anfängliche Bedenken des Arbeitsamtes, dies sei eine Pflichtaufgabe des Landeskonservators, sind offensichtlich ausgeräumt. Allerdings wurde die Maßnahme für andere Arbeitslose geöffnet. Das Arbeitsamt wollte dadurch bei der Zuweisung von AB-Kräften „seine Autonomie behalten".

Weiterhin wurde beim europäischen Sozialfonds ein Zuschuß für eine AB-Maßnahme im Bereich der Dekontaminierung und Wiederaufbereitung des Geländes einer ehemaligen Kohlenwertstoffanlage beantragt. 80 ältere und angelernte ehemalige Beschäftigte im Saarland sollen im Rahmen eines

Modellvorhabens diese Dekontaminierungsarbeiten durchführen und dafür qualifiziert werden. Eine Planungsgruppe von ehemaligen Ingenieuren hat die Aufgabe, diese Arbeiten und die Qualifizierung vorzubereiten. Die Europäische Gemeinschaft erteilte hierzu ihre Zustimmung. Die Verwaltung der Bundesanstalt für Arbeit versuchte mit vollem Einsatz ihrer zahlreichen bürokratischen Bremsmechanismen und -manöver, diese Maßnahmen zu verhindern. Ihr Hauptargument war das mangelnde öffentliche Interesse an einer Wiederaufbereitung von kontaminierten Brachflächen, da deren Nutzen den privaten Eignern zugute käme. Die drittelparitätisch besetzten Gremien der Bundesanstalt für Arbeit in Nürnberg stimmten letztlich jedoch der Maßnahme zu. Von den 80 ABM-Kräften werden allerdings die wenigsten aus der Stahlstiftung kommen; das Arbeitsamt wird hier vorwiegend Langzeitarbeitslose einweisen, so daß die von Saarstahl gegründete „Gemeinnützige Gesellschaft für Beschäftigung und Qualifizierung" ein *ABM-Träger für den allgemeinen Arbeitsmarkt nicht aber mehr eine Beschäftigungsgesellschaft für die Stahlstiftung* wird.

Die Widerstände des Landesarbeitsamtes gegen die Förderung von AB-Maßnahmen bei der Stiftung deuten auf Vorbehalte gegen das Gesamtstiftungskonzept hin. Das Arbeitsamt fühlte sich durch die extern formulierten und vorab veröffentlichten Ideen überfahren. Es wies darauf hin, daß man nicht Arbeitslose erster Klasse, die durch die Stiftung abgesichert seien, und zweiter Klasse, die keine Lobby mehr hätten, schaffen wolle.

Ähnlich problematisch gestalteten sich die Beziehungen zwischen Landesarbeitsamt und Stiftung bzw. Stahlunternehmen bei der Förderung von Weiterbildungsmaßnahmen. So wurde aufgrund der Vereinbarung zwischen dem Unternehmen und der IG Metall sowie dem DGB von 1986, nach der betriebsbedingte Kündigungen weitgehend ausgeschlossen waren, bei Saarstahl keine Bedrohung von Arbeitslosigkeit gesehen. Das Arbeitsamt hat sich hier nach eigenen Angaben „auf sehr formalistische Gründe zurückgezogen. Der Betrieb, der Betriebsrat und die Gewerkschaft haben diese Nichtkündbarkeit einerseits sehr stark in der Öffentlichkeit herausgestellt und wollten andererseits vom Arbeitsamt Geld. Das war nicht vereinbar. Trotz Konkursgefahr war für das Arbeitsamt nicht die tatsächliche Situation des Betriebes entscheidend, sondern die Vereinbarung, die öffentlich präsentiert wurde". Eine Bedrohung von Arbeitslosigkeit könne man erst nach Kündigung des Vertrages annehmen. Da sich hierzu Betriebsräte und Gewerkschaften nicht bereit erklärten, waren Unterhaltsgeldzahlungen bei Qualifizierungsmaßnahmen von Facharbeitern ausgeschlossen, solange diese weiter bei Saarstahl beschäftigt waren.

Reibungspunkte ergaben sich auch bei der Qualität der Maßnahmen. Das Arbeitsamt lehnte Unterhaltsgeldzahlungen bei einzelnen Qualifizierungsmaßnahmen für Angelernte ab, da diese Maßnahmen nicht zu einem anerkannten Abschluß führen sollten und Qualifizierung und normale Arbeit kaum sichtbar getrennt waren. Hier waren die angestrebten Mitnahmeeffekte ohne ausreichende Qualifizierung unübersehbar und die Vorbehalte des Arbeitsamtes berechtigt.

### *4.3.4 Perspektiven der Stiftung und ihre Bewertung*

Die anhaltend gute Konjunktur in der Stahlindustrie und die in Kraft getretene Arbeitszeitverkürzung erhöhten 1989 den Personalbedarf bei Saarstahl und der Dillinger Hütte und ermöglichten eine schnellere Rückgliederung der unter 50jährigen Stahlstifter ins Unternehmen als ursprünglich erwartet. In Juni 1989 waren bis auf 117 Personen alle unter 51jährigen Stahlstifter wieder ins Unternehmen zurückversetzt worden. Dabei wurde einzelnen Standorten der Stahlindustrie entsprechend ihrer Belegschafsstärke ein bestimmter Anteil von Stahlstiftern zur Eingliederung zugewiesen. Im Arbeiterbereich verfügte man mit den Personaleinsatzbetrieben über Eingliederungsmechanismen ganzer Gruppen von Arbeitskräften; im Angestelltenbereich erwies sich die Wiedereingliederung als schwieriger, da Einzelarbeitsplätze gesucht und gefunden werden mußten. Der größte Teil der 117 „Unversorgten" sind daher Angestellte. 52 Personen aus dieser Gruppe befinden sich noch in einer Qualifizierungs- bzw. Arbeitsbeschaffungsmaßnahme. Auch über 51jährige Beschäftigte wurden ins Unternehmen zurückversetzt, da sie zum Teil über gefragte Qualifikationen verfügten bzw. ihre spätere Pensionierung (dies gilt für die 50 – 52jährigen Stiftungsmitglieder) durch eine vorübergehende Beschäftigung erleichtert wird.

Nur rund 70 Arbeitskräfte haben von sich aus die Stiftung verlassen und einen Arbeitsplatz in einem anderen Unternehmen gefunden. Die *Binnenperspektive der Stahlstifter* ist also im Vergleich zu den Arbeitskräften in den Warteschleifen anderer untersuchter Betriebe besonders stark ausgeprägt und allenfalls vergleichbar mit der Binnenperspektive der von Arbeitslosigkeit bedrohten Beschäftigten in den ostfriesischen Werften (vgl. 4.6.3). Dies hat ebenso wie in Ostfriesland seine Ursache in der ungünstigen lokalen Arbeitsmarktlage, gleichzeitig aber auch in den beachtlichen Lohndifferenzen zwischen den Stahlunternehmen und den alternativen Arbeitsplätzen in der Region, die durch die stahltypischen Schichtzuschläge noch ausgeweitet wurden. Schließlich wurden die Stiftungsmitglieder durch die Personaleinsatzbetriebe der Stahlstandorte betreut, die über die unternehmensinternen, nicht aber über die unternehmensexternen Stellen informiert sind. Damit war auch bei der Arbeitsvermittlung eine Binnenperspektive angelegt, die die Orientierung der Stahlstifter auf das Unternehmen verstärkte und die Gültigkeit der moralischen Rückfahrkarte unterstrich.

Das Stiftungsmodell ist sicherlich nicht übertragbar. Im Kern ging es nicht um innovative Bildungs-, Arbeitsbeschaffungsmaßnahmen oder Schaffung neuer Beschäftigungsmöglichkeiten, sondern um eine kurzfristige Entlastung des Unternehmens von 150 Mio DM Personalkosten pro Jahr. Das

Konzept ist aufgrund der besonderen Situation der saarländischen Stahlindustrie entstanden und hat vermutlich das Überleben von Saarstahl und vieler daran hängender Arbeitsplätze im Bergbau und in anderen Branchen mitermöglicht. Jeder zweite Arbeitsplatz in dieser von Arbeitslosigkeit ohnehin überdurchschnittlich betroffenen Region hängt von der Stahlindustrie und vom Bergbau ab. Nur auf diesem *besonderen betrieblichen und regionalen Hintergrund hat die Stiftung die Zustimmung der Betriebsräte und der IG Metall gefunden.* Die IG Metall betrachtet die Saarstahl-Stiftung als einen Ausnahmefall. Ein solches Modell auf andere Unternehmen zu übertragen, würde heißen, daß man einen Rückzug der Unternehmen aus ihren Sozialplanverpflichtungen auf Kosten der Länder (Steuerzahler) und der Bundesanstalt für Arbeit (Beitragszahler) tolerieren würde. In anderen Unternehmen hat die IG Metall im Gegensatz hierzu eine stärkere regionalpolitische Verantwortung der Unternehmen beim Personalabbau eingefordert (z.B. bei Krupp Rheinhausen oder Grundig).

Das Landesarbeitsamt hat vergeblich versucht, sich gegen jede strukturpolitische Vereinnahmung zu wehren. Der Widerstand ist sicherlich auch aus der Angst vor einer Präzedenzentscheidung entstanden. Da es aber gegenwärtig keine wasserdichten Abwehrmöglichkeiten der Arbeitsämter gegen Warteschleifenmodelle in Krisenregionen gibt[36], hat das Landesarbeitsamt sein Kritikpotential hauptsächlich gegenüber den geplanten Qualifizierungs- und Arbeitsbeschaffungsmaßnahmen entfaltet. Dies hängt vermutlich auch mit den Ausgabekürzungen bei der Bundesanstalt für Arbeit zusammen. Seit 1988 wird jede Qualifikations- bzw. Arbeitsbeschaffungsmaßnahme für ein Stiftungsmitglied auf den entsprechenden, den lokalen Arbeitsämtern zur Verfügung stehenden Etat angerechnet und schränkt den Spielraum eigener Maßnahmeplanungen für andere Arbeitslose ein; Arbeitslosenunterstützung ist hingegen eine Mußleistung, die unabhängig von der Haushaltslage gezahlt wird.

Die *deprimierende arbeitsmarktpolitische Schlußfolgerung* hieraus lautet: Die Chancen für Warteschleifenmodelle, in denen die Betroffenen – die sicherlich zumeist ältere oder gesundheitlich eingeschränkte Personen sein werden – arbeitslos, d.h. passiv bleiben, sind in den nächsten Jahren günstiger als für Warteschleifenmodelle, in denen die Betroffenen qualifiziert oder in Arbeitsbeschaffungsmaßnahmen beschäftigt werden, und das, obgleich die volkswirtschaftlichen Kosten fast gleich sind.

36 Es wird dem Arbeitsamt gerade in solchen Regionen nicht gelingen, den zumeist älteren oder gesundheitlich eingeschränkten Beschäftigten einen Arbeitsplatz anzubieten und so ihre Verfügbarkeit in einer Warteschleife zu testen.

*Exkurs:* Die Österreichische Stahlstiftung

In Österreich ist das Stiftungsmodell inzwischen kopiert und erweitert worden. Das österreichische Stahlunternehmen Voest-Alpine reduziert ab 1988 seine Belegschaft in 5 Jahren um 10.000 Beschäftigte. Ein Teil dieser Beschäftigten wird durch die Stahlstiftung aufgefangen. Bei Eintritt in die Stiftung wird ebenso wie im Saarland das Beschäftigungsverhältnis gelöst. Die österreichische Stahlstiftung orientiert allerdings mehr als die Saarländische auf einen Betriebswechsel. Um diesen einigermaßen sozialverträglich abzuwikkeln, wird die externe Mobilität durch die Stiftung vielfältig vorbereitet und gefördert. In einer sechswöchigen Schulung bzw. Selbsterfahrung wird ein „Klärungsprozeß" unterstützt, in dem der der(die) Betreute seine künftigen Ziele formulieren kann. Ihm steht dann die Möglichkeit einer intensiven Arbeitsplatzsuche mit Hilfe der Stiftung, einer Weiterbildung und einer Entwicklung von Projekten mit dem Ziel der Selbständigkeit offen. Diese Wege werden von der Stiftung organisiert und begleitet. Die Verweildauer in der Stiftung beträgt maximal 2 Jahre, kann aber bei erfolgreicher Weiterbildung verlängert werden. Wird das Ausbildungsziel nicht erreicht, ist die Mitgliedschaft in der Stiftung beendet. Bei Ausscheiden aus der Stiftung und einem Wechsel in ein anderes Unternehmen erhält der Betroffene seine volle Abfindung. Die Stiftung bemüht sich um eine Reintegration vorrangig bei Voest-Alpine, aber auch in andere Unternehmen, garantiert aber die Vermittlung nicht. Die Stiftung unterhält an den Standorten des Unternehmens eigene Aus- und Weiterbildungsvereine. An der Finanzierung der Stiftung beteiligt sich auch die Belegschaft mit einer monatlichen Abgabe von 0,75 % vom Lohn und Gehalt. Die Stiftungsmitglieder selbst tragen die Zinsen ihrer Abfindung während ihrer Verweildauer in der Stiftung bei. Das Unterhaltsgeld des Arbeitsamtes bei Weiterbildungsmaßnahmen bzw. das Arbeitslosengeld bei der Entwicklung von Projekten wird auf maximal 80 % des vorherigen Nettoeinkommens aufgestockt. Die Stiftung finanziert weiterhin eine Ideenbörse bei der Entwicklung neuer Produkte bzw. individueller Projekte und betreut die Stiftungsmitglieder während ihrer Mitgliedschaft. Ein Betreuer ist für 12 Stiftungsmitglieder verantwortlich (Dolleschka u.a., 1988).

## 4.4 Die Ausbildungs- und Beschäftigungsgesellschaft von Thomson

### *4.4.1 Die Vereinbarung über die Ausbildungs- und Beschäftigungsgesellschaft*

Der französische Elektrokonzern Thomson hat Ende der siebziger Jahre und Anfang der achtziger Jahre eine Reihe deutscher Unternehmen der Unterhaltungselektronik übernommen (Saba, Videocolor, Nordmende, Dual, Telefunken); durch eine Spezialisierung einzelner Standorte, die Konzentration der Produktion, Produktionsverlagerungen sowie ein rasches Rationalisierungstempo in der Unterhaltungselektronik kam es in diesen Werken zu starken Personalreduzierungen; einzelne Werke wurden ganz stillgelegt (Videocolor in Ulm) (Tabelle 7). Der lang anhaltende Widerstand gegen die Stillegung von Videocolor machte die Personalstrategien von Thomson einer breiten Öffentlichkeit bekannt (Projektgruppe Videocolor, 1987). Das Unternehmen wurde allgemein als *Jobkiller* bekannt.

Der Mutterkonzern Thomson hat in Frankreich bereits seit 1983 bei betrieblichem Personalabbau Rekonversionsmaßnahmen praktiziert, die in etwa den bundesdeutschen Beschäftigungsplänen entsprachen oder sogar über sie hinausgingen (vgl. Kapitel 5). Diese Erfahrungen wollte der Konzern auch auf die deutschen Töchter übertragen, um einerseits konfliktreiche Auseinandersetzungen zu verhindern und den Konzern aus den Schlagzeilen zu nehmen und andererseits auch die negativen Folgen betrieblicher Rationalisierungsmaßnahmen auf einzelne Beschäftigtengruppen und Regionen zu begrenzen.

Schon vor Abschluß des ersten deutschen Beschäftigungsplans bei Grundig warb eine Gruppe von Personalmanagern, die die französische Rekonversion aus eigener Erfahrung kannte, für neue Qualifizierungsmodelle in betrieblichen Krisensituationen. Sie halten Qualifizierungs- und Diversifizierungsmaßnahmen im Zusammenhang mit einem betrieblichen Personalabbau für „intelligentere Maßnahmen, die sich sowohl betriebswirtschaft-

Tabelle 7: *Firmenaufkäufe von Thomson und Beschäftigung*

| Jahr | Firma | Beschäftigten-zahl bei Übernahme | Verminderung der Beschäftigtenzahl um | Maßnahme |
|---|---|---|---|---|
| 1977 | Nordmende | 4.000 | 1.700 = 2.300[a] | Personalabbau |
| 1978/79 | Videocolor | 2.400 | 2.400 = 0 | Personalabbau/ Firmenschließung |
| 1980 | Saba | 5.300 | 2.400 = 2.900[a] | Personalabbau |
| 1982 | Dual | 2.000 | 600 = 1.400[b] | Personalabbau |
| 1983/84 | Telefunken | 10.500 | 3.154 = 7.346[c] | Personalabbau |

a = Stand 1982, b = Stand 1983, c = Stand 1983/84

*Quelle:* Projektgruppe Videocolor 1987, S. 61

lich rechnen als auch für die betroffenen Beschäftigten mit Vorteilen verbunden sind". Eine erste Qualifizierungsvereinbarung im Werk Villingen-Schwenningen wurde von der IG Metall nicht akzeptiert, da der Konzern nicht bereit war, eine Standortgarantie für das betreffende Werk abzugeben. Die IG Metall befürchtete, mit Hilfe einer solchen Vereinbarung in erster Linie eine Stillegung zu legitimieren.

Erst 1988 schlugen sich die vielfältigen Vorverhandlungen in einer konkreten Vereinbarung nieder. Für alle bundesdeutschen Werke war damals ein weiterer Personalabbau von 1000 Beschäftigten angekündigt worden. In dem schwerpunktmäßig betroffenen Werk der Thomson-Tochter Electronic-Werke Deutschland (EWD) in Villingen-Schwenningen sollten allein 470 der dortigen 1050 Arbeitsplätze durch eine Verlagerung der Chassis-Produktion von Farbfernsehgeräten nach Celle und die Auflösung einiger Zentralfunktionen eingespart werden. Diesmal garantierte die Unternehmensleitung die Aufrechterhaltung des Standortes. Die IG Metall und der Betriebsrat waren daher bereit, die Umstrukturierung des Unternehmens mitzutragen. Für die überschüssigen Arbeitskräfte in Villingen-Schwenningen wurde im Mai 1988 die Einrichtung einer *Beschäftigungsgesellschaft* ausgehandelt.

Im einzelnen wurde folgende Übereinkunft erreicht:

- Der Standort Villingen-Schwenningen wird durch Investitionen zur Modernisierung der Leiterplattenfertigung und zu anderen neuen Produkten langfristigt abgesichert werden. Damit sollen 582 Arbeitsplätze erhalten werden.
- Ältere Beschäftigte können ab 53 Jahre eine Vorruhestandsregelung in Anspruch nehmen.
- Maximal 350 Beschäftigten wird ein Übergang in die neue zu gründende Ausbildungs- und Beschäftigungsgesellschaft (AuB) angeboten.
- Von privaten Kapitalgebern wird eine Industrie- und Technologiepark-Management-Gesellschaft (ITM) gegründet, die auf dem früheren Gelände von Thomson Neuansiedlungen anwerben soll (vgl. Schaubild 9).

Die Trennung von ITM und AuB war nach Auffassung der Unternehmensleitung notwendig, weil die Chancen einer Anwerbung von Neuansiedlungen bei einer Beteiligung der IG Metall „gleich Null" seien. Die Unternehmensleitung vertrat in den Verhandlungen die Auffassung: „Der Geruch der sozialen Abfederung wird bei vielen Stellen als nicht förderungswürdig angesehen, für private Kapitalgeber erscheint eine Management-Gesellschaft vertrauenswürdiger". Eine Beteiligung des Landes oder der Kommune kam nicht zustande. Land und Kommune unterstützten zwar das Vorhaben, wollten aber zunächst keine eigene strukturpolitische Verantwortung übernehmen, obgleich ein solches Engagement in einer Region, die sich bislang auf Feinmechanik spezialisiert hat und nunmehr auf Elektronik umstellen muß, vonnöten gewesen wäre.

Schaubild 9:

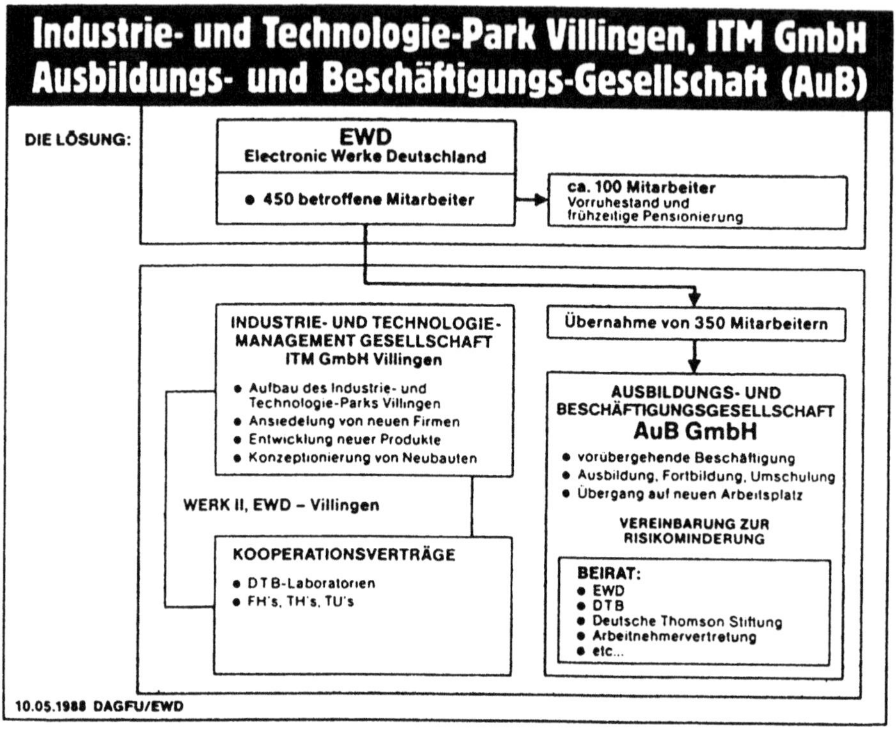


*Quelle:* Der Gewerkschafter 6/88

Das eigentliche Neue an der Vereinbarung bei Thomson war die Errichtung der AuB. Der Übergang in die AuB war allerdings anderen Personalmaßnahmen, wie Versetzungen und vorzeitigen Pensionieren, *nachgeordnet*. Die AuB war also als ergänzendes *Auffangbecken* für die diejenigen gedacht, die durch die Maschen der sonstigen Regelungen fielen.

Mit dem Eintritt in die AuB wird das Beschäftigungsverhältnisw bei EWD nicht aufgelöst, sondern es besteht ein *doppeltes Beschäftigungsverhältnis,* das die Bindung an das Unternehmen aufrechterhält. Dieses doppelte Vertragsverhältnis erleichtert die Beantragung von Kurzarbeit, die Versetzung zwischen Unternehmen und AuB und erhält eine einheitliche Interessenvertretung, die künftige Verhandlungen vereinfacht; aus diesen Gründen ist das Novum eines doppelten Vertragsverhältnisses vom Unternehmen akzeptiert worden.
Die AuB hat die Aufgabe,
- ihren Beschäftigten Fortbildungs- oder Umschulungsmaßnahmen anzubieten,
- sie in der AuB, bei EWD oder woanders zu ihren bisherigen Arbeitsbedingungen zu beschäftigen,

- erforderlichenfalls das Beschäftigungsverhältnis durch Kurzarbeit zu sichern
- und eine Weiterbeschäftigung bei Dritten zu vermitteln.

Falls die AuB-Beschäftigten zumutbare Beschäftigungs- oder Qualifikationsangebote ablehnen oder Beschäftigungsmöglichkeiten fehlen, kann ihnen gekündigt werden. Entgegen den meisten Presseberichten waren also Kündigungen keinesfalls ausgeschlossen. Das Unternehmen hat vielmehr ein Sicherheitsventil eingebaut, um die Kosten der Beschäftigungsgesellschaft kalkulierbar zu gestalten. In den Verhandlungen ist auch kein Zweifel daran gelassen worden, daß man für die Beschäftigungsgesellschaft eine Höchstsumme bereitstelle und deren Überschreitung nicht hinnehmen werde.

Bei Teilnahme an Qualifizierungsmaßnahmen wird das Unterhaltsgeld der Bundesanstalt für Arbeit um 12 vH des Nettoeinkommens, jedoch auf mindestens 80 vH des bisherigen Nettoverdienstes aufgestockt. Eine entsprechende Aufstockung des Kurzarbeitergeldes ist tarifvertraglich vereinbart.

Bei Ausscheiden aus dem Unternehmen wird eine Abfindung gezahlt, die allerdings je nach Art des Ausscheidens erheblich gestaffelt ist, und zwar eindeutig zugunsten derjenigen, die am schwersten einen neuen Arbeitsplatz finden. 100 vH der Abfindung mit nur geringen Abschlägen selbst bei längerer Verweildauer in der AuB erhalten die Beschäftigten, denen wegen fehlender Einsatzmöglichkeiten gekündigt wird; nur 50 vH wird hingegen denjenigen ausgezahlt, die zwei zumutbare Arbeitsplatzangebote nicht angenommen haben (vgl. Schaubild 10). Die potentiellen Ausgaben pro Beschäftigten dieser Vereinbarung überschreiten die eines traditionellen Sozialplans beträchtlich, da evtl. Leistungen des Unterenehmens während der Beschäftigten in der AuB nicht voll auf die Abfindungen angerechnet werden. Das Risiko, das die Kosten *tatsächlich* über den eines Sozialplans liegen würden, wurde allerdings als sehr gering eingeschätzt. Das Unternehmen ging davon aus, daß die Vermittlungsquote nach einer erfolgreichen Weiterbildung bei fast 100 % liege und daß man bei den anderen Arbeitskräften mit 2 Jahren genügend Zeit für eine erfolgreiche Arbeitsplatzvermittlung habe.

### *4.4.2 Die Praxis der Beschäftigungsgesellschaft*

Der Personalabbau vollzog sich durch eine zu knappe Personalkalkulation sowie Verzögerungen bei der Umsetzung des Rationalisierungskonzepts nicht so rasch und nicht in den Größenordnungen wie vom Unternehmen geplant. Im März 1989 beschäftigten die EWD noch 676 Arbeitskräfte. 58 Personen – mehr als ursprünglich erwartet – konnten in andere Thomson-Betriebe umgesetzt werden. Zum Teil hat die Personalabteilung bei anderen

Schaubild 10:

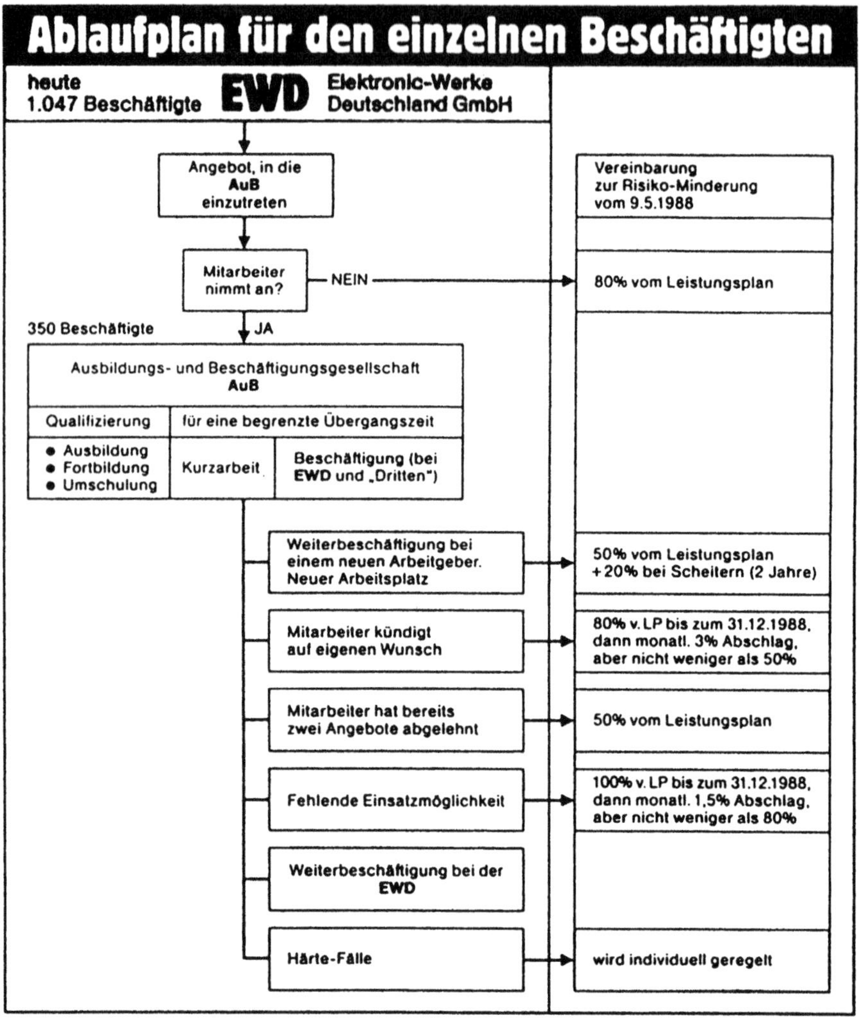


Quelle: Der Gewerkschafter 6/88

Betrieben gegen beabsichtigte Einstellungen interveniert und Versetzungen durchgesetzt. 107 sind vorzeitig in den Ruhestand gegangen.

Zunächst wurde rund 237 Personen ein Übergang in die AuB angeboten. Der Einfluß des Betriebsrats auf die Auswahl der Personen für die AuB war gering, weil die gesamte Vereinbarung nur freiwillige Regelungen zum Inhalt hat. Für den Eintritt in die AuB sowie in den Vorruhestand unterbreitet die Firma von sich aus Angebote. Es hat folglich zunächst *keine Sozialauswahl* stattgefunden. Aus den Abteilungen, die stillgelegt werden sollten, hat das Unternehmen die Qualifiziertesten versetzt, um für den geplanten EWD-internen Aufbau neuer Produkte das erforderliche Personal zu rekrutieren. Dem Rest wurde zunächst der Eintritt in die AuB vorgeschlagen.

In den Verhandlungen war zugesagt worden, daß die Beschäftigungsstruktur von EWD und AuB sich in etwa entsprechen sollten, um durch eine negative Auswahl nicht von vornherein den externen Aufbau neuer Arbeitsplätze mit EWD-Beschäftigten auszuschließen. Diese Zusage wurde von Teilen des Managements zunächst nicht eingelöst; sie versuchten vielmehr „Problemfälle" in die AuB abzuschieben. In mehreren Verhandlungsrunden, in denen der Betriebsrat auch von der Personalabteilung unterstützt wurde, konnte ein besserer „Mix der Altersstruktur und der Schwerbehindertenquote bei der AuB" erreichet werden.

Die Personalabteilung hatte sich auf die Beratung der für die AuB vorgesehenen Leute vorbereitet. Für solche Aktivitäten war schon vor mehreren Jahren die Thomson-Stiftung gegründet worden, deren Ziel es ist, innovative Tätigkeiten zu fördern, die die Folgen von Personalabbau mildern. Die Stiftung beschäftigt auf ABM-Basis mehrere Sozialarbeiter, die für die Beratungen geschult worden waren. Durch die ökonomischen Vorgaben, den Personalabbau rasch zu realisieren und die herannahende Urlaubsperiode, konnte das Beratungskonzept doch nicht realisiert werden.

Alle Beteiligten sind sich einig, daß aufgrund des großen Zeitdrucks und aus mangelnder Kompetenz viele Beratungsfehler gemacht wurden, die die Vorbehalte gegenüber der Vereinbarung nicht abbauten, sondern verstärkten. Die Beschäftigten – über Jahre mit ständig neuen Unternehmensplänen überrascht – trauten offensichtlich dem Unternehmen nicht, die eingegangenen Verpflichtungen auch tatsächlich ernsthaft einzuhalten. Noch im Herbst 1987 war die Stillegung des gesamten Werkes erwartet worden. Der rigide Personalabbau in der Vergangenheit hat offensichtlich die Glaubwürdigkeit des Unternehmens bei seinen eigenen Beschäftigten erschüttert, so daß die AuB als eine Art Vorzimmer zur Entlassung gesehen wurde. Es herrschte in der Belegschaft eine Panikstimmung nach dem Motto: „Nichts wie raus hier". Die Beschäftigten haben sich „gegenseitig aus dem Betrieb herausgezogen".

Insgesamt 158 Beschäftigte, darunter viele Jüngere und Facharbeiter, aber auch einige der für die AuB vorgesehenen, unterschrieben deshalb einen Aufhebungsvertrag. Ein Teil von ihnen hatte schon einen neuen Arbeitsplatz gefunden. Die umliegenden Betriebe bedienten sich aus dem Personalreservoir der Thomson-Kräfte. Überdies hat sich der regionale Arbeitsmarkt aufgrund der anziehenden Konjunktur, aber auch wegen der in Kraft getretenen Arbeitszeitverkürzung im Frühsommer 1988 als aufnahmefähiger erwiesen, als ursprünglich befürchtet. Rund 50 dieser ehemaligen Thomson-Beschäftigten sind heute allerdings wieder arbeitslos und beklagen vielfach ihre allzu schnelle Entscheidung, den Betrieb zu verlassen.

Durch diese Abwanderungen kam es zu erheblichen Personalverschiebungen im Unternehmen. Leute, die ursprünglich in die AuB übertreten sollten, wurden wieder im Betrieb benötigt. Verhandlungen über den potentiellen Personenkreis in der AuB veränderten ebenfalls die Personallisten. Der Betriebsrat ist heute nicht mehr in der Lage zu rekonstruieren, wievielen Personen der Übergang in die AuB angeboten wurde. Er zählt insgesamt 12 verschiedene Listen.

Insgesamt sind schließlich rund 70 Personen in die AuB übergegangen. Die meisten von ihnen arbeiteten weiter an ihrem altem Arbeitsplatz, da diese erst mit der endgültigen Stillegung der Chassis-Produktion Mitte 1989 entfällt. Da die Abwanderung von Beschäftigten Lücken im Betrieb aufriß und – wie erwähnt – sich der Personalabbau nicht im geplanten Tempo vollzog, konnte ein Teil bald wieder ins Unternehmen zurückversetzt werden; ca. 35 Personen sind in andere Betriebe abgewandert. Keiner von ihnen ist heute arbeitslos, da sie sich ohne Zeitdruck einen neuen Arbeitsplatz suchen konnten. Nur 30 Personen sind in eine Qualifizierungsmaßnahme eingetreten. Frauen ohne Berufsabschluß sind zu Qualitätsprüferinnen fortgebildet worden; 6 Frauen absolvieren eine zweijährige Umschulung zur Industriekauffrau. Daneben gab es Datenverarbeitungs- und CNC-Kurse für Fachkräfte. Weitere geplante Qualifizierungsmaßnahmen sind nicht zustande gekommen, da die Beschäftigten entweder abwanderten oder von EWD zu alten Bedingungen übernommen wurden.

Im Juni 1989 befanden sich in der AuB daher nur noch 18 Personen (6 in einer Umschulung, 12 arbeiten im Werk). Auf seiten der IG Metall wird daran gedacht, die AuB (zumindest in ihrer Rolle für EWD) auslaufen zu lassen, da sie nicht dauerhaft als „Personalpuffer der EWD" benutzt werden soll. Der Betriebsrat sieht ebenfalls seine Aktivitäten als fast beendet an. Die Stadt überlegt allerdings inzwischen, Gesellschafter der AuB zu werden, um diese evtl. bei Stillegungen oder Rationalisierungsmaßnahmen von anderen Betrieben zu nutzen. Diese Betriebe könnten im Bedarfsfall Gesellschafter der AuB werden, ihr know-how nutzen und Qualifizierungs- und Vermittlungsaktivitäten über sie abwickeln. Die AuB würde hiermit zu einer regionalen *Beschäftigungsgesellschaft*, die variabel auf betriebliche Notsituationen reagieren kann.

Der Druck, Neuansiedlungen für ehemalige EWD-Beschäftigte zu organisieren, ist beträchtlich gesunken, ganz abgesehen davon, daß die Zeitstrukturen des Personalabbaus und der Neuansiedlungen ohnehin auseinanderdrifteten. Der Personalabbau wurde kurzfristig realisiert. Der Aufbau der ITM sowie erfolgreiche Akquisitionsbemühungen erfordern einen längeren zeitlichen Vorlauf. Alles sprach also für eine Entkoppelung der Tätigkeit von AuB und ITM, die nach der Intention des Interessenausgleiches eigentlich miteinander verbunden sein sollten. Schließlich war die ITM ja Gesellschafter der AuB geworden.

Die ITM ist im Besitz eines privaten Anlageberaters. Sie hat sich mit fünf Beschäftigten um Neuansiedlung bemüht. Inzwischen sind allerdings die freien Flächen nicht mehr verfügbar. Von den 40.000 qm Produktionsfläche der ITM wollte EWD zunächst nur 17.000 qm anmieten. Der Flächenbedarf vieler kleiner expandierenden Thomson-Töchter ist jedoch so stark gewachsen, daß fast die gesamte Fläche von Thomson angemietet wird.

Die Stadt rechnete offensichtlich nicht mit einer Entscheidung dieser Thomson-Töchter für die Region. Sie war überrascht von dem konzerninternen Ansiedlungserfolg der ITM. Sie erwägt nunmehr, der ITM weitere Flächen zur Verfügung zu stellen, und ihr künftig einen Teil der regionalen Ansiedlungspolitik zu übertragen.

### *4.4.3 Von der betrieblichen zur regionalen Beschäftigungsgesellschaft*

Durch die konzerninterne Rekonversionspraxis in Frankreich hatten neue Modelle des Personalabbaus (Laballe, 1985) für das Unternehmen etwas von dem Schrecken verloren, den sie später beim Verband der Metallindustrie Baden-Württemberg auslösten, der hier eine systematische Ausdehnung der Mitbestimmung sah und vor weiteren Abschlüssen dieser Art warnte (Handelsblatt, 30.6.1988). Die disziplinäre Gewalt eines deutschen Arbeitgeberverbandes gegenüber einem französischen, weltweit operierenden Unternehmen ist zudem gering, was sich in diesem Fall günstig für die betroffenen Beschäftigten auswirkte.

Dieser *Wissens- und Erfahrungstransfer aus Frankreich* ist in der bundesdeutschen Öffentlichkeit kaum beachtet worden. Die Motive der Unternehmensleitung bei der Vereinbarung über die Beschäftigungsgesellschaft wurde hauptsächlich in Imageproblemen vermutet, die sich jedoch erst durch das Engagement einiger Personalmanager in neue Konzepte des Personalabbaus umsetzten. So schreibt etwa die „Südwestpresse": „Mit solch einem Ruf (als Jobkiller G.B.) läßt sich leben, solange niemand eine Verbindung zwischen der unpopulären Mutterfirma und ihren Marken herstellt. Wenn die Kunden jedoch beginnen, mit Saba, Nordmende oder Telefunken sofort die unsoziale Mutter zu assoziieren, müssen die Alarmglocken schrillen".

Für das Unternehmen hat es sich gelohnt, diesen Interessensausgleich zu unterzeichnen. Der Strukturwandel ist von der IG Metall und vom Betriebsrat akzeptiert worden. Die potentiellen Mehrkosten liegen im Verhältnis zu einer „Standardlösung" zwar deutlich höher. Wie erwartet lagen die *tatsächlichen Kosten aber erheblich niedriger. Durch* die hohe Dynamik des betrieblichen und innerbetrieblichen Arbeitsmarktes sind letztlich einige neue und wichtige Elemente der AuB nicht ausgetestet worden. Hierzu zählt die Aufgabe der AuB, den Beschäftigten einen Arbeitsplatz in einem anderen Unternehmen zu vermitteln, Beschäftigung durch Kurzarbeit zu sichern, aber auch die Planung einer größeren Anzahl von Qualifizierungsmaßnahmen und die allenfalls mittelfristig mögliche Kopplung der AuB mit Ansiedlungsaktivitäten der ITM. Das Unternehmen war außerdem froh, noch

Beschäftigte in der AuB in Reserve zu haben, als der Personalabbau durch den mangelnden Glauben der Beschäftigten an eine stabile Zukunft im Unternehmen und die günstige Entwicklung des externen Arbeitsmarktes völlig unberechenbar wurde.

Durch die Einrichtung der AuB wurde ein zusätzliches Auffangbecken für „überschüssiges Personal" geschaffen. Hiermit konnten – und das ist der wichtigste Erfolg der Betriebsvereinbarung bei Thomson für die Beschäftigten – betriebsbedingte Kündigungen verhindert werden. Als Schwachstelle bei der Umsetzung der Vereinbarung erwies sich der hohe Zeitdruck. Die hektische und daher unbefriedigende Beratung verstärkte das Mißtrauen der Beschäftigten gegen den Betrieb und die traditionelle Angst vor der „Schulbank". Sie veranlaßte viele Beschäftigte, in den neuen Regelungen nur eine Diskriminierung, nicht aber auch eine Chance zu sehen. Durch eine verbesserte und entspanntere Beratung und ein koordiniertes Vorgehen hätte man sicherlich eine Reihe unzureichend qualifizierter Beschäftigter vor einer übereilten Abwanderung abhalten und für eine Qualifizierung gewinnen können.

Die AuB und die ITM scheinen sich von ihrer zunächst rein betrieblichen Bindung zu „emanzipieren" und Funktionen in der regionalen Arbeitsmarkt- und Wirtschaftspolitik übernehmen zu können. Dieser Prozeß ist ohne eine intensive Einbindung dieser beiden Einrichtungen in die kommunalen politischen Zusammenhänge nicht denkbar. Für eine solche Einbindung spricht die Tatsache, daß die Beziehungen zum Arbeitsamt sich in Villingen-Schwenningen nicht so spannungsreich wie anderswo gestalteten.

Selbst wenn die AuB ihre Möglichkeiten nicht voll ausschöpfen mußte, ist hier ein Modell geschaffen worden, das sicherlich auf andere Unternehmen in der Zukunft übertragen werden kann. Problematisch aus gewerkschaftlicher Sicht waren allenfalls Planungen, die AuB auch zu einem Verleihunternehmen auszubauen; obgleich diese Absicht nicht realisiert wurde, wird es für die Gewerkschaft notwendig sein, sich mit dieser Tendenz, überschüssiges Personal zu verleihen, auseinanderzusetzen. Hier können gewerkschaftliche Konzepte zu Beschäftigungsgesellschaften in einen deutlichen Widerspruch zu der Zielsetzung geraten[37], eine Flexibilisierung der Beschäftigungsverhältnisse über Leiharbeit einzugrenzen.

Die Gefahr, arbeitslos zu werden, ist – wie wir sahen – nach Abfindungen wesentlich größer als nach einer Übergangsperiode in einer Beschäftigungsgesellschaft. Trotz dieser Erkenntnis hat das Modell der Beschäftigungsgesellschaft von EWD in Villingen-Schwenningen selbst innerhalb des Konzerns keine Schule gemacht. Bei EWD in Hannover hat der Be-

37 Bereits jetzt existieren in fast allen Stahlunternehmen Personaleinsatzbetriebe, die eine Art innerbetrieblichen und sogar konzernübergreifenden Verleih organisieren. Die Arbeitsdirektoren der Stahlindustrie haben bereits mehrfache Vorstöße unternommen, diese Arbeitskräfte auch extern verleihen zu können.

triebsrat Mitte 1989 trotz Verhandlungsbereitschaft der Unternehmensleitung auf einem herkömmlichen Sozialplan mit Abfindungen bestanden. Diese Ablehnung erklärt sich aus der Kombination von Mißtrauen gegenüber dem Unternehmen, einem Traditionalismus der Betriebsräte und wahrscheinlich auch einem mangelnden Selbstvertrauen, die Arbeit einer Beschäftigungsgesellschaft mitgestalten zu können.

## 4.5 Teilzeitqualifizierung von Jugendlichen am Beispiel der Ruhrkohle AG

### *4.5.1 Teilzeitarbeit für Berufsanfänger*

Schon seit Mitte der siebziger Jahre werden Jugendlichen in Betrieben, die ihre Belegschaft reduzieren, nach der Ausbildung Teilzeitstellen angeboten. Die Betriebe wollen auf diese Weise die Jugendlichen weiter an den Betrieb binden und damit den Verlust ihrer Ausbildungsinvestition sowie eine dauerhafte Verschlechterung ihrer Altersstruktur verhindern. Teilzeitarbeit stellt eine Form der Arbeitszeitverkürzung ohne Lohnausgleich dar.

Diese Teilzeitformen wurden gerade in der Periode der härtesten Auseinandersetzungen um die Wochenarbeitszeitverkürzung (1983-1985) als Alternative und nicht als zeitlich begrenzte strukturpolitische Ergänzung zu kollektiven Arbeitszeitverkürzungen behandelt. Darüber hinaus sollten sie andere, sozialpolitisch besser abgesicherte Formen der vorübergehenden Arbeitszeitverkürzung wie die Kurzarbeit ersetzen. Über Teilzeitarbeit erhalten die Unternehmen einen vergleichsweise kostengünstigen Flexibilitätsspielraum. Sie müssen nicht – wie das bei Kurzarbeit aufgrund von Betriebsvereinbarungen häufig üblich ist – Kurzarbeitergeld aufstocken; häufig wurden nur befristete Teilzeitverträge angeboten, die den Unternehmensleitungen Raum für einen späteren kostengünstigen Personalabbau ließen. Schließlich hat ein solcher Einstieg ins Berufsleben – und dies ist ganz sicherlich auch Bestandteil konservativer Flexibilisierungsstrategien – einen Sozialisationseffekt. Die nachwachsende Generation soll frühzeitig an durch Unternehmensbedürfnisse bestimmte flexible Arbeitsverhältnisse gewöhnt werden, um so deren Akzeptanz in späteren Altersabschnitten (vorübergehende Umwandlung von Vollzeit- in Teilzeitstellen, Warteschleifen in Arbeitslosigkeit etc.) zu erhöhen. Entsprechend kritisch und grundsätzlich war die Ablehnung der Gewerkschaften, wenngleich die Betriebsräte in der konkreten Notsituation, anstelle der Teilzeitmaßnahmen eine Nichtübernahme der Jugendlichen nach ihrer Ausbildung mitverantworten zu müssen, der Teilzeitarbeit in der Regel zustimmten (Casey, 1984).

### 4.5.2 Teilzeitarbeit oder Nichtübernahme der Ausgebildeten?

Seit 1986 bietet das Arbeitsförderungsgesetz als Sonderregelung für die geburtenstarken Jahrgänge eine bis 1989 befristete Alternative zur reinen Teilzeitarbeit von Jugendlichen. Diese können bei 12- bis 24stündiger Teilzeitarbeit pro Woche an einer Teilzeit-Fortbildungsmaßnahme teilnehmen. Hierfür erhalten sie Unterhaltsgeld vom Arbeitsamt, soweit diese Qualifizierungsmaßnahme zur Aufnahme einer Vollzeitbeschäftigung notwendig ist (vgl. Kapitel 3).

Diese Teilzeitqualifizierung für Jugendliche wird vorrangig in der Stahlindustrie und im Bergbau praktiziert. Sie dient hier in erster Linie als Mittel, das betriebliche Arbeitsvolumen kurzfristig zu reduzieren, ohne dabei gut qualifizierte Jugendliche zu verlieren. Im Bergbau sollen bis 1995 25.000 Arbeitsplätze abgebaut werden. Nach einem ungeschriebenen Gesetz – Ergebnis wie bei Saarstahl der Montanmitbestimmung – soll dieser Personalabbau ohne Entlassung bewältigt werden. Durch den Personalabbau der vergangenen Jahre sind die Handlungsmöglichkeiten bei Frühpensionierungen weitgehend ausgeschöpft. Untertagearbeiter scheiden bereits mit 50 Jahren aus, Übertagebeschäftigte ab 55. Die Altersgrenze weiter zu senken, würde das Sicherheitsrisiko erhöhen. Denn die Arbeit Untertage erfordert jahrelange Berufserfahrung; das Gespür für Gefahrenssituationen kann nicht allein durch Ausbildung vermittelt werden. Durch die hohe Ausbildungsquote im Bergbau wurde die Belegschaft im vergangenen Jahrzehnt bereits enorm verjüngt. Jeder zweite Beschäftigte der Ruhrkohle AG wurde nach 1970 eingestellt. Seitdem hat es bei heute rund 100.000 Beschäftigten 130.000 Abgänge gegeben. Das Durchschnittsalter liegt zur Zeit knapp über 30 Jahre. Teilweise sind die Ortsältesten gerade 28 Jahre alt und verfügen nicht über die notwendige Berufserfahrung.

Ein vorübergehender Verzicht auf Ausbildung scheidet als personalpolitische Maßnahme des Personalabbaus aus. Dies würde die Gewerkschaft nicht hinnehmen, da es aufgrund der regionalen Konzentration des Bergbaus zu einer dramatischen Verschlechterung der Arbeitsmarktsituation für Jugendliche käme. Die Industriegewerkschaft Bergbau und Energie konnte in den 70er Jahren trotz eines erheblichen Personalabbaus bei der Ruhrkohle AG ebenso wie in anderen Bergbauunternehmen eine steigende Ausbildungsquote durchsetzen. Mitte der 80er Jahre betrug die Ausbildungsquote fast 10 % und lag damit doppelt so hoch wie 1970 (Tabelle 8). Da viele der gut ausgebildeten Jugendlichen in andere Betriebe abwanderten, spielte der Bergbau eine zentrale Rolle beim Aufbau eines *regionalen Facharbeiterstamms*. Die Zustimmung der Gewerkschaft zu Zechenschließungen hing nicht zuletzt von der Übernahme dieser Verantwortung des Bergbaus für die Region und die nachrückende Generation ab.

Aber auch die Bergbauunternehmen selbst wollen die Ausbildung nicht ganz zurückfahren. Aufgrund seiner harten Arbeitsbedingungen und der

Tabelle 8: *Beschäftigte und Auszubildende bei der Ruhrkohle AG*

| Jahr | Beschäftigte | Einstellung neuer Auszubildender | Gesamtzahl der Auszubildenden | Ausbildungsquote[1)] |
|---|---|---|---|---|
| 1970 | 186.101 | 3.530 | 9.012 | 4,8 |
| 1975 | 145.101 | 4.603 | 10.438 | 7,2 |
| 1980 | 129.421 | 5.836 | 11.811 | 9,1 |
| 1985 | 113.907 | 4.525 | 10.996 | 9,7 |
| 1986 | 112.569 | 4.187 | 10.777 | 9,6 |
| 1987 | 107.134 | 3.503 | 10.128 | 9,5 |
| 1988 | 101.506 | 2.164 | 8.036 | 7,9 |

1) Zahl der Auszubildenden im Verhältnis zur Zahl der Beschäftigten

*Quelle:* Ruhrkohle AG

andauernden Kohlenkrise war es für den Bergbau schon seit langem schwierig, Jugendliche für eine Ausbildung zu gewinnen. Bei einem Verzicht auf Ausbildung würde man in den neunziger Jahren kaum noch Jugendliche der geburtenschwachen Jahrgänge überzeugen können, daß sie im Bergbau eine Zukunft haben können.

Diese politischen Rahmenbedingungen veranlaßten, über Alternativen nachzudenken. Ergebnis war ein Bündel von Maßnahmen. Insgesamt soll bei der Ruhrkohle AG Teilzeitarbeit gefördert werden; Ausländer können längere Heimaturlaube antreten; ihnen werden weiterhin Rückkehrprämien angeboten. Die Ausbildungsquote wird – trotz der erwähnten Probleme – vorübergehend auf 9 – 8,5 vH abgesenkt. Allen Absolventen einer Berufsausbildung wird schließlich – und das ist hier unser Thema – eine allerdings auf drei bis vier Jahre befristete Teilzeitarbeit angeboten, die tariflich abgesichert ist (IG Bergbau und Energie, Sondertarifvertrag 1987). Bis Ende 1989 – also vor Auslaufen der Teilzeitqualifizierungsmaßnahmen der Bundesanstalt für Arbeit – haben die rund 7.600 Prüfling (Winterprüfung 1987 bis Sommerprüfung 1989) die Wahl zwischen reiner Teilzeitarbeit und einer zusätzlichen Teilzeitqualifizierung[38]. Bei reiner Teilzeitarbeit erhalten sie einen Vertrag über 75 vH der tariflichen Arbeitszeit für Vollzeitbeschäftigte. Alternativ können sie für eine Qualifizierung votieren (vgl. Schaubild 11). Nach drei Jahren werden sie – sofern sie nicht in eine andere Arbeit vermittelt worden sind – in eine Vollzeitbeschäftigung bei der Ruhrkohle AG übernommen. Der Tarifvertrag schreibt vor, daß die tägliche Arbeitszeit der Jugendlichen der von Vollzeitkräften entsprechen soll. Damit wollte die IGBE vor allem verhindern, daß Jugendliche in dem 75 vH-Modell dazu

38 Der Tarifvertrag ist zeitlich nicht befristet, soll aber nicht länger als die geplante Personalreduzierung im Kohlebergbau andauern. Nach Auslaufen der AFG-Sonderregelung wird vermutlich eine reine Teilzeitmaßnahme übrigbleiben. Die Prüflinge nach 1990 haben jedoch bereits eine Ausbildung in einem neugeordneten Beruf absolviert, so daß die jetzt entwickelten Lehrgänge für sie ohnehin nicht in Frage kämen.

Schaubild 11:

# Teilzeitarbeit für Berufsanfänger auf einen Blick

Von der Teilzeitarbeit sind alle Berufsanfänger betroffen, die nach dem 1. Januar 1988 ihre Berufsausbildung bei der Ruhrkohle AG beenden.

**Dauer der Teilzeitarbeit:** höchstens 3 Jahre

| Teilzeitarbeitsmodelle | 75-%-Modell | 50/50-%-Modell |
|---|---|---|
| Lage und Dauer der Arbeitszeit | dreiwöchige Arb.-phase, eine Woche Freizeit | einwöchige Arbeitsphase, eine Fortbildungswoche |
| Lage und Dauer der Fortbildungszeit | - | drei Tage Unterweisung im Betrieb, ein Tag Unterricht in der Berufsschule, ein Tag Arbeitsgemeinschaften |
| Lohn/Gehalt | anteilig | anteilig |
| Unterhaltsgeld | - | Beispiel: Nach dem AfG ca. 450 DM/Monat für Ledige der Lohngruppe 09 u.T. (steuerfrei) |
| Urlaub<br>Urlaubsentgelt | 30 bzw. 33 Tage<br>anteilig | 30 bzw. 33 Tage<br>anteilig |
| Tarifliche Nebenleistungen<br>– Jahresvergütung<br>– Hausbrand/ Energiebeihilfe<br>– Treueprämie | anteilig | anteilig |
| Bergmansprämie/ Untertagezulage | für jede volle Schicht unter Tage | Für jede volle Schicht unter Tage |

*Quelle:* Ruhrkohle 1/88

gedrängt werden, in einer 6-Stunden-Schicht das gleiche wie ihre Kollegen in 8 Stunden zu erledigen. Im Untertagebereich kommen solche verkürzten Schichten aufgrund der langen Anfahrtswege kaum in Frage. Entgegen der tarifvertraglichen Schutzvorschrift scheinen solche 6-Stunden-Schichten jedoch im Bürobereich verbreitet.

### *4.5.3 Die Praxis der Teilzeitqualifikation*

Das Unternehmen bietet für die Jugendlichen vier Qualifizierungsmöglichkeiten an, und zwar die Fortbildung
- vom Energieanlagen-Elektroniker zum Energie-Elektroniker, Fachrichtung Betriebstechnik
- vom Betriebsschlosser zum Industriemechaniker, Fachrichtung Betriebstechnik
- vom Berg- und Maschinenmann zum Bergmechaniker (neugeordnet).
- vom Bergmaschinenmann zum Bergmaschinenmann (neugeordnet)

Alle Fortbildungsmaßnahmen sollen die Qualifikation der Jugendlichen, die nach alten Berufsbildern ausgebildet wurden, an die neugeordneten Berufe anpassen. Auch hieran ist der Übergangscharakter der Maßnahme erkennbar. Die jetzt eintretenden Auszubildenden werden ja bereits nach neuen Berufsbildern qualifiziert. Die Teilzeitqualifikationen gleichen also Wettbewerbsnachteile einer Generation von Auszubildenden aus.

Ursprünglich war eine weitere Qualifikationsmaßnahme von Kaufleuten zu EDV-Kaufleuten geplant. Offensichtlich war das Unternehmen aber nur an einer Auslastung und Aufrechterhaltung seiner gewerblich technischen Ausbildungskapazitäten interessiert und hat diese Absicht deshalb nicht mehr weiterverfolgt. Für kleinere Gruppen gibt es auch die Möglichkeit, nach zweijähriger Praxis die Technikerschule auf Teilzeitbasis zu besuchen oder die Fachoberschule Klasse 12 zu absolvieren.

Die Fortbildungsmaßnahmen umfassen insgesamt 920 Stunden. Dies ergibt auf Teilzeitbasis eine Fortbildungszeit von 1,7 Jahren. Anschließend wechseln die Jugendlichen in eine 75prozentige Teilzeitbeschäftigung. Die Personalplanung des Unternehmens ging ursprünglich davon aus, daß mindestens ein Drittel der Jugendlichen eine Fortbildung akzeptiert. „Man ist zufrieden mit einem Drittel und hofft auf 50 vH". Falls das Drittel unterschritten wird, ist der kalkulierte Abbau von Arbeitszeitvolumen nicht erreicht, und es werden alternative Maßnahmen ergriffen.

Ein so umfangreiches Qualifizierungsprogramm hat natürlich gravierende Budgetwirkungen für die Arbeitsämter der nordrhein-westfälischen Bergbauregionen. Da 1988 bereits die ersten Sparmaßnahmen in Kraft traten, gab es in einzelnen Arbeitsämtern beträchtlichen Widerstand gegen dieses Teilzeit-Qualifizierungsprogramm; die Ämter befürchteten, ihren Spielraum bei der Förderung anderer Beschäftigtengruppen zu verlieren. Es wurde darauf verwiesen, daß man einen Teil der Jugendlichen, vor allem die Elektriker, sofort vermitteln könne, und bei einer Fortbildung zum Bergmechaniker das betriebliche Interesse überwiege. In Gesprächen mit dem Landesarbeitsamt und den Ämtern der betroffenen Gemeinden wurde aber zumindest im Grundsatz eine Einigung erzielt, daß die konzipierten Qualifikationsmaßnahmen arbeitsmarktpolitisch förderungswürdig sind.

Drei bis vier Monate vor den Prüfungsterminen fanden Gespräche mit den Jugendlichen über die beiden Wahlmöglichkeiten statt. Daran nahmen Betriebsräte, Jugendvertretung und Vertreter der Ausbildungsabteilung teil. Es folgten Beratungsgespräche mit dem Arbeitsamt auf der Zeche. Auf die erste Gesprächsrunde Ende 1987 waren alle Beteiligten unzureichend vorbereitet. Es tauchten zahlreiche ungeklärte Fragen auf, wie zum Beispiel: Können die Jugendlichen vom Arbeitsamt vermittelt werden? Was passiert bei einem Abbruch der Maßnahmen, muß das Unterhaltsgeld zurückgezahlt werden? Widersprüchliche oder unklare Antworten verunsicherten die Jugendlichen, die daraufhin vielfach ihre anfängliche Zustimmung zu einer Weiterqualifizierung wieder zurückzogen. Die zweite Runde der Gespräche mit den Sommer-Absolventen wurde auf der Grundlage dieser Erfahrungen zumindest in einigen Zechen weitaus besser vorbereitet. Die Rechtsfragen waren weitgehend geklärt (RAG, Handbuch für Teilzeitarbeit von Berufsanfängern, 1988), und es konnten wesentlich mehr Jugendliche gewonnen werden, sofern die Personalleiter und Betriebsräte der Zechen dies beabsichtigten.

Das angestrebte Drittel wurde bei weitem nicht erreicht. Von den bisherigen 4352 Absolventen einer Berufsausbildung (Winterprüfung 1987/88 bis Winterprüfung 1988/89) votierten 826 (19 vH) für eine Teilzeitqualifizierung. Bei der Winterprüfung 1988/89 lag die Teilnahmequote sogar nur bei 5,4 % (Tabelle 9). Sie wird zwar im Sommer 1989 wieder etwas ansteigen, ohne daß allerdings die ursprünglichen Planzahlen erreicht werden. Das Unternehmen hat daher zum Ausgleich die Ausbildungsquote stärker als beabsichtigt abgesenkt. 1988 war beispielsweise die Einstellung von 2.500 Auszubildenden geplant. Das Unternehmen hat aber vielen Jugendlichen die Einstellungszusage so spät übersandt, daß diese schon eine andere Lehrstelle angenommen hatten; außerdem wurde der Ausländeranteil bei den Auszubildenden informell auf 15 % begrenzt, wodurch der Kreis der potentiellen Bewerber gerade in den Bergbauregionen und für Bergbauberufe eingeschränkt wurde. Auf diese Weise konnten 1988 nur 2.164 anstelle der geplanten 2.500 Ausbildungsplätze besetzt werden. Für 1989 ist eine ähnliche Entwicklung absehbar.

Die geringe Teilnahmequote und vor allem die abnehmende Tendenz der Teilnahme weist auf Probleme bei der Umsetzung der Qualifizierungsmaßnahmen hin. Es war geplant worden, die Qualifizierungsmaßnahmen im Rotationsverfahren durchzuführen: die Jugendlichen sollten „Pärchen" bilden, die abwechselnd arbeiten bzw. qualifiziert werden. Hiermit wollte

Tabelle 9: *Teilnahme der Absolventen einer Ausbildung an einer Teilzeitweiterbildung bei der Ruhrkohle AG*

| | Winterprüfung | | | Sommerprüfung 88 | | | Winterprüfung 88/89 | | | *Summe* | | |
|---|---|---|---|---|---|---|---|---|---|---|---|---|
| | Absol-venten | Teiln. an Qua-lifizierung | vH | Absol-venten | Teiln. an Qua-lifizierung | vH | Absol-venten | Teiln. an Qua-lifizierung | vH | Absol-venten | Teiln. an Qua-lifizierung | vH |
| Energieanl.-Elektroniker | 255 | 37 | 14,5 | 113 | 44 | 38,9 | 274 | 18 | 6,6 | 642 | 99 | 15,4 |
| Betriebs-schlosser | 186 | 27 | 14,5 | 538 | 231 | 42,9 | 124 | 3 | 2,4 | 848 | 261 | 30,8 |
| Bergmechaniker | 399 | 73 | 21,5 | 973 | 318 | 32,9 | 284 | 23 | 8,1 | 1596 | 414 | 25,9 |
| Sonstige | 109 | 0 | 0 | 1030 | 52[1)] | 5,0 | 127 | – | – | 1266 | 52 | 4,1 |
| Summe | 889 | 137 | 15,5 | 2654 | 645 | 24,5 | 809 | 44 | 5,4 | 4352 | 826 | 19,0 |

1) Zumeist Berg- und Maschinenleute (zweijährige Kurzausbildung), die eine Bergmechaniker-Fortbildung absolvieren.

Quelle: Ruhrkohle AG/IG Bergbau und Energie

man erreichen, daß die Berufsanfänger festen Kolonnen zugeordnet werden. Beim 75 %-Modell wurden vorab wesentlich mehr Schwierigkeiten beim Arbeitseinsatz gewartet. Hier fehlen die Jugendlichen eine Woche im Monat; es wurde befürchtet, daß sie als Lückenbüßer eingesetzt werden oder eine Woche lang ihre Arbeit von anderen mitgeleistet werden muß. Diese Vorüberlegungen waren offensichtlich „reine Theorie". In der Praxis wurden gerade die Teilnehmer an Qualifizierungsmaßnahmen als Lückenbüßer eingesetzt und hatten keinen festen Arbeitszusammenhang. Dementsprechend gering wurde auch ihr Status von anderen Beschäftigten, Vorgesetzten und von ihnen selbst eingeschätzt. Diese Schwierigkeiten waren mitentscheidend bei zahlreichen Abbrüchen von Bildungsmaßnahmen. Von den im Sommer 1988 645 angemeldeten Teilnehmern befanden sich im Februar 1989 beispielsweise nur noch 515 in einer Fortbildung. Die Jugendlichen im 75 %-Modell blieben viel eher festen Arbeitskolonnen zugeordnet und sahen sich dem Status von gleichberechtigten Beschäftigten wesentlich näher als die anderen Berufsanfänger.

Allerdings wurden die arbeitsorganisatorischen Probleme beim Einsatz der Berufsanfänger in den Zechen ganz unterschiedlich bewältigt. Die Teilnehmerquote an Qualifizierungsmaßnahmen schwankt zwischen den Zechen beträchtlich; die Spannweite reicht von weniger als 10 vH bis über 90 vH. Niedrige Teilnehmerquoten erklären sich aus folgenden Widerständen:

- Die Ausbildungsleiter fürchteten, die zusätzliche Ausbildung noch nicht leisten zu können oder versuchten schlicht, den zusätzlichen Arbeitsaufwand zu vermeiden.
- Die Betriebsleiter meinten, die Leistungsfähigkeit der Berufsanfänger werde durch die einwöchige „Arbeitsentwöhnung" eingeschränkt.
- Manche, meist ältere Betriebsräte unterstützten die spontane Bildungsmüdigkeit der Jugendlichen und rieten ihnen: „Du mußt praktische Erfahrungen sammeln, Dich in den Abteilungen sehen lassen, um Dich ins Unternehmen zu integrieren".
- Die Arbeitsämter erklärten, bestimmte Gruppen vermitteln zu können.
- Probleme bei der Umsetzung der ersten Maßnahmengeneration erhöhte die Widerstände gegen die Teilzeitqualifizierungsmaßnahmen der folgenden Generation.

Auf einigen Zechen orientierten alle beteiligten Betriebsparteien auf eine Weiterbildung, um ihre eigenen Ausbildungskapazitäten auszulasten und zu sichern (die Maßnahmen werden alle unternehmensintern durchgeführt) sowie die langfristige Beschäftigungsperspektive der Jugendlichen zu verbessern.

Bei den Betriebsschlossern und Bergmechanikern ist eine insgesamt höhere (außer Sommer 1988) Teilnehmerquote als bei den Energieanlagen-Elektronikern zu verzeichnen (Tabelle 9). Viele Betriebsschlosser wollen durch eine verbesserte Berufsausbildung ihre Chancen erhöhen, auch bei einer Verschärfung der Bergbaukrise den Betrieb wechseln zu können. Bergmechaniker sehen durch die Fortbildung ihre Position im Bergbau gestärkt. Die geringere Forbildungsbereitschaft der Elektriker hängt vermutlich damit zusammen, daß sie bereits zwei Facharbeiterprüfungen absolviert haben (nach zwei Jahren als Elektroanlagen-Installateur und nach 3 1/2 Jahren als Energieanlagen-Elektroniker) und mit ihrer jetzigen Berufsausbildung bereits über sehr gute Mobilitätschancen auch auf dem externen Arbeitsmarkt verfügen.

Auch nach der Neuordnung ist der Beruf des Bergmechanikers noch sehr branchenspezifisch. Sinnvoll wäre eine Umschulung dieser Jugendlichen zum Industriemechaniker gewesen, der ihnen auch den Zugang zu Facharbeiterplätzen in anderen Branchen gewährleistete. Dies ist allerdings nicht möglich, da die Bundesanstalt nur Teilzeit-*Fortbildungen* für Jugendliche ohne Berufserfahrung, nicht aber Umschulungen fördert.

Es blieb entgegen früheren Zusicherungen der Unternehmensleitung lange offen, ob die Teilzeitmaßnahmen mit einem anerkannten Abschluß enden. Die gewerkschaftliche Forderung bestand darin, eine „abgespeckte" Facharbeiterprüfung zu absolvieren, in der nur die neuen Bildungsinhalte geprüft werden. Erst Anfang 1989 wurde vereinbart, daß die Fortbildungen mit einem Zertifikat der Industrie- und Handelskammer enden, das in die „Rolle" eingetragen wird. Diese verspätete Sicherheit über die Art des beruflichen Abschlusses der Qualifizierungsmaßnahmen unterminierte zuvor die Weiterbildungsbereitschaft der Jugendlichen. Denn der Berufsabschluß wog um so mehr als Anreiz zur Teilnahme, da von vornherein klar war, daß mit einer Fortbildung keine Mehrbezahlung erreicht werden würde.

Die meisten Jugendlichen sehen nach übereinstimmenden Aussagen von Gewerkschaft, Unternehmensleitung, Personalleitung, Betriebsräten und Jugendvertretungen sowohl die Teilzeitarbeit als auch die Teilzeitqualifizierung als einen Zwang, der ihnen auferlegt ist. Nach Angaben von Betriebsräten und Jugendvertretung einer Zeche können die Jugendlichen in Teilzeitarbeit teilweise mit ihrer freien Woche wenig anzufangen. Denn die meisten ihrer Freunde und Bekannten arbeiten selbst an diesen Tagen, so daß die Berufsanfänger sich mangels Kontaktpersonen teilweise „sogar regelmäßig in der Zechenkantine aufhalten".

Insgesamt betrachtet man bei der Ruhrkohle AG die beiden Teilzeitmodelle als „ungeliebtes Kind", die allerdings als Alternative zur Nichtübernahme der Berufsanfänger in eine feste Beschäftigung bzw. zur drastischeren Absenkung der Ausbildungsquote zu rechtfertigen sind. Inzwischen wird die Teilzeitqualifizierung in der Ruhrkohle AG als „Auslaufmodell" gesehen; wegen der geringen Inanspruchnahme aber auch wegen der Finanzprobleme bei der Bundesanstalt für Arbeit wird nicht mehr aktiv für eine Teilnahme geworben.

### 4.5.4 *Teilzeitqualifizierung: Prekärer Status oder Qualifizierungschance*

Die Teilzeitmodelle für Jugendliche im Bergbau unterscheiden sich von früheren vergleichbaren Ansätzen durch ihre tarifvertragliche Absicherung. Der Tarifvertrag macht Teilzeitarbeit für alle Absolventen einer Ausbildung obligatorisch und verhindert damit eine Aufteilung der Jugendlichen in Vollzeit- oder Teilzeitbeschäftigte, für die vermutlich keine sachlichen Kriterien hätten gefunden werden können, und die damit diskriminierend gewirkt hätte. Der Tarifvertrag garantiert außerdem den Übergang in eine Vollzeitstelle; er unterstreicht weiterhin den Ausnahmecharakter der Teilzeitmodelle, die nur für eine Übergangsperiode vereinbart worden sind. Nicht verhindert werden konnte allerdings eine Aufteilung in zwei unterschiedliche Gruppen von Teilzeitbeschäftigten. Entgegen anfänglichen Erwartungen scheint das 75 %-Modell eher von den Führungskräften, Beschäftigten und Berufsanfängern akzeptiert als die Teilzeitqualifizierungen. Hier sind viele Jugendliche offensichtlich in eine Lückenbüßerrolle geraten, die den Status der Fortbildungsteilnehmer insgesamt verringerte und die Weiterbildungsbereitschaft der nachfolgenden Absolventen schwächte.

Die Teilzeitqualifizierungen, die allerdings nur bis Ende 1989 möglich sind, haben ihre bildungspolitische Begründung in der Neuordnung der Berufe und den dadurch entstehenden Nachholbedarf für die jetzige Generation der Auszubildenden gefunden. Die geringe Inanspruchnahme der Teilzeitqualifizierung zeigt jedoch, wie schwierig die Vermittlung dieser bildungspolitischen Begründung in die Betriebe an Betriebs- und Ausbildungsleiter, Betriebsräte und vor allem die Jugendlichen selbst ist. Die Jugendlichen wollen offensichtlich in erster Linie ihren beschäftigungspolitisch prekären Status als Auszubildende beenden, um sich im Betrieb zu integrieren. Die Notwendigkeit von Weiterbildung scheint ihnen, da sie so kurzfristig formuliert worden ist, eher als ein vorgeschobenes Argument zur Rechtfertigung eines Personalabbaus, zumal die Jahrgänge der Auszubildenden vor ihnen ohne Probleme übernommen wurden und die Ausbildung in der RAG immer als vorbildlich und zukunftsweisend dargestellt worden war.

Durch die geringe Teilnahme konnte die Teilzeitqualifizierung weniger einen allgemeinen Nachteilsausgleich von Bildungsdefiziten bewirken, als zunehmende qualifikatorische Ungleichheiten zwischen den Jugendlichen zu schaffen, die sich langfristig auf die Beschäftigungs- und Aufstiegschancen des größeren Teils von ihnen negativ auswirken können[39]. Sicherlich

39 Die Sozialforschungsstelle Dortmund untersucht im Auftrag des Ministeriums für Arbeit, Gesundheit und Soziales des Landes Nordrhein-Westfalen die Praxis der Teilzeitqualifikation im Ruhrkohle-Bergbau. Ein zentraler Forschungsgegenstand des Projektes wird die Frage sein, inwieweit die bildungspolitischen Zielsetzungen der Teilzeitqualifizierung umgesetzt werden konnten und welche subjektive Sichtweise die Jugendlichen selbst entwickelt haben. Hierzu wird auch eine Verbleibsuntersuchung der Jugendlichen durchgeführt, die Aufschluß über die unterschiedliche Orientierung auf dem betrieblichen oder externen Arbeitsmarkt geben kann.

werden die Absolventen von Fortbildungsmaßnahmen sowohl bessere Aufstiegschancen im Unternehmen als auch Mobilitätsmöglichkeiten auf dem externen Arbeitsmarkt haben. Die vorübergehende Inkaufnahme eines prekären und ungeliebten Status kann sich langfristig also durchaus als sinnvolle Entscheidung des einzelnen erweisen. Negativ an dem an seinen eigenen Maßstäben gemessenen geringen Erfolg des Teilzeitqualifizierungsmodells sind schließlich die ungünstigen Rückwirkungen auf die Neueinstellung der Auszubildenden, die den Beitrag der Ruhrkohle AG zur Sicherung eines kontinuierlichen Nachwuchses von Facharbeitern in der Region mindert.

## 4.6 Weitere ausgewählte Beschäftigungspläne

Die restlichen Fälle werden wesentlich knapper als die bisherigen ausgeführt, da sich hier zum Teil bereits dargestellte Strukturprobleme von Qualifikationsplänen wiederholen. Die Pläne und ihre Umsetzung, deren Spektrum von einer erfolgreichen Gestaltung bis hin zum Scheitern reicht, weisen jedoch eine Reihe von Besonderheiten auf, deren Kenntnis unser Wissen über Genese, Konstruktionsmöglichkeiten und ihre praktische Implementation von Qualifikationsplänen erweitert.

In den beiden Mittelbetrieben Präwema, Eschwege, und Berthold AG, Berlin, wurden die Qualifikationspläne mangels öffentlicher Unterstützung und wegen akuter Finanzprobleme der Unternehmen nicht realisiert. Die Auseinandersetzungen um die Beschäftigungspläne haben jedoch, zumindest soweit dies gegenwärtig erkennbar ist, Anstöße zum Aufbau eines Bildungszentrums in Eschwege sowie zur Entwicklung eines innerbetrieblichen Weiterbildungssystems in Berlin gegeben (4.6.1).

Bei Klöckner-Becorit und bei Krupp-Stahl wurden zwei weitere Warteschleifen-Modelle vereinbart, die sich beträchtlich unterscheiden. Klöckner-Becorit machte die Rückkehrzusage von einer zwischenzeitlichen Bildungsmaßnahme abhängig, wohl in der Hoffnung, hier eine Selektionsschwelle eingebaut zu haben. Bei Krupp-Stahl verfällt die Rückkehrzusage auch nicht durch eine unbefristete Tätigkeit in einem anderen Unternehmen, wodurch man den Betroffenen ein risikofreies Gewöhnen an Beschäftigungsalternativen erleichtert (4.6.2).

Die beiden ostfriesischen Werften, Jansen-Werft in Leer und Sürken-Werft in Papenburg, konnten beide vom Werfthilfeprogramm des Landes Niedersachsen profitieren. In keinem anderen der untersuchten Betriebe wurden Qualifikationsmaßnahmen in prozentual derart großem Ausmaß wie in Ostfriesland in Anspruch genommen. Die Alternativen Abfindung und freiwillige Abwanderung waren durch die extrem hohe regionale Arbeitsmarktsituation verbaut, so daß die Qualifizierung ganz anders als in den sonstigen Orten für viele die einzige Alternative zur Arbeitslosigkeit zu sein schien. Die beiden Belegschaften wurden daher nicht durch einen aufnahmefähigen Arbeitsmarkt individualisiert und haben den der Idee von Qualifikationsplänen zugrunde liegenden kollektiven Zusammenhalt weitgehend gewahrt. Die prekäre lokale Arbeitsmarktsituation hat sicherlich auch die trotz anfänglicher juristischer Bedenken vergleichsweise großzügige Auslegung des Arbeitsförderungsgesetzes durch das örtliche Arbeitsamt gefördert (4.6.3).

Klöckner-Humboldt-Deutz schließlich ist der einzige untersuchte Fall, in dem ein Qualifikationsplan nicht aufgrund öffentlicher Diskussion und gewerkschaftlichen Drucks, sondern weitgehend aufgrund unternehmerischer Initiative abgeschlossen wurde. Qualifikationsmaßnahmen zielen hier in erster Linie auf eine Beschäftigung *außerhalb* des Betriebes. Die Vereinbarung von KHD spiegelt am reinsten unternehmerische Interessen wider, die natürlich auch in den anderen Plänen zu erkennen, aber gleichzeitig mit erfolgreich durchgesetzten Arbeitnehmer- bzw. öffentlichen Interessen vermischt sind (4.6.4).

### 4.6.1 *Qualifikationspläne ohne Qualifizierung*

#### 4.6.1.1 Präwema Eschwege

Im August 1987 teilte die Unternehmensleitung der Eschweger Werkzeugmaschinenfabrik mit, daß sie die Löhne der 400 Beschäftigten nicht mehr zahlen könne. Im September wurde das Vergleichsverfahren eröffnet. Durch unklare Besitzstrukturen und den Abfluß eigentlich für Investitionen dringend benötigter Mittel im Zusammenhang mit einer Erbschaft war der Betrieb in den letzten Jahren nicht modernisiert worden.

Der Betrieb wurde von der Belegschaft zur Abwendung des Konkurses, des Verkaufs der Maschinen und zur Durchsetzung öffentlicher Hilfen 125 Tage besetzt. Im Herbst 1987 wurde erkennbar, daß das Unternehmen nur einen Käufer finden werde, wenn die Belegschaft zuvor auf die Hälfte verringert würde. IG Metall und Betriebsrat forderten die Gründung einer Beschäftigungs- und Ausbildungsgesellschaft, die Arbeitslosigkeit abwenden und den Beschäftigten stattdessen eine Qualifizierung ermöglichen sollte. Da der Betrieb bis dahin noch über keine einzige computergesteuerte Werkzeugmaschine verfügte, die aber Voraussetzung der angestrebten Modernisierung war, bestand trotz des hohen Qualifikationsniveaus der Belegschaft ein hoher Weiterbildungsbedarf.

Erste Verhandlungen mit dem Arbeitsamt ließen jedoch schnell erkennen, daß dieses eine solche Gesellschaft nicht fördern wolle. Es sehe seine Aufgabe nicht in „einer Strukturförderung bzw. Strukturerhaltung zur Vermeidung von Arbeitslosigkeit, sondern der bloßen Verwaltung und Vermittlung der gemeldeten Arbeitslosen. Außerdem werden interessengebundenen Maßnahmen nicht vom Arbeitsamt gefördert. Schließlich lassen sich die Präwema-Facharbeiter wegen ihrer guten Qualifikation leicht vermitteln, und das Berufsfortbildungswerk des DGB wird durch einen zusätzlichen Träger gefährdet".

Ende 1987 wurde Präwema von der Fa. Rothenburger unter der Bedingung, seine Belegschaft auf 200 Beschäftigte zu reduzieren, übernommen. Dieses Unternehmen hatte bereits in der Vergangenheit Personalabbau durch Qualifizierung abgefedert und ein eigenes Ausbildungszentrum in Südhessen (die Pittler-Lehrwerkstätten GmbH) gegründet. Es bot an, auch in Eschwege ein vergleichbares Ausbildungszentrum aufzubauen. Das Land sagte zu, die Fortführung der Ausbildung von 25 Auszubildenden in diesem Zentrum zu finanzieren.

In dem abgeschlossenen Sozialplan wurde die Gründung einer Ausbildungsgesellschaft vereinbart. Diese Ausbildungsgesellschaft sollte Bildungsmaßnahmen im gewerblichen Bereich durchführen, die sich an der Neuordnung der Metall- und Elektroberufe in der Industrie orientieren. Die gekündigten Beschäftigten sollten ein Qualifizierungsangebot erhalten, sofern die Bundesanstalt für Arbeit ihre Qualifikation fördert und sie keinen anderen zumutbaren Arbeitsplatz erhalten.

Nach Abschluß dieses Sozialplans hat der Betriebsrat 130 Kündigungen zugestimmt, um die Übernahme von Präwema durch Rothenberger zu sichern. Bei den Kündigungen wurde eine Sozialauswahl, wie sie das Kündigungsschutzgesetz vorschreibt, vorgenommen. Der Betriebsrat hat die Kündigung von Älteren weitgehend verhindern können.

2,4 der 3 Mio DM des Sozialplans waren für die Ausbildungsgesellschaft vorgesehen. Ihre Gründung war daran gebunden, daß mindestens 50 der Gekündigten an einer Qualifizierung teilnehmen. Mit den restlichen Sozialplanmitteln wurde die Arbeitslosenunterstützung der 58jährigen, die aus dem Betrieb ausschieden, auf 90 vH des Nettoentgelts bis zum vorzeitigen Ruhestand aufgestockt.

Das Arbeitsamt sah in der Entlassung der 130 Beschäftigten einen „Vitaminstoß für den Arbeitsmarkt". Nur 10 bis 15 von ihnen – zumeist die Älteren, die ohnehin bald vorzeitig pensioniert würden – hatten keine Ausbildung. 65 waren 30 Jahre und jünger und 38 zwischen 31 und 49 Jahren. Bis März hatte ungefähr die Hälfte einen neuen Arbeitsplatz gefunden. Ca. 20 Personen wurden vom Arbeitsamt in Weiterbildungsmaßnahmen geschickt. Einige nahmen an CNC-Kursen des Berufsfortbildungswerkes des DGB teil. Für einen neuen Träger sei kein Platz, da die bestehenden Träger nicht voll ausgenutzt würden und die Kürzungen bei der Bundesanstalt für Arbeit bereits den Handlungsspielraum des Arbeitsamtes einengten.

Das Unternehmen selbst hat mit den Sozialplanmitteln ein Ausbildungszentrum gebaut, das Ende 1988 nur rund zehn ehemalige Beschäftigte, aber 35 Auszubildende qualifizierte. Künftig sollen vor allem nach dem Modell der Pittler-Lehrwerkstätten Erstausbildung bzw. Erstausbildungselemente verkauft werden. Die Weiterbildung von Entlassenen, die eigentlich die Finanzierungs- und Legitimationsgrundlage des Ausbildungszentrums war, spielte in den Überlegungen des Unternehmens keine Rolle. Bis Mitte 1988, also mehrere Monate nach den Entlassungen, hatte das Unternehmen noch keinen Kontakt mit dem Arbeitsamt über evtl. Weiterbildungsmaßnahmen für ehemalige Präwema-Beschäftigte aufgenommen.

Die künftige regionale Bedeutung des Ausbildungszentrums ist heute noch nicht einzuschätzen, so daß eine abschließende Bewertung kaum möglich ist. Es bleibt dennoch festzuhalten, daß dieses Ausbildungszentrum weitgehend von den Entlassenen finanziert wurde, deren Abfindungen bzw. deren Lohnausgleich bei Lohnverlusten im neuen Unternehmen ohne diese Abmachung beträchtlich höher gelegen hätten. Das Scheitern des Konzepts einer Ausbildungsgesellschaft für die Entlassenen ist Ergebnis mehrerer Faktoren: Der neue Besitzer fühlte sich an den Sozialplan des Vergleichsverwalters nicht gebunden und wollte ausschließlich ein kommerzielles Erstausbildungszentrum auf den Markt bringen. Die Weiterbildungsträger in der Region waren nicht ausgelastet; dadurch entstand eine Konkurrenz zwischen dem gewerkschaftlichen Berufsbildungswerk und dem geplanten neuen Träger. Das Qualifikationsniveau der Entlassenen lag sehr hoch und das Durchschnittsalter sehr niedrig, so daß sie günstige Vermittlungschancen auf dem externen Arbeitsmarkt hatten. Dies war Ergebnis der Sozialauswahl, auf die der Betriebsrat gedrängt hatte. Ihm war es wichtiger, gefährdete Beschäftigte vor einer Entlassung zu schützen, als durch einen Verzicht auf die Sozialauswahl eine „bessere Klientel" für arbeitsmarktpolitische Sonderaktionen mit ungewissem Resultat zu schaffen. Schließlich legte das örtliche Arbeitsamt das AFG sehr engherzig aus. Ob es auch die Entlassenen bevorzugt vermittelte, um seine Rechtsauffassung praktisch belegen zu können, ist kaum überprüfbar.

### 4.6.1.2 Berthold AG Berlin

Die H. Berthold AG hat in den siebziger Jahren die ersten Fotosatzmaschinen der Welt entwickelt. Aufgrund dieser technologischen Vorrangstellung expandierte es in dieser Zeit und beschäftigte in Spitzenzeiten über 2.000 Arbeitskräfte. Durch Fehlkäufe defizitärer Unternehmen und eine unzureichende Vorbereitung auf den technologischen Wandel von feinmechanischen zu elektronischen Geräten geriet das Unternehmen in eine schwere Krise und stand zeitweilig kurz vor dem Zusammenbruch.

Bis 1988 wurde die Belegschaft halbiert. Der Betriebsrat wollte den Personalabbau ohne betriebsbedingte Kündigungen bewältigen und konnte schon 1985 einen Qualifikationsplan durchsetzen, nach dem von Rationalisierungsmaßnahmen betroffenen Beschäftigten Qualifikationsmaßnahmen angeboten werden sollten, allerdings nur, wenn dies dem betrieblichen

Bedarf und den betrieblichen Möglichkeiten entspricht, eine Regelung, die also kaum über die des Betriebsverfassungsgesetzes hinausgeht.

Zu Qualifizierungsmaßnahmen nach diesem Plan kam es nicht. Das Unternehmen wollte seine Umstrukturierung durch einen Austausch der Belegschaft erleichtern. Nur mit mechanischen Geräten vertraute Arbeitskräfte sollten ausscheiden und durch höherqualifizierte Leute mit Kenntnissen in der Elektronik ersetzt werden. Das Unternehmen übte einen beträchtlichen Druck auf einzelne zumeist ältere und weniger qualifizierte Beschäftigte aus, mit einer Abfindung auszuscheiden. Es wurde ihnen mitgeteilt, daß ihnen ansonsten gekündigt würde. Das Arbeitsamt unterstützte den Betriebsrat bei der Durchsetzung von Qualifizierungsmaßnahmen nicht. Es hielt u.a. die möglicherweise Betroffenen mit über 40 Jahren für die in Frage kommenden Qualifizierungsmaßnahmen zu alt und sah eine Gefährdung von Arbeitslosigkeit erst *nach* einer ausgesprochenen Kündigung gegeben.

Die Mängel der innerbetrieblichen Weiterbildung wurden im Prozeß der Umstrukturierung allerdings unübersehbar. Die verkleinerte verbliebene Stammbelegschaft war weiterhin unzureichend auf die neue Fertigung vorbereitet. Für sie konnte der Betriebsrat eine Reihe von Weiterbildungsmaßnahmen durchsetzen, an deren Finanzierung sich der Betrieb auf Basis des Qualifikationsplans von 1985 zum Teil beteiligte. Einige Beschäftigte haben berufsbegleitend mit Hilfe des Arbeitsamtes einen Elektronikpaß erworben. Technische Zeichner nahmen ebenfalls berufsbegleitend an CAD-Kursen teil, darüber hinaus ist ein Basiskurs „Grundlagen des Personalcomputers" für insgesamt 40 Beschäftigte außerhalb der Arbeitszeit durchgeführt worden. Auf Initiative des Betriebsrates wurde für eine Gruppe von Beschäftigten der Anschluß an die technologische Entwicklung hergestellt, bei anderen Bildungsmotivation geweckt und eine bessere Kenntnis der eigenen Arbeitsmittel und des Arbeitsfeldes erworben; dies sind wichtige Voraussetzungen für spätere Qualifizierungen. Das Unternehmen hat inzwischen ein eigenes Weiterbildungsreferat und richtete ein Budget für Qualifizierungsmaßnahmen für von Rationalisierungsmaßnahmen bedrohte Beschäftigte ein.

Der Qualifikationsplan, der ursprünglich eigentlich Entlassungen vermeiden helfen sollte, ist wegen der Konkursgefahr, der Notwendigkeit, rasch die Personalkosten zu reduzieren, wegen früherer Weiterbildungs- und Modernisierungsversäumnisse und des daraufhin extrem hektischen und unvorbereiteten technologischen Wandels gescheitert. Dem Unternehmen fehlten in dieser Situation die Kompetenz, die Mittel und die Zeit, das know how der Belegschaft über zum Teil mehrjährige Qualifizierungsmaßnahmen umzustrukturieren. Nachdem das Unternehmen sich inzwischen wieder konsolidiert hat, können unter Umständen die Impulse dieser Vereinbarung zum *langfristigen Aufbau eines innerbetrieblichen Weiterbildungssystems* und der präventiven Weiterbildung bei künftiger Rationalisierungsmaßnahmen genutzt werden.

### 4.6.2 *Zwei Warteschleifenmodelle*

#### 4.6.2.1 Klöckner-Becorit in Castrop-Rauxel

Klöckner-Becorit ist Bergbauzulieferer und zu 90 vH bergbauabhängig. Durch die erneute Krise des Bergbaus und ausbleibende Aufträge aus dem Ausland (vor allem aus Polen) reduzierte sich der Umsatz in wenigen Jahren von 400 auf 245 Mio DM. Zudem wurde zum Einsparen von Lohnkosten ein zunehmender Teil der Fertigung nach außen vergeben. Die Belegschaft, die 1982 noch 1.800 Beschäftigte umfaßte, wurde bis 1987 um rund 400 Beschäftigte, vor allem durch das Ausscheiden Älterer und die normale Fluktuation, reduziert. Im November 1987 gab die Unternehmensleitung bekannt, bis zum September 1988 die Belegschaft um weitere 500 Arbeitskräfte zu verkleinern. Da der Spielraum für vorzeitige Pensionierungsmaßnahmen erschöpft war, ging es um „echte" Entlassungen.

Betriebsrat und Belegschaft reagierten mit einem sechswöchigen Arbeitskampf (Arbeitsniederlegungen, Straßenblockaden, Demonstrationen der Belegschaft in Bonn und Düsseldorf) und veranlaßten die Unternehmensleitung, einem Warteschleifen-Modell zuzustimmen und die Zahl des Personalabbaus durch Reduzierung von Überstunden und andere personalpolitische Maßnahmen auf 350 zu begrenzen.
Der abgeschlossene Interessenausgleich sah vor:

- ein Ausscheiden von älteren Beschäftigten ab 55 Jahren mit einer Aufstockung der Arbeitslosenunterstützung auf 90 vH bis zum vorzeitigen Rentenbezug.
- Aufhebungsverträge, allerdings nur, wenn das Ausscheiden nicht dem Unternehmensinteresse zuwiderlief.
- Kündigungen, wobei den Betroffenen eine berufliche Weiterbildungsmaßnahme vorgeschlagen wird. Bei Zustimmung scheidet er aus dem Unternehmen aus, um an einer Weiterbildungsmaßnahme des Arbeitsamtes teilzunehmen. Frühestens nach 18 und spätestens nach 24 Monaten wird er wieder eingestellt („unwiderrufliche Wiedereinstellungszusage"), sofern er keine neue Dauerarbeitsstelle gefunden hat. Bei Nichtannahme des Qualifikationsangebotes scheiden die Betroffenen mit einer Abfindung endgültig aus dem Unternehmen aus.

Während der Qualifizierung bzw. der Arbeitslosigkeit zwischen Abschluß der Qualifikationsmaßnahme und Wiedereinstellung erhalten die Arbeitskräfte einen monatlichen Zuschuß von 150 DM, allerdings nur so lange, bis sie die ihnen zustehende Sozialplanabfindung erreicht haben. Dieser Aufstockungsbetrag entspricht im Durchschnitt 80 vH des alten Nettogehalts. Wenn eine Qualifikationsmaßnahme nicht durchgeführt oder abgebrochen wird, entfällt der Wiedereinstellungsanspruch.

Im Unterschied zu Krupp ist die Wiedereinstellung an den Abschluß einer Qualifizierung gebunden. Um dieses nicht zum Ausschlußprinzip werden zu lassen, hat der Betriebsrat erreicht, daß auch 41a-Maßnahmen[40] für Ältere und Ungelernte als Qualifikation gelten. Weiterhin wurde im Vorfeld auf die Auswahl der zu Kündigenden Einfluß genommen. Der Betriebsrat konnte die Kündigung von einigen Älteren oder „Problemfällen" verhindern, die mit Sicherheit an der Schwelle zur Qualifizierung gescheitert wären.

Das Unternehmen hat sich in keiner Weise an der Planung von Qualifizierungsmaßnahmen beteiligt, die es ausschließlich als aufgezwungen ansah. Außerdem wollte es nicht durch eine aktive Beteiligung „die Hoffnung wecken, daß wir die Leute wiedersehen wollen". Falls nämlich alle wiederkämen, müßte das Unternehmen u.U. erneut Beschäftigte in Qualifizierungsmaßnahmen schicken oder weitere Ältere vorzeitig pensionieren, wodurch die Sozialplankosten insgesamt erhöht würden.

Der Personalabbau der 350 Personen wurde wie folgt realisiert: Ein Drittel waren Ältere, die vorzeitig ausschieden; ein Drittel unterschrieb einen Aufhebungsvertrag; ein weiteres Drittel wurde in die Warteschleife entlassen. Hiervon hat ein Teil das Qualifikationsangebot jedoch nicht angenommen, sondern einen neuen Arbeitsplatz gefunden und sich abfinden lassen. Es handelte sich hierbei vor allem um jüngere Beschäftigte und Facharbeiter, die wegen der anziehenden Konjunktur von anderen Betrieben „mit Kußhand" genommen wurden. Etwa 70 Personen sind in eine Qualifizierungsmaßnahme eingetreten. Sie verteilten sich auf sehr unterschiedliche Einzelmaßnahmen (Schweißer, CAD-Kurs, Dreherumschulung, Trainingsmaßnahmen etc.). Aus diesem Personenkreis hat sich wiederum ein Teil nach der Qualifizierung in eine neue Beschäftigung vermitteln und die restliche Abfindung von Klöckner-Becorit auszahlen lassen.

Anfang 1989 begann auch Klöckner-Becorit von der günstigen Auftragslage im Maschinenbau zu profitieren und stellte 10 Personen aus der Warteschleife vorzeitig wieder ein. Weitere 30 bis 40 haben auf ihren Wiedereinstellungsanspruch noch nicht verzichtet. Vermutlich wird aber auch dieser Kreis weiter abbröckeln und zum Teil in andere Unternehmen abwandern. Nicht auf den Wiedereinstellungsanspruch verzichten wird aber ein „harter Kern" von Älteren und auf dem externen Arbeitsmarkt schwer vermittelbaren Kräften, die ohne diese Betriebsvereinbarung dauerhaft arbeitslos geworden wären.

Durch die hohe Aufnahmefähigkeit des lokalen Arbeitsmarktes konnten die meisten Beschäftigten einen neuen Arbeitsplatz in einem anderen Unternehmen finden. Die Wiedereinstellungszusage von Klöckner-Becorit gab ihnen soviel Rückhalt, daß sie bei Bewerbungen selbstbewußt auftreten konnten und entsprechend erfolgreich waren. Dieser Rückhalt wurde allerdings nicht immer voll ausgeschöpft. Einige Beschäftigte gaben ihren Wie-

40 Dies sind bis zu sechswöchige Kurse zur „Verbesserung der Vermittlungsaussichten", die u.a. zur „Erhaltung oder Verbesserung der Fähigkeit" beitragen sollen, Arbeit aufzunehmen oder an beruflichen Bildungsmaßnahmen teilzunehmen.

dereinstellungsanspruch auf, obgleich sie nur einen befristeten Vertrag bekommen hatten. Mehrere von ihnen sind heute arbeitslos und bedauern ihre voreilige Entscheidung.

Mit der im Vergleich zu Krupp niedrigen Aufstockung des Arbeitslosen- bzw. Unterhaltsgeldes gerieten vor allem Beschäftigte mit Familie in finanzielle Schwierigkeiten und ließen sich in einen neuen Betrieb vermitteln. Gerade diese Gruppe hatte gleichzeitig auch die größte Angst „vor der Schulbank" und entschied sich auch deshalb gegen eine Qualifizierung. In dem vergleichsweise niedrigen Aufstockungsbetrag sieht der Betriebsrat heute die wesentliche Schwäche des Warteschleifenmodells von Klöckner-Becorit, da hierdurch ein erheblicher finanzieller Druck zur externen Mobilität ausgeübt wurde.

#### 4.6.2.2 Krupp-Stahl

Noch vor wenigen Jahren hatte jeder Krupp-Stahl-Standort seine eigenen Sozialpläne. Alle diese Sozialpläne wurden 1987 in drei gemeinsame Rahmensozialpläne überführt, die das vorzeitige Ausscheiden von Älteren, Abfindungen und ein *Warteschleifenmodell* regelten. Durch die Rahmenvereinbarungen wurden einerseits alte Vereinbarungen finanziell verschlechtert und andererseits mit der Warteschleife neue Elemente eingeführt.

Bei Personalabbaumaßnahmen an den einzelnen Standorten wurden noch besondere Interessenausgleiche ausgehandelt, die die Abwicklung des Abbaus regelten. So wurde bei Krupp Bochum vereinbart, daß das Warteschleifen-Modell erst eingesetzt werden soll, wenn alle anderen Maßnahmen ausgeschöpft sind.

Den Beschäftigten wird dann gekündigt, und sie erhalten einen unwiderrufbaren Wiedereinstellungsanspruch[41] der auch durch eine zwischen zeitliche Beschäftigung in einem anderen Unternehmen nicht eingeschränkt wird. Den Betroffenen können Angebote zu Qualifizierungsmaßnahmen unterbreitet werden. Die Teilnahme hieran ist jedoch freiwillig. Das Unternehmen kann jeden mit einer einmonatigen Ankündigungsfrist wieder einstellen. Akzeptiert er dies nicht, wird ihm gekündigt, erhält jedoch eine Abfindung. Während der Warteschleife wird das Arbeitslosen- oder Unterhaltsgeld auf 90 vH des Nettogehalts aufgestockt. Dieser Aufstockungsbetrag wird auf eine mögliche Abfindung angerechnet. Der Wiedereinstel-

41 Nach Verhandlungen mit der Bundesanstalt für Arbeit mußte der ursprünglich beabsichtigte Terminus Wiedereinstellungs*garantie* verändert werden, da die Bundesanstalt dann wegen „Zweifeln an der Verfügbarkeit" keine Arbeitslosenunterstützung gezahlt hätte. Die Änderung läuft jedoch nur auf eine kosmetische Korrektur hinaus. Es ist nicht auszuschließen, daß die Bundesanstalt lediglich auf dieser kosmetischen Korrektur bestanden hat, um nicht mit sich selbst in Widerspruch zu geraten. So scheiterte eine Wiedereinstellungsgarantie für die Stiftungsmitglieder im Saarland am Einspruch der Bundesanstalt (vgl. 4.3).

lungsanspruch muß spätestens sieben Monate vor dem Wiedereintritt schriftlich geltend gemacht werden, sonst verfällt er. Bei Wiedereinstellung hat der Beschäftigte einen Anspruch auf einen gleichwertigen Arbeitsplatz.

Bislang ist die Warteschleife noch nicht praktiziert worden; in Bochum wurde der für 1988 beabsichtigte Personalabbau aufgrund der guten Stahlkonjunktur nicht realisiert.

Parallel zu den dargestellten Maßnahmen hat das Unternehmen einer „Vereinbarung zur Sicherung und Schaffung von Arbeitsplätzen" zugestimmt. Dabei verpflichtete es sich unter anderem, in Zusammenarbeit mit anderen Unternehmen, den Kommunen und der Öffentlichen Hand für Ersatzarbeitsplätze zu sorgen. Eine Arbeitsgruppe unter Beteiligung des Gesamtbetriebsrates soll hierzu Vorschläge erarbeiten. Diese Arbeitsgruppe hat zweimal getagt; das Unternehmen hat keine Ressourcen in diese Kommission investiert; der Alibicharakter ist unverkennbar[42].

Es bleibt aber als neues Element bei Krupp die Warteschleife. Das Besondere des Kruppschen Modells ist, daß eine Dauerbeschäftigung in einem anderen Unternehmen eine Wiedereinstellung nicht ausschließt. Man mag dies als einen sehr weitreichenden Wiedereinstellungsanspruch interpretieren. In der Praxis kann jedoch eine genau entgegengesetzte Wirkung eintreten. Die Beschäftigten akzeptieren vielleicht schnell neue Stellen, da sie hiermit weder den möglichen Aufstockungsbetrag verlieren, falls das neue Einkommen unter 90 vH des Nettoeinkommens liegt, noch ihr Rückkehrrecht zu Krupp. Je nach Aufnahmefähigkeit des lokalen Arbeitsmarktes kann somit eine „großzügige" Regelung geradezu die Abwanderung fördern.

### *4.6.3 Die ostfriesischen Werften*

Bei weitem am umfangreichsten von allen untersuchten Betrieben wurden Qualifikationsmaßnahmen in den zwei ostfriesischen Werften, der Sürken-Werft in Papenburg und der Jansen-Werft in Leer, praktiziert. Ebenso wie in Hamburg wurden in Niedersachsen aus Mitteln des Werfthilfeprogramms der Bundesregierung die Unterhaltsgelder des Arbeitsamtes auf 90 vH des üblichen Nettogehalts aufgestockt. Voraussetzung für diese Landeshilfe war ein Antrag des Betriebes auf Massenentlassung nach dem Arbeitsförderungsgesetz. Ein solcher Antrag wurde vom Landesarbeitsamt als ausreichender Nachweis einer Bedrohung von Arbeitslosigkeit angesehen. Es ist

42 Im Zusammenhang mit der geplanten Stillegung der Krupp-Stahlwerke in Rheinhausen verpflichtete sich das Unternehmen jedoch durch „eigene Aktivitäten und die Bemühungen Dritter am Standort Duisburg-Rheinhausen" 779 Arbeitsplätze aufrechtzuerhalten und 721 neu zu schaffen. Bislang gibt es Zusagen über 620 neue Arbeitsplätze in Rheinhausen, die im wesentlichen durch die Gründung eines Qualifizierungszentrums und Investitionen verschiedener Krupptöchter entstehen sollen (Warbruck 1989).

hier also von einer kollektiven Bedrohung von Arbeitslosigkeit ausgegangen worden, die in den untersuchten Werften auch voll gegeben war.

4.6.3.1 Sürken-Werft in Papenburg

Die Sürken-Werft in Papenburg beschäftigte 1987 rund 470 Arbeitskräfte. Wegen ausbleibender Aufträge aufgrund der Schiffsbaukrise wurden Anfang 1987 Entlassungen angekündigt. Der Betriebsrat und die IG Metall schlugen stattdessen Qualifizierungsmaßnahmen nach dem Modell von Blohm & Voss vor. Das Arbeitsamt forderte zunächst eine Auflösung der Arbeitsverhältnisse vor Beginn der Qualifizierungsmaßnahmen. Diese Forderung wurde aufgrund des Landesprogramms für die Werften fallengelassen, das nur die Qualifikation von Beschäftigten, nicht aber von *Arbeitslosen* unterstützte, also zum internen Strukturwandel beitragen und die Mittel nicht auf Arbeitskräfte, die wegen der Schärfe der Krise den Schiffsbau verlassen mußten, konzentrieren wollte.

Da jeder Beschäftigte der Sürken-Werft als von Arbeitslosigkeit bedroht angesehen wurde, konnte die Belegschaft in Abteilungsversammlungen kollektiv angesprochen und dann in vielen individuellen Gesprächen für Weiterbildungsmaßnahmen geworben werden. Es erwies sich als außerordentlich günstig, daß der Kreis der Betroffenen so weit gezogen wurde. Dadurch erhielt die Teilnahmeliste nicht den Beigeschmack einer Kündigungsliste. Viele jüngere Beschäftigte unter 40 Jahren meldeten sich freiwillig für eine Weiterbildung und nahmen den Qualifizierungsdruck von Älteren, die sich einer Qualifizierung nicht mehr gewachsen sahen. Die Bereitschaft zur Teilnahme wurde durch eine längere Kurzarbeitsperiode zuvor gefördert; die Teilnehmer an einer Qualifizierungsmaßnahme konnten sich gegenüber der Dauerkurzarbeit finanziell beträchtlich verbessern.

1987 traten 70 Beschäftigte in eine 27monatige Umschulung zu Maschinenschlossern, Drehern, Bohrwerksdrehern etc. ein. Drei Monate dieser Umschulung entfielen auf eine Vorförderung, die Grundkenntnisse in Deutsch und Rechnungen auffrischten und die Betroffenen auf die Umschulung vorbereiteten; 56 Beschäftigte begannen eine 9 – 12monatige Fortbildung in den Bereichen EDV, CAD, CNC, Hydraulik, Pneumatik und Schweißen.

Anfang 1988 kam es zu einem erneuten Beschäftigungseinbruch. Die Geschäftsleitung wollte 70 Beschäftigten kündigen. In Zusammenarbeit mit der IG Metall, dem Arbeitsamt und der Kommune konnte der Betriebsrat einen großen Teil der Entlassungen verhindern. Weitere 30 Beschäftigte begannen eine Fortbildungsmaßnahme, 21 Ältere schieden über einen Sozialplan aus. Kündigungen konnten allerdings nicht ganz verhindert werden. Einzelne Gewerke (z.B. Tischlerei) wurden ganz aufgelöst; einige Arbeiten wurden nach außen vergeben (Reinigungstätigkeiten). In diesen Bereichen kam es zu Entlassungen. Pläne zum Aufbau einer Beschäftigungsgesellschaft, die Arbeitsbeschaffungsmaßnahmen für ältere Sürken-Beschäftigte organisieren sollte, scheiterten an einer Konzentration der knapper werdenden ABM-Mittel des Arbeitsamtes auf Langzeitarbeitslose.

Die Umschulung und Fortbildung wird weitgehend auf dem Werksgelände durchgeführt. Das Arbeitsamt hat jedoch – sozusagen zur Qualitätsgarantie – das Berufsfortbildungswerk als Träger dieser Maßnahmen zwischengeschaltet. Die meisten Maßnahmen zielen auf eine Erweiterung der Einsatzmöglichkeiten der Beschäftigten in verschiedenen Gewerken des Schiffbaus und der Reduzierung der vorhergehenden Spezialisierung. Die Schweißerkurse blieben allerdings schiffsbauspezifisch. Da das Arbeitsamt vom Fortbestehen der Werft ausging, hat es diesen branchenspezifischen Maßnahmen – die allerdings mit einem anerkannten Abschluß enden – zugestimmt.

Noch Anfang 1988 plante das Unternehmen seine langfristige Zukunft mit einer auf 255 Arbeitskräfte verkleinerten Belegschaft. Dies hätte nach Beendigung aller Qualifizierungsmaßnahmen Kündigungen erfordert. Die ökonomische Entwicklung überholte jedoch diese pessimistische Planzahl. Durch die Übernahme der Seilbaggerfertigung von der in Konkurs gegangenen Weser-Hütte, die Ausweitung der schiffsbaufremden Aktivitäten sowie die bessere Schiffsbaukonjunktur konnten die Absolventen der beiden Fortbildungsgruppen problemlos wieder in den Betrieb integriert werden. Weitere Personalengpässe wurden durch Leiharbeit und Überstunden überbrückt, um auch die Umschüler Mitte 1989 wieder integrieren zu können. Mit diesen Umschülern hat die Sürken-Werft heute noch eine Belegschaft von knapp über 430 Beschäftigten.

Von diesen 430 Beschäftigten hat mehr als ein Drittel an einer längeren Umschulungs- oder Fortbildungsmaßnahme teilgenommen. Diese qualifizierten Arbeitskräfte bieten eine wichtige Basis ebenso für die Diversifizierung der Produktion wie auch für einen flexiblen Personaleinsatz in den verschiedenen Betriebsbereichen. Nur 11 Umschüler haben die Qualifizierung abgebrochen, weil sie sich ihr nicht gewachsen sahen bzw. einen anderen Arbeitsplatz gefunden hatten. Die hohe Erfolgsquote der Weiterbildungsmaßnahmen ist ohne die Vorförderung und die intensive Betreuung während der Weiterbildung in der gewohnten Umgebung kaum vorstellbar. Alle Anzeichen deuten darauf hin, daß die Sürken-Werft ein erfolgreiches Modell für die Rettung eines Betriebes, den Erhalt einer Stammbelegschaft und sogar des Ausbaus ihrer Qualifikationspotentiale in einer strukturschwachen Region ist. Die geglückte Umstrukturierung des Unternehmens sowie die günstige Unternehmenskonjunktur ermöglichte eine unerwartete, *nachträgliche Verknüpfung von Qualifizierung und Diversifizierung,* von der allerdings kleinere Gruppen der Belegschaft, deren Bereiche ganz wegfielen (Tischlerei, Reinigungsarbeiten), ausgespart blieben. Zudem ist die Sürken-Werft ein Musterbeispiel einer unbürokratischen Kooperation zwischen Betriebsrat, Geschäftsleitung, IG Metall, Arbeitsamt, Bildungsträger sowie sogar externen Unternehmensberatern, die alle an einem Erhalt der Beschäftigungsverhältnisse und an einem raschen Zustandekommen der Qualifikationsmaßnahmen interessiert waren.

#### 4.6.3.2 Jansen-Werft in Leer

Völlig gegensätzlich war die Ausgangssituation auf der Jansen-Werft in Leer. Auch diese Werft beschäftigte im Mai 1987 rund 460 Arbeitskräfte. Anders als die Sürken-Werft war sie jedoch ausschließlich auf den Schiffsneubau spezialisiert und vom Nachfrageeinbruch gerade in diesem Sektor besonders betroffen. Anfang Mai 1987 wurde der Konkurs angemeldet.

Es begann ein nunmehr schon zweijähriger ideenreicher und gut organisierter Widerstand der Belegschaft gegen eine frühzeitige Stillegung und später gegen ein Ausschlachten des Betriebes, dessen Geschichte noch zu schreiben ist. Dieser Widerstand wurde treffend unter der Überschrift kommentiert: „Asterix bei den Ostfriesen. Eine kleine Werft leistet wohlgemut und erfolgreich Widerstand" (TAZ 17.8.88). Zunächst wurde der Stapellauf eines Schiffes davon abhängig gemacht, daß der Ausbau des Schiffes auch auf der Werft selbst erfolgte. Damit war für einen Teil der Belegschaft ein weiteres halbes Jahr Arbeit gesichert. Mit dem Konkursverwalter wurde daraufhin die Qualifizierung von 150 – 200 Beschäftigten vereinbart, um Entlassungen zu verhindern. Voraussetzung war die Aufstockung des Unterhaltsgeldes durch das Land. Erst nach einer Demonstration der gesamten Belegschaft in Hannover sagte das Land zu, auch Unterhaltsgelder bei Qualifikationsmaßnahmen von Beschäftigten der Jansen-Werft aufzustokken. Ursprünglich sollte eine solche Aufstockung nur für Beschäftigte aus weiterbestehenden, nicht aber aus Betrieben im Konkurs genehmigt werden. Im Herbst 1987 wurde nach Beendigung des Schiffsausbaus eine weitere Qualifizierungswelle vereinbart.

Insgesamt traten bis Ende 1988 280 Jansen-Beschäftigte in eine Qualifizierungsmaßnahme ein. Ca. 100 Beschäftigte verließen den Betrieb auf eigene Faust; 40 Auszubildende wurden nach Ende ihrer Ausbildung nicht übernommen; die restlichen 40 Personen gingen in den vorzeitigen Ruhestand.

Die meisten Qualifikationsmaßnahmen fanden – bis auf einen Schweißerkurs – außerhalb des Unternehmens statt. Der Betriebsrat wollte die Belegschaft durch eine Qualifizierung auf dem Werksgelände als „politische Kraft zusammenhalten", um auch den notwendigen Druck auf die Öffentliche Hand zur Gewährung von Bürgschaften für Neuaufträge entfalten zu können. Der Konkursverwalter hingegen sah sich nicht in der Lage, langfristig bindende Vereinbarungen zu treffen. Auch das Arbeitsamt plante die Maßnahmen der Jansen-Beschäftigten eher für den externen Arbeitsmarkt. Der Anteil von Umschulungsmaßnahmen lag daher auf der Jansen-Werft höher als auf der Sürken-Werft; außerdem gab es kaum werftspezifische Fortbildungskurse wie bei Sürken.

Die Planung der Qualifikationsmaßnahmen war von einem ständigen Kleinkrieg zwischen Konkursverwalter und Betriebsrat über die Auswahl der Teilnehmer begleitet. Der Konkursverwalter forderte die Meister auf, die Leute herauszusuchen, die sie loswerden wollten. Das Arbeitsamt hat hier teilweise sehr kurzfristig auf sich ständig ändernde Listen reagieren müssen, dies aber sehr flexibel bewältigt.

Der Betrieb ist inzwischen stillgelegt. Das ehemalige Werksgelände wurde im Dezember 1988 an ein Hamburger Unternehmen verkauft, das dort einen Industriepark einrichten und vor allem in Süddeutschland um Neuansiedlungen werben will. Eine Versteigerung der Maschinen konnte von der Belegschaft durch einen „go in" verhindert werden.

Die Qualifizierungsmaßnahmen laufen ab Anfang 1989 aus. Die Belegschaft – und dies ist sicherlich einmalig in der Bundesrepublik – trifft sich weiter zu „Belegschaftsversammlungen ohne Betrieb" (Ems-Zeitung 28.1. 1989). Mit Unterstützung der IG Metall und mehrerer Forschungseinrichtungen wurde ein Konzept für eine „Zukunftswerkstatt Arbeit für die Region" entwickelt. Danach sollen die ehemaligen Jansen-Beschäftigten mit ABM-Mitteln und öffentlichen Zuschüssen Prototypen für Windenergieanlagen fertigen, ein Museumsschiff bauen sowie einen Beschäftigungspool für die Region bilden, mit dem der Einsatz von Leiharbeitskräften und Überstunden in anderen regionalen Betrieben abgebaut werden kann. Durch den kontinuierlichen Druck und die gute Öffentlichkeitsarbeit haben die Jansen-Beschäftigten bereits Zusagen für ABM-Mittel und Zuschüsse zu einzelnen Projekten (z.B. zum Bau des Museumsschiffes) bekommen. Mit der „Arbeit und Ausbildung in der Wirtschaftsregion Leer e.V." wurde ein Träger für Arbeitsbeschaffungsmaßnahmen und für einen Teil dieser Projekte eingerichtet.

Mit Hilfe der Qualifizierungsmaßnahmen konnten die Kündigungen auf der Jansen-Werft fast eineinhalb Jahre hinausgeschoben werden. Ein großer Teil der ehemaligen Beschäftigten befand sich im Mai 1989 noch in einer solchen Qualifizierung. Die gewonnene Zeit wurde dazu genutzt, Konzepte für eine Beschäftigungsgesellschaft aufzubauen, die wenigstens einen Teil der Jansen-Beschäftigten aufnehmen kann, und den politischen Druck zur Durchsetzung dieser Ideen zu entfalten. Die schlechte regionale Arbeitsmarktlage verhinderte eine Auflösung des Belegschaftszusammenhangs durch individuelle Arbeitsplatzmobilität.

Auch die außerordentlich hohe Inanspruchnahme der Qualifizierungsmaßnahmen in beiden ostfriesischen Werften ist nicht ohne die besondere lokale Arbeitsmarktsituation erklärbar. Die Aufnahmefähigkeit des regionalen Arbeitsmarktes ist so gering, daß Abfindungen und Abwanderungen keine realistische Alternative darstellten. Die hohe Kooperationsbereitschaft aller Beteiligten bei der Sürken-Werft in Papenburg zeigt weiterhin, daß gerade in der Region verwurzelte Klein- und Mittelunternehmen in Krisensituationen bereit sein können, durch neue Maßnahmen Kündigungen zu vermeiden.

### 4.6.4 *Qualifizierungsplan ohne gewerkschaftlichen Druck – Klöckner-Humboldt-Deutz*

Die wirtschaftliche Lage von Klöckner-Humboldt-Deutz hat sich in den letzten Jahren erheblich verschlechtert. Der Umsatz fiel von 4,6 Mrd DM 1984 auf 3,1 Mrd DM 1987 und für 1988 ist ein Umsatz von 2,9 Mrd DM geplant. Insgesamt sollen 1988 an verschiedenen Standorten 2.322 Arbeitsplätze wegfallen.

Der vom Betriebsrat Anfang 1988 unterzeichnete Beschäftigungs-/Sozialplan ist von allen untersuchten Vereinbarungen in *Großbetrieben* der für die Beschäftigten ungünstigste. In ihm wird zwischen einvernehmlichen Regelungen des Pesonalabbaus und Kündigungen unterschieden. Zu den einvernehmlichen Regelungen gehört neben Abfindungen und Sonderpensionierungen auch das Angebot einer Qualifizierung.

Diese Qualifizierungsmaßnahmen werden ausdrücklich mit dem Ziel angeboten, die Vermittlungsfähigkeit der Arbeitskräfte auf dem externen Arbeitsmarkt zu verbessern. Falls keine Angebote unterbreitet werden können – etwa aufgrund des Alters – oder eine Maßnahme abgelehnt wird, erfolgt eine Kündigung. Nach Abschluß der Qualifikationsmaßnahme scheidet der Betreffende aus dem Unternehmen aus. Das Unternehmen verpflichtet sich allerdings, ihn weiterzubeschäftigen, falls ein geeigneter Arbeitsplatz frei ist. Das Unterhaltsgeld wird auf 85 vH des Nettoeinkommen aufgestockt. Der Aufstockungsbetrag wird voll auf die Abfindung angerechnet. Falls der Beschäftigte wieder übernommen wird, gilt der Aufstockungsbetrag zwei weitere Jahre als Darlehen und wird in degressiver Höhe bei einer späteren Kündigung auf die Abfindung angerechnet.

Es gibt beträchtliche finanzielle Anreize zu einer einvernehmlichen Regelung. Für einen 35- (45-)jährigen Beschäftigten mit 15- (25-)jähriger Betriebszugehörigkeit und 3.000 (3.500) DM Monatsgehalt beträgt die Abfindungssumme bei einem Aufhebungsvertrag oder einer Qualifizierungsmaßnahme 20.250 (48.125) DM, bei einer Kündigung 18.000 (43.125) DM und bei der Ablehnung eines Qualifikationsangebotes sogar nur noch 15.750 (39.375) DM.

# 5 „Rekonversion" der Beschäftigten in Frankreich

## 5.1 Neue Elemente in der französischen Personalpolitik

Ab Mitte der siebziger Jahren wurde der Personalabbau in krisenbetroffenen Sektoren und Betrieben in Frankreich durch öffentliche Zuschüsse bei einer vorzeitigen Pensionierung erleichtert. Kaum ein anderes OECD-Land konzentrierte seine Mittel für Arbeitsmarktpolitik so stark auf vorzeitige Pensionierungen infolge konjunktureller oder struktureller Arbeitsmarkteinbrüche. Hierfür wendete Frankreich noch 1987 Mittel in Höhe von 1,07 vH des Bruttoinlandsproduktes auf, die Bundesrepublik hingegen nur 0,02 vH (OECD 1988, S. 86). Demzufolge war die Erwerbsquote der 55 bis 64jährigen Männer in Frankreich[43] von 1975 bis 1985 von 68,9 vH auf 50,1 vH gefallen; in der Bundesrepublik reduzierte sich diese Quote hingegen nur von 68,1 vH auf 56,2 vH (OECD 1987). Diese Politik erlaubte den französischen Betrieben zunächst einen raschen Personalabbau, stieß dann allerdings nach der Verrentung der entsprechenden Jahrgänge (in der Stahlindustrie ist ein vorzeitiger Ruhestand inzwischen ab 50 Jahren möglich) sowohl an finanzielle als auch personalpolitische Grenzen. Ein vorzeitiger Ruhestand ab 50 Jahre kostet die Öffentliche Hand ca. 1 bis 1,2 Mio F und übertrifft damit bei weitem die Ausgaben für finanzielle Hilfen bei anderen Abbaumaßnahmen[44].

Durch die expansive Beschäftigungspolitik und die Arbeitszeitverkürzungen der neuen sozialistischen Regierung wurde in Frankreich Anfang der 80er Jahre der Personalabbau in der französischen Industrie etwas gedämpft. Mit dem Kurswechsel in der Wirtschaftspolitik und den folgenden Budgetkürzungen verschärfte sich der Anpassungsdruck auf die Betriebe vor allem im Schiffbau, der Stahlindustrie, aber auch anderen Sektoren (z.B. Beispiel Automobilindustrie, Elektroindustrie) beträchtlich. Die Zahl der in der Industrie Beschäftigten verminderte sich 1983 bis 1985 um 3,3 vH gegenüber 1,9 vH zwischen 1979 und 1983 und 1,0 vH zwischen 1975 und 1979 (OECD 1988, S. 197). Der betriebswirtschaftlich erforderliche Personalabbau überstieg bei weitem die möglichen Abgänge in den Vorruhe-

43 Die Erwerbsquote der Frauen kann hier nicht zum Vergleich herangezogen werden, da sie auch unterschiedliche Trends in der Frauenerwerbstätigkeit insgesamt widerspiegelt.

44 Für die Betriebe bleibt allerdings der Vorruhestand mit Ausgaben von 80.000 bis 140.000 F pro Person bei weitem die finanziell günstigste Personalabbaumaßnahme (Burdillat 1987).

stand. Die Erfahrungen der militanten Gegenwehr der Stahlarbeiter von Longwy von 1979 gegen geplante Stillegungen waren in der französischen Politik jedoch noch zu allgegenwärtig, als daß die sozialistische Regierung direkte, nicht besonders abgefederte Entlassungen in den zumeist verstaatlichten Großbetrieben der Krisenbranchen in Erwägung gezogen hätte.

Die französische Arbeitsmarkt- und Personalpolitik wurde deshalb in dieser Periode um ein Bündel von Maßnahmen erweitert, das allgemein unter dem Begriff *„Reconversion des salariés"* zusammengefaßt wird. Die berufliche Weiterbildung ist nur ein Teil dieses Pakets. Es schließt weiterhin ein: Informationen über offene Stellen; Umorientierungen der Beschäftigten auf andere Branchen; Hilfe zum Aufbau einer selbständigen Existenz; Arbeitsvermittlung und finanzielle Eingliederungshilfen. In manchen Unternehmen wurden hierfür eigene „Konversionsstrukturen" geschaffen; deren Aufgaben war es, diese Maßnahmen umzusetzen, dem einzelnen vom Personalabbau Betroffenen einen geeigneten Weg in eine neue Beschäftigung vorzuschlagen und dabei die Aktivitäten der beteiligten Institutionen (Unternehmen, Wirtschaftsförderung, Kommune, Bildungsträger, Arbeitsamt, andere Unternehmen etc.) zu koordinieren. Eine Rekonversion zielt nicht auf den Erhalt von Beschäftigungsverhältnissen, sondern auf ihre Auflösung. Es geht nicht um einen internen Strukturwandel der Produktion, sondern um einen *externen Strukturwandel*, allerdings *unter Verantwortung des entlassenden Unternehmens.* Die Unternehmen bzw. die Öffentliche Hand bemühen sich um Neuansiedlungen bzw. die Entwicklung ansässiger Klein- und Mittelbetriebe[45] sowie um freie Arbeitsplätze in anderen Unternehmen, in die sie ihr überschüssiges Personal vermitteln können.

Durch die Rekonversionspolitik haben sich die Verpflichtungen der französischen Unternehmen, ihr überschüssiges Personal nicht einfach dem Schicksal auf dem externen Arbeitsmarkt zu überlassen, sondern Hilfestellungen beim Übergang in eine neue Beschäftigung zu gewährleisten, erweitert. In den französischen Großunternehmen werden daher einfache Entlassungen (Licensciements secs) immer weniger praktiziert und durch Rekonversionsmaßnahmen ersetzt. Die Rekonversion gilt im Idealfall als Instrument, den sozialen Frieden zu bewahren, unfruchtbare Blockierungen beim Personalabbau zu vermeiden, die sowohl die rechtzeitige Einleitung von Qualifizierungsmaßnahmen für die Beschäftigten als auch die rasche Umstrukturierung des Unternehmens behindern, bei der Vermittlung der Beschäftigten den Zeitdruck zu verringern und damit ihre Erfolgschancen zu erhöhen, und schließlich durch eine Umwandlung rein kompensatorischer Budgets (Abfindungen, Arbeitslosengeld) in aktive beschäftigungspolitische Maßnahmen betriebswirtschaftlich unter Umständen sogar ko-

45 Es gab z.B. besondere Zuschüsse zur Neuerrichtung von Betrieben in Stahlregionen; einzelne Unternehmen gründeten – ähnlich wie Thomson in Villingen-Schwenningen – Gesellschaften, die Neuansiedlungen anwerben sollten; bei der Einstellung entlassener Stahlarbeiter wurden besondere Eingliederungszuschüsse gezahlt.

stengünstiger, auf jeden Fall aber sozialpolitisch und gesamtwirtschaftlich effektiver arbeiten zu können. Dieser Idealfall tritt allerdings nur bei günstiger Arbeitsmarktlage ein. Unübersehbare Restriktionen der Rekonversion liegen vor allem im Mangel an Arbeitsplätzen bzw. im Lohngefälle zwischen alten und potential neuen Arbeitsplätzen in der Region. Diese Restriktionen konnten von den entlassenden Unternehmen kurzfristig nicht überwunden werden und prägten in vielen Fällen die Rekonversionspraxis.

Im Mittelpunkt stand dann – wie wir sehen werden – oft nicht mehr die Qualifizierung, die vom französischen Industrie- und Rekonversionsminister Chérèque als ein „Eintrittsbillet" in eine neue Beschäftigung bezeichnet wurde (Chérèque 1989, S. 15). Berufliche Qualifizierungen wurden teilweise durch die psychologische Vorbereitung zuvor gut bezahlter Stammbeschäftigter aus industriellen Kernsektoren auf neue Beschäftigungsmilieus mit prekären Arbeitsverträgen, ungünstigen Arbeitsbedingungen oder niedrigeren Löhnen ersetzt.

Anders als die Beschäftigungspläne in der Bundesrepublik ist die Rekonversion in Frankreich Gegenstand zahlreicher politischer Debatten. Sie gilt als ein Schlüsselelement der französischen Industriepolitik, das durch öffentliche und private Aufträge außerordentlich gut erforscht und damit auch präzis darstellbar ist (vgl. Outin u.a., 1988; Chaskiel, Villeval, 1988; Bellet, Boureille, 1986; Dubar, 1985; Burdillat, 1987; Ardenti, Vrain, 1988).

Am weitesten entwickelt ist die Rekonversion zweifellos in der Stahlindustrie und hier wiederum in dem vom Personalabbau dieser Branche besonders betroffenen Lothringen (Abschnitt 5.2). Die Vereinbarungen in der Stahlindustrie, aber auch in anderen Branchen (z.B. Werften) bzw. anderen Unternehmen (z.B. Thomson) waren Vorreiter einer gesetzlichen Regelung, die eine Konversionsperiode im allgemeinen Kündigungsschutz verankerte. Hierüber wird in Abschnitt 5.3 berichtet, bevor die Besonderheiten der französischen Erfahrungen herausgearbeitet werden (Abschnitt 5.4).

## 5.2 Rekonversion in der Stahlindustrie Lothringen

### *5.2.1 Das Sozialabkommen von 1984*

1984 beschloß die französische Regierung für die verstaatlichte Stahlindustrie einen Personalabbau von 20-25.000 Beschäftigten bis 1987, darunter Stillegungen ganzer Werke in Pompey, Vireux und Longwy. Kurz darauf wurde von den Gewerkschaften außer der CGT[46] ein Sozialplan zur Ab-

46 Die CGT unterzeichnete das Sozialabkommen von 1984 nicht, da die französische Regierung die Stahlindustrie möglichst rasch sanieren wollte und daher den Personalabbau eher forcierte als bremste. Sie forderte eine interne Restrukturierung der Stahlindustrie, also die Schaffung neuer Arbeitsplätze innerhalb dieser Branche. Die CFDT akzep-

wicklung dieses Personalabbaus mit dem Unternehmerverband und der französischen Regierung vereinbart (Convention Générale, 1984). Das Sozialabkommen schrieb die bereits zuvor vereinbarten vorzeitigen Pensionierungen sowie unternehmensinternen (soweit notwendig mit Qualifizierungen verbundenen) Versetzungen fort, die allerdings um eine „Solidaritätsregel" erweitert wurden. Auch in den vom Personalabbau nicht betroffenen Betrieben wurden Beschäftigte vorzeitig in den Ruhestand geschickt, um Arbeitsplätze für brancheninterne Versetzungen freizumachen. Weiterhin wurde ausländischen Beschäftigten eine Rückkehrprämie im Zusammenhang mit einem staatlichen Rückkehrprogramm angeboten.

Neu hingegen waren die „Congés de Reconversion" bzw. „Congés de Formation Conversion" (CFC), die dann greifen sollen, wenn andere Maßnahmen nicht mehr ausreichen. Diese „Umorientierungsperioden" dauern maximal zwei Jahre. Sie können nur von Beschäftigten unter 45 Jahren, deren Arbeitsplatz weggefallen ist, wahrgenommen werden; 45- bis 50jährige können sie nur beanspruchen, wenn sie ein „individuelles Projekt" (Selbständigkeit, neue Stelle) haben und auf eine spätere vorzeitige Pensionierung verzichten. In den maximal zwei Jahren erhalten die Betroffenen 70 vH ihres Bruttogehalts, was etwa 84 vH des ehemaligen Nettolohns entspricht. 30 vH dieses Unterhaltsgeldes werden vom Staat, 70 vH vom Unternehmen getragen. Sie können an Bildungsmaßnahmen teilnehmen, die vom Unternehmen und vom Staat jeweils zur Hälfte finanziert werden. Das Unternehmen muß ihnen während oder zum Ende der Umorientierungsperiode zwei unbefristete Stellen anbieten, die möglichst ihren Qualifikationen entsprechen sollen. Eine dieser Stellen muß in ihrer Herkunftsregion liegen. Während der Rekonversion ruht das Beschäftigungsverhältnis; es wird erst mit einer erfolgreichen Vermittlung oder bei Nichtannahme der Beschäftigungsangebote aufgelöst. Falls das Gehalt im neuen Betrieb 10 vH unterhalb des bisherigen liegt, wird ein zusätzlicher Verdienstausgleich von 20.000 F gezahlt. Bildungsmaßnahmen können bei einem Arbeitsplatzangebot sofort abgebrochen werden. Der Unterhaltsgeldanspruch kann jederzeit kapitalisiert werden, wobei dann 65 vH des noch verbleibenden Unterhaltsgeldanspruchs[47] (gerechnet auf der Grundlage einer maximalen Dauer von 24 Monaten) ausgezahlt wird. Für die Abwicklung dieser CFC werden regelmäßig Beratungen mit den Gewerkschaften und den Betriebsräten vereinbart.

---

tierte hingegen den Bedeutungsverlust der Stahlindustrie weitgehend und versuchte vor allem, die neuen Konversionsmaßnahmen umzusetzen. Sie konnte in betrieblichen Verhandlungen teilweise die nationalen Regelungen nachbessern (Chaskiel, Villeval, 1988, S. 95-96).

47 Da die Chance besteht, daß das Unternehmen einem Betroffenen schon nach wenigen Monaten zwei Stellen anbietet, besteht ein finanzieller Anreiz zur Annahme einer Abfindung. Erst bei Ausschöpfung der gesamten 24 Monate erhält der einzelne durch die CFC mehr Geld als bei einer Abfindung.

Schaubild 12: *Lothringer Betriebe von Unimetal*
Analyse der realisierten Personalabgänge
von 30. Juni 1984 bis 31. Dezember 1987

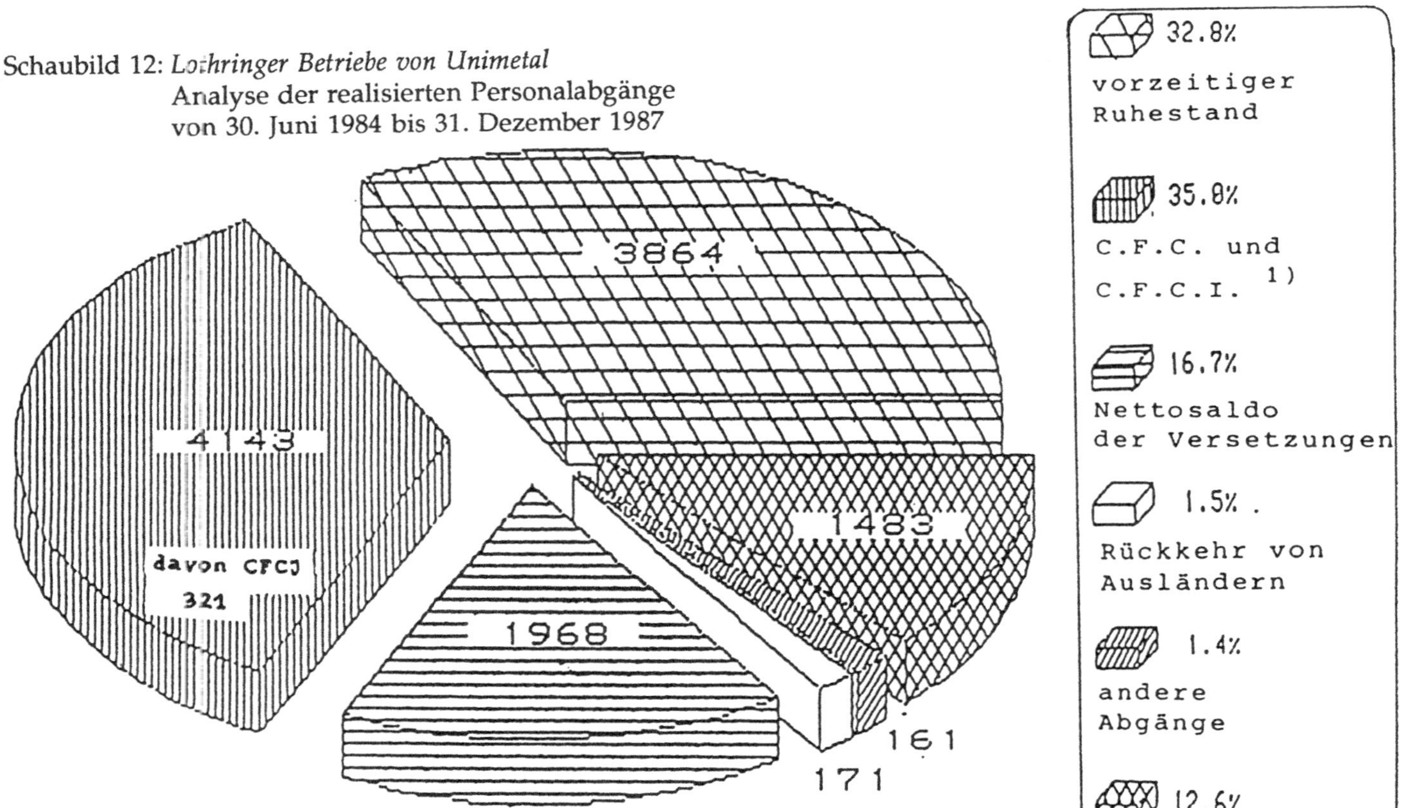


| | | |
|---|---|---|
| Beschäftigte | zum 30.Juni 84: | 18295 |
| Beschäftigte zum 31. Dezember 87: | | 6505 |
| Personalabbau: | | 11790 |

1) Zusätzliche interne Weiterbildungsmaßnahmen

### 5.2.2 *Die Anwendung des Sozialabkommens 1984 in Lothringen*

#### 5.2.2.1 Eintritte und Austritte in „Congés de Formation Conversion"

In Lothringen wurde seit Anlaufen des Sozialplans Mitte 1984 bis Ende 1986 die Zahl der Arbeitsplätze in der Stahlindustrie um fast 40 vH von 41.828 auf 25.677 verringert. Im größten Stahlunternehmen, Unimetal, auf das sich der Personalabbau dieser Periode besonders konzentrierte, sank die Belegschaft von 18.295 im Juni 1984 auf 6.505 im Dezember 1987, also um ca. 65 vH. Hier fanden die CFC breite Anwendung und übertrafen mit 4.143 Fällen (ergänzt um 321 Fälle interner Weiterbildung) sogar die Frühverrentungen. Zusätzlich 1.483 Personen wurden in eine gesonderte „Antikrisenabteilung" ausgegliedert. Es handelte sich vor allem um die 45- bis 50jährigen, deren Arbeitsplatz wegfiel, die aber die Altersgrenze für einen Eintritt in einen CFC überschritten hatten. Die Zahl der ursprünglich geplanten Eintritte in die CFC war mit 4.730 sogar noch größer. 427 Personen wurden jedoch intern versetzt, fanden direkt einen Arbeitsplatz etc., ohne einen CFC in Anspruch zu nehmen (Schaubild 12; Tabelle 10)[48].

Die durchschnittliche Aufenthaltsdauer in den CFC lag bei 7,5 Monaten. Mehr als 80 vH schieden im Laufe von zwölf Monaten aus (90 vH bis 15 Monate). Die volle Laufzeit von zwei Jahren wurde also nur von einer Minderheit ausgeschöpft (Bilan Lorrain, 1987, S. 121). Über 70 vH der Betroffenen sind bereits wieder aus den CFC ausgeschieden. Der größte Teil von ihnen hat seinen Unterhaltsgeldanspruch kapitalisiert und sich damit selbständig gemacht bzw. eine neue Lohnarbeit gefunden. 9,2 vH der Betroffenen wurden auf inzwischen freigewordene Arbeitsplätze der Stahlindustrie versetzt und 11,5 vH in eine neue Lohnarbeit außerhalb der Branche vermittelt. Ca. 20 vH befinden sich noch in einem CFC, nur 6,8 vH werden allerdings aktuell weitergebildet. 4,5 vH nehmen an einer Einarbeitungsmaßnahme in einem anderen Unternehmen teil[49], die ihre spätere Vermittlung erleichtern soll; der Rest „wartet" auf Qualifizierung oder Arbeitsplatzangebote.

Kennzeichnend für die Praxis der CFC ist der rasche Durchlauf von Personen, die starke Inanspruchnahme von Abfindungen und der Vorrang der Arbeitsvermittlung vor einer Qualifizierung. Die Qualifizierung, mit der eigentlich die neue Regelung begründet wurde, wird zur Restgröße.

---

48 Die in der Tabelle 10 angegebenen Zahlen der Eintritte in CFC liegen höher als die im Schaubild 12 genannte Zahl. Der Grund: Es gibt Überschneidungen zwischen den verschiedenen „Verbleibskonten". Z.B. konnte ein Betroffener aus CFC heraus innerhalb der Stahlindustrie versetzt werden. Tabelle 10 geht von den ursprünglichen Eintritten in CFC aus, während das Schaubild 12 über den Verbleib zum Stichtag Ende 1987 Auskunft gibt.

49 Während dieser Einarbeitung bleiben sie Beschäftigte des Stahlunternehmens. Die anderen Unternehmen können also risiko- und kostenfrei die neuen Arbeitskräfte testen: bei einer Einstellung haben sie Rekrutierungs- und Einarbeitungskosten gespart.

Tabelle 10: *Zu- und Abgänge zu CFC – Juni 1984 bis Dezember 1987*

| | | | |
|---|---|---|---|
| Vorschläge zum Eintritt in CFC | 4 730 | | |
| Ablehnung | 0 | | |
| direkte Arbeitsplatzvermittlung | 427 | | |
| Eintritte in CFC insgesamt | 4 303 | 100 vH | |
| **Austritte:** | | | |
| sofortige Kapitalisierung | | | |
| - zur Selbständigkeit | 483 | 11,2 vH | 47,4 vH |
| - zu neuer Lohnbeschäftigung | 821 | 19,1 vH | |
| Kapitalisierung während der Konversion | | | |
| - zur Selbständigkeit | 143 | 3,3 vH | |
| - zu neuer Lohnbeschäftigung | 595 | 13,8 vH | |
| Vermittlung in neue Lohnbeschäftigung | 496 | 11,5 vH | |
| Versetzung innerhalb der Stahlindustrie | 398 | 9,2 vH | |
| andere Abgänge¹) | 193 | 4,5 vH | |
| Abgänge insgesamt | 3 129 | 72,7 vH | |
| verbleibende Personen | 1 174 | 27,3 vH | |
| **Laufende CFC-Maßnahmen** | 853 | 19,8 vH | |
| **davon:** Weiterbildung | | | |
| - im Unternehmen | 9 | 0,2 vH | 6,6 vH |
| - extern | 274 | 6,4 vH | |
| Orientierungstätigkeit in anderem Unternehmen | 195 | 4,5 vH | |
| Warten auf Beginn eines Kurses oder erste Beratung | 61 | 1,4 vH | |
| Warten auf andere Maßnahmen | 21 | 0,5 vH | |
| Rückruf zur Arbeit | 45 | 1,0 vH | |
| sonstiges²) | 248 | 5,8 vH | |
| innerbetriebliche Weiterbildung | 321 | 7,5 vH | |

1) Rückkehr ins Heimatland; Entlassung wegen Nichtannahme eines Arbeitsplatzangebotes.
²) Hauptsächlich Warten auf Arbeitsplatzangebot.

*Quelle:* Unimetal

Das Unternehmen hat zunächst von sich aus nur zögernd Qualifikationsmaßnahmen entwickelt und ermunterte die Beschäftigten, eine Abfindung in Anspruch zu nehmen. Dies entlastet es von der Verpflichtung, den Betroffenen zwei Arbeitsplatzangebote zu unterbreiten und Qualifikationsmaßnahmen zu organisieren. Da die bislang für eine individuelle Qualifikationsmotivation entscheidende Verknüpfung von Beschäftigung und Weiterbildung fehlte, drängten die Betroffenen von sich aus nicht auf eine Qualifizierung. Es bedurfte erst gewerkschaftlichen Drucks, vor allem der CFDT, bevor Weiterbildungskonzepte entwickelt und umgesetzt wurden (Chaskiel, Villeval, 1988, S. 120 ff).

Die Qualifizierungsmaßnahmen dauerten im Durchschnitt nur 311 Stunden bzw. 8 Wochen (Bilan Lorrain, 1987, S. 85). Nur knapp 1/3 der in den CFC eingetretenen Personen hat bis Ende 1986 überhaupt an einer Qualifizierungsmaßnahme teilgenommen. Dieses Drittel hat im Durchschnitt zwei Maßnahmen besucht.

Die eigentliche berufliche Weiterbildung umfaßt höchstens die Hälfte des angebotenen Weiterbildungsvolumens. Bei den un- und angelernten Arbeitern überwogen praxisbezogene Anpassungsfortbildungen ohne beruflichen Abschluß. Weiterqualifizierende Abschlüsse konnten am ehesten von den bereits bildungsgewohnten Facharbeitern, Technikern und Meistern erworben werden.

Die andere Hälfte der Qualifizierungsmaßnahmen zielte weniger auf die Anpassung oder Erweiterung fachlichen Wissens, sondern auf die psychologische Umorientierung der Stahlarbeiter auf eine Beschäftigung in einem anderen Sektor. Als Maßnahmeziele werden hier genannt:

- „Standortbestimmung der eigenen beruflichen und sozialen Fähigkeiten,
- neue berufliche Milieus kennenlernen,
- Formulierung und Analyse der neuen beruflichen Realität,
- Ändern der beruflichen Gewohnheiten, um eine neue Stelle zu finden,
- Vertrauen in seine eigenen Fähigkeiten gewinnen"
  (Bilan Lorrain, Annexes, S. 183 ff).

Daneben wurden in kleinerem Maßstab Alphabetisierungskurse und allgemeinbildende Lehrgänge für Arbeiter ohne Hauptschulabschluß angeboten, um ihnen eine spätere Ausbildung zu ermöglichen.

Nicht zu übersehen ist allerdings der gleichzeitige Ausbau der innerbetrieblichen Qualifizierungsmaßnahmen zur Bewältigung der technologischen Änderungen mit einem verkleinerten Personalstamm. Vermittelt über die neu geschaffenen Rekonversionsstrukturen befinden sich gegenwärtig mehr Personen in internen Weiterbildungsmaßnahmen (321 Personen) als zum Ausscheiden aus dem Unternehmen vorgesehene Personen (283 Personen). Hier ist, anders als bei den CFC, die Verknüpfung von Weiterbildung und Beschäftigung erhalten. Die internen Weiterbildungsmaßnahmen orientieren sich daher fast ausschließlich auf eine erweiterte berufliche Qualifikation, schließen aber allgemeinbildende Module für Beschäftigte mit geringem Ausbildungsstand ein.

#### 5.2.2.2 Die Rekonversionsstrukturen

Ein so umfassender Personalabbau, der sich nicht in Entlassungen erschöpft, sondern mit zahlreichen Verpflichtungen des Unternehmens verbunden ist, konnte nicht von den Personalabteilungen neben der weiterlaufenden sonstigen Arbeit bewältigt werden. Auf Unternehmensebene wurden paritätische Kommissionen eingerichtet, in denen mit den Unterzeichnergewerkschaften die Abwicklung des Sozialabkommens beraten wurde[50]. Für die Abwicklung selber war die Schaffung neuer Strukturen notwendig. Diese reichten je nach Größenordnung des Personalabbaus von der Freistellung einzelner Konversionsbeauftragter bis hin zur Einrichtung selbständiger Abteilungen (bei Uni- und Ascometal).

Unimetal gründete 1985 die sog. Unimetal-Conversion, die an vier Standorten präsent war. Man wollte hiermit die notwendigen personellen und finanziellen Ressourcen für die Konversion bereitstellen und gleichzeitig Klarheit in die Kostenrechnung bringen, indem man jede Zweideutigkeit in der Zurechnung von Betriebs- und Umstrukturierungskosten vermied. Das Personal in Unimetal-Conversion war damit von jeder laufenden Verpflichtung im Unternehmen befreit und mußte seine Aufgaben im Rahmen eines vorgegebenen Budgets erfüllen. An jedem der vier Standorte umfaßte Unimetal-Conversion die drei Abteilungen: Abwicklung der CFC, Unimetal-Service und Geschützte Werkstätten.

Für etwa 25 bis 30 der für CFC benannten Personen gab es einen Verantwortlichen (correspondante), vielfach Vorarbeiter, die anschließend selbst in den Vorruhestand gingen, aber auch Funktonäre der CFDT, die als einzige der Unterzeichnergewerkschaften auch über betriebliche Gewerkschaftsstrukturen verfügt. Mit jedem einzelnen Betroffenen wurden Gespräche über seine beruflichen Zukunftsmöglichkeiten geführt und anschließend in Zusammenarbeit mit den lokalen Bildungseinrichtungen und der Arbeitsverwaltung[51] Bildungsmaßnahmen oder Arbeitsplätze angeboten, ebenso wie Beratungen über Möglichkeiten, sich selbständig zu machen. Anfänglich vollzog sich die Arbeit dieser correspondantes in einem oft gespannten und feindseligen Klima, was selbst die offizielle Bilanz konstatiert (Bilan Lorrain, 1987, S. 50). Durch diese Strukturen wurde jedoch ein sofortiger Bruch mit dem Unternehmen vermieden. Eine Beziehung zur

---

50 Hierin war die stärkste Gewerkschaft der Stahlindustrie, die CGT, jedoch nicht vertreten, da sie das Sozialabkommen nicht unterschrieben hat (zur Position der CGT vgl. Bulletin de Liason CGT d'Usinor – Sacilor, Nr. 2, Nr. 4, Nr. 14, 1987).

51 Es wurden auf regionaler Ebene drittelparitätische Bildungskommissionen eingerichtet. Die Arbeitsvermittlung schuf „Arbeitsplatzbörsen" im Betrieb. Stahlarbeiter wurden bevorzugt vermittelt.

vertrauten Umgebung wurde aufrechterhalten, und es wurden Hilfestellungen zum Übergang in Qualifizierung, in eine andere Beschäftigung oder in die Selbständigkeit angeboten, die vor der Entlassung stehende Arbeitskräfte in anderen Branchen nicht erhielten.

Unimetal-Service hat alle Personen zwischen 45 und 50 Jahren aufgenommen, deren Arbeitsplatz weggefallen war, die aber nicht an CFC teilnahmen (1.483 Personen zwischen 1985 und 1987). Die Beschäftigten von Unimetal-Service warten zumeist auf den Eintritt in den vorzeitigen Ruhestand; ein anderer Teil soll wieder ins Unternehmen rückversetzt oder in andere Tätigkeiten vermittelt werden. Sie werden mit drei Typen von Arbeiten beschäftigt:

- Arbeiten von „allgemeinem Interesse" im Unternehmen. Dies sind vor allem Abbrucharbeiten an stillgelegten Anlagen;
- Übernahme von bisher extern vergebenen Werkaufträgen (Reinigungsarbeiten, Gärtner- und Maler- sowie Wartungsarbeiten);
- Verleih an Unimetal oder andere Stahlunternehmen zum Selbstkostenpreis.

In Longwy, wo sich die größten Abteilungen von Unimetal-Service befinden, schätzt das Unternehmen, daß diese Strategie bei den regionalen Subunternehmen zu einem Arbeitsplatzverlust von ca. 10 vH geführt hat (Bilan Lorrain, 1987, S. 54).

Zur Förderung der Selbständigkeit ehemaliger Beschäftigter der Stahlindustrie sowie zur Schaffung neuer Arbeitsplätze in der Region wurde die „Industrialisation Usinor Sacilor" (Industrialisation 1988) geschaffen, die Abteilungen in allen Stahlregionen unterhält. Beschäftigte der Stahlindustrie, die sich selbständig machen wollen, werden von den ca. 30 Experten der Industrialisation Usinor Sacilor beraten und können 10jährige Kredite in einer maximalen Höhe von 50.000 F bei einem Zinssatz von 1 % erhalten. Daneben werden lokale Unternehmen, die expandieren wollen, beraten und ebenfalls durch günstige Kredite (6 % Zinsrate) bei Expansionsprojekten unterstützt. Die Einstellung von ehemaligen Beschäftigten von Usinor und Sacilor auf neue Arbeitsplätze dieser Unternehmen wird subventioniert. Industrialisation Usinor Sacilor konzentriert seine Bemühungen vor allem auf regionale Klein- und Mittelbetriebe. Hier werden die größten Expansionschancen gesehen. Die Verlagerung von Betrieben wird nicht gefördert, sofern diese Betriebe aus einer anderen Region, in der ebenfalls im Zusammenhang mit Rekonversionsmaßnahmen Arbeitsplätze geschaffen werden sollen, kommen[52].

52 Diese Zielsetzung wird noch wesentlich expliziter bei der Wirtschaftsförderung des französischen Konzern Saint Gobain formuliert. Der für die regionale Entwicklung Verantwortliche schreibt: „Es gibt nur wenige potentielle Investeure, die nicht 'Prämien- bzw. Subventionsjäger sind'; außerdem ist die Konkurrenz um Ansiedlungen zwischen den Städten sehr stark. Weiterhin: Ist es wirklich eine Lösung, wenn man die 'Wohnung von Pierre räumen läßt, um Paul eine Bleibe zu geben?'. Wir haben daher einen anderen

Diese Wirtschafsförderungsgesellschaften von Usinor Sacilor wurden vom französischen Staat beträchtlich subventioniert. 1987 erhielten sie 200 Mio F, 1988 weitere 192 Mio F. In zwei Fällen ist Usinor Sacilor bei der Förderung von Klein- und Mittelbetrieben schon außerhalb ihrer eigenen Standorte tätig geworden. Durch Kapitalerhöhungen der verschiedenen regionalen Wirtschaftsgesellschaften des Konzerns sollen Beteiligungen der örtlichen Industrie- und Handelskammern und anderer Unternehmen möglich werden. Offensichtlich wird darüber nachgedacht, daß inzwischen gut entwickelte know-how dieser Gesellschaften in der Region zu erhalten und für die regionale Beschäftigungspolitik zu nutzen.

### 5.2.2.3 Selektion der Beschäftigten und Verbleib nach dem Ausscheiden

Die über 50jährigen sind bis auf Ausnahmen alle in den vorzeitigen Ruhestand geschickt worden. Bei den anderen Maßnahmen fand jedoch eine Personalauswahl statt, die weitgehend von den Führungskräften der Betriebe vorgenommen wurde. Über die Qualifikationsstruktur der weiterhin Beschäftigten sowie der in CFC oder in Unimetal-Service versetzten Beschäftigten waren keine Daten erhältlich. Es ist jedoch kaum vorstellbar, daß sich die Betriebe angesichts des stattfindenen technologischen Wandels und des zunehmend knapper werdenden Personalstamms von den jüngeren, zuverlässigen und besser qualifizierten Arbeitskräften getrennt haben. Die Gewerkschaften haben auf die Personalauswahl in der Regel keinen Einfluß genommen (bzw. nehmen können) und später auch die Abwicklung nur kontrolliert, soweit sie die Funktion der correspondantes übernommen haben (nur CFDT) bzw. einzelnen Beschwerden nachgingen. Die CGT als stärkste Gewerkschaft in der Stahlindustrie hat weitgehend eine Verweigerungshaltung eingenommen. Sie forderte einen Erhalt der Arbeitsplätze in der Stahlindustrie durch neue Beschäftigungsprogramme und wollte den Personalabbau nicht mittragen. Der vorzeitige Ruhestand war bei den Beschäftigten so populär, daß auch die CGT ihn als Personalabbaumaßnahme akzeptierte. Sie forderte allerdings, daß für jede vorzeitige Pensionierung ein junger Arbeiter neu eingestellt werden müsse. Ihre Opposition konzentrierte sich vor allem auf die CFC, die sie als „Vorzimmer zur Arbeitslosigkeit" bezeichnete. Ihre Mitglieder, die für einen Eintritt in CFC ausgewählt worden waren, wurden bei ihren Entscheidungen alleine gelassen. Die Betriebsräte der CGT haben bei einem Beratungsbedarf über Weiterbildungsmaßnahmen ihre eigenen Kollegen zur CFDT geschickt und damit jede Möglichkeit einer Einflußnahme auf die Abwicklung preisgegeben. Die CFDT alleine war im betrieblichen Alltag zu einflußlos, um hier tatsächlich eine kontrollierende Rolle ausüben zu können.

Weg gewählt, den der Förderung von Klein- und Mittelbetrieben, die schon in der Region sind, und potentiell Arbeitsplätze schaffen können" (Bertherat 1989, S. 70).

Die Selektion bei den Versetzungen erfolgt durch die aufnehmenden Betriebe bzw. Abteilungen. Ganz offensichtlich wurden Ausländer überhaupt nicht akzeptiert und hohe Anforderungen an das Qualifikationsniveau und das Alter gestellt. So wurden aus dem stillgelegten Werk in Pompey 27,9 vH der betroffenen Franzosen (außer Personen im Vorruhestand), aber nur 7,4 vH der nordafrikanischen Arbeiter, und von den ungelernten Arbeitern nur 9 vH gegenüber 29 vH bei den Facharbeitern und 39 vH bei den höheren Angestellten versetzt (Tabelle 11)[53].

Die Untersuchung der Personalabgänge bei Pompey zeigt weiterhin, daß

- vor allem qualifizierte Arbeiter und Angestellte sich selbständig gemacht haben. Der überwiegende Teil von ihnen stützt sich dabei jedoch nicht auf seine besonderen beruflichen Kenntnisse, sondern ist in den Einzelhandel (45 vH) und Gaststättensektor (16 vH) abgewandert (Bilan Lorrain, Annexes, S. 216).

Tabelle 11: *Reconversion der Beschäftigten von Pompey in vH*

| | Versetzungen | Selbständigkeit | Kapitalisierung | CFC | Rückkehr ins Heimatland | insgesamt |
|---|---|---|---|---|---|---|
| ungelernte Arbeiter | 9 | 9 | 58 | 20 | 4 | (N = 209) 100 |
| gelernte und angelernte Arbeiter | 29 | 13 | 31 | 27 | 1 | (N = 721) 100 |
| Facharbeiter | 29 | 17 | 32 | 22 | – | (N = 147) 100 |
| Techniker und Vorarbeiter | 22 | 25 | 38 | 14 | – | (N = 63) 100 |
| hoch eingestufte Techniker und Vorarbeiter | 28 | 17 | 44 | 11 | – | (N = 104) 100 |
| angelernte und gelernte Angestellte | 11 | 21 | 57 | 4 | – | (N = 120) 100 |
| höhere Angestellte | 39 | 19 | 39 | 3 | – | (N = 31) 100 |
| insgesamt | 24 | 14 | 39 | 21 | 1 | (N = 1395) 100 |

*Quelle:* Villeval, 1988

53 Die Stillegung des Werkes von Pompey wird von einem Forschungsteam der Universität Nancy untersucht. Es wurden die Personalakten von ca. 1.400 Beschäftigten (ohne Personen im Vorruhestand) ausgewertet. Darüber hinaus wurden 1987 370 Personen befragt. Die Abwicklung der Stillegung wird beschrieben in: Chaskiel, Villeval, 1988. Die Ergebnisse der Auswertung der Personalakten und der Befragung werden vermutlich 1990 veröffentlicht. Erste Ergebnisse wurden uns freundlicherweise vom Forschungsteam zur Verfügung gestellt.

- CFC eine Auffangmaßnahme gerade für Arbeiter und dabei insbesondere für die angelernten Arbeiter sind, die bei einem Branchenwechsel am ehesten abgestuft würden. Die unqualifizierten Arbeiter sind allerdings leicht unterrepräsentiert. Sie haben mit Abstand am ehesten eine sofortige Kapitalisierung der Abfindung vorgezogen. Dies mag daran liegen, daß in Frankreich aufgrund der geringen Entwicklung der beruflichen Erstausbildung das Arbeitsmarktsegment für ungelernte Beschäftigte noch relativ groß ist. Es dominieren also einerseits noch vielerorts Arbeitermilieus, in denen berufliche Weiterbildung noch nicht als notwendiger Bestandteil der Arbeitsplatzsicherung akzeptiert ist. Andererseits können aufgrund der Größe unstrukturierter Arbeitsmärkte die Beschäftigten hier noch eher als in der Bundesrepublik mit einem neuen Arbeitsplatz rechnen.

370 der in Pompey betroffenen Arbeiter (ohne Vorruhestand) wurden 1987 noch einmal über ihren gegenwärtigen Beschäftigungsstand befragt. Eine erste Auswertung zeigt, daß viele Beschäftigte nach Ausscheiden aus dem Unternehmen ihre Arbeit wieder verloren haben bzw. bei einer Kapitalisierung keine neue gefunden haben. Folgende Trends sind erkennbar: 18,2 vH der ehemaligen Beschäftigten von Pompey sind heute arbeitslos gegenüber einer Arbeitslosenquote von 10,7 vH in Lothringen. *Selbständigkeit und Kapitalisierung waren der wahrscheinlichste Weg in die Arbeitslosigkeit.* Der Anteil der heute Arbeitslosen liegt hier bei über 20 vH, und mehr als 40 vH gegenüber 30 vH insgesamt waren nach der Betriebsstillegung einmal arbeitslos geworden (Tabelle 12).

Die heute Arbeitslosen haben ihre Abfindung schnell aufgebraucht. Die arbeitslosen ehemaligen Selbständigen haben sie durch einen schnellen Konkurs verloren, und die arbeitslos gewordenen Lohnabhängigen erhielten 15 Monate nach Erhalt der Abfindung keine Arbeitslosenunterstützung; die aufnehmenden Unternehmen haben darüber hinaus vielfach neueingestellte Stahlarbeiter anfänglich unterdurchschnittlich bezahlt, da sie ja – so das Argument – durch ihre Abfindung eine zeitlang abgesichert seien. Ein Teil der Abfindungssummen ist durch diese Praktiken nicht den Stahlarbeitern direkt zugeflossen.

Tabelle 12: *Arbeitslosigkeit nach Stillegung des Stahlwerks in Pompey in vH*

| Rekonversionsmaßnahme | 1987 arbeitslos | seit Schließung des Werkes einmal arbeitslos |
|---|---|---|
| Versetzung | 1,1 | 9,7 |
| Kapitalisierung | 26,7 | 41,8 |
| CFC | 16,7 | 26,4 |
| Selbständigkeit | 23,7 | 39,5 |
| Summe | 18,2 | 30,4 |

*Quelle:* Vielleval, 1988

In der Region war mit dem Arbeitsplatzabbau in der Stahlindustrie ein Prozeß der Tertiarisierung zu beobachten, dem auch eine Zunahme schlechter bezahlter und vor allem unsicherer Arbeitsplätze entsprach. Ein großer Teil der Stahlarbeiter wurde in die eher instabilen Bereiche des Arbeitsmarktes abgedrängt. Die stabileren Arbeitsplätze in den mit öffentlichen Mitteln geschaffenen neuen Unternehmen kamen ihnen offensichtlich nur zum kleinen Teil zugute. Die auf dem Gelände des stillgelegten Werkes in Pompey errichteten metallverarbeitenden Betriebe rekrutierten nur den kleineren Teil ihrer Beschäftigten aus ehemaligen Stahlarbeitern und stellten dann auch nur Fachkräfte ein. Nur 19 vH der dort insgesamt neu geschaffenen 1.495 Arbeitsplätze konnten mit Stahlarbeitern besetzt werden; zieht man davon die Neueinstellungen der zwei Tochterfirmen des Stahlkonzerns Sacilor – Mutter des stillgelegten Unternehmens – ab, sind es sogar nur noch 7 vH. Die französischen Begleitforscher resümieren: „Mit der Umsetzung der CFC begann sich der Wiedereingliederungsprozeß der Freigesetzten unter bestimmten Aspekten zu individualisieren. Die Neuansiedlung vieler Kleinbetriebe führte zu einer 'ökonomischen Balkanisierung', die weniger einer Logik der Reintegration der Freigesetzten als einer Logik der Suche nach öffentlichen Subventionen folgte. Die Politik der Rekonversion der Beschäftigten und die Politik der ökonomischen Reaktivierung des Betriebsgeländes verliefen nicht koordiniert, sondern folgten einem unterschiedlichen zeitlichen Rhythmus" (Chaskiel, Villeval, 1988, S. 129).

Die *Rekonversionspraxis* zielte daher in großen Teilen auf eine *systematische Vorbereitung des Übergangs in ein anderes ungesichertes, individualisiertes Berufsmilieu*. Dies befürchteten viele Stahlarbeitern; sie versuchten daher unter Mitnahme der Abfindung durch eigene Suchstrategien diesen Abstieg zu vermeiden. Sie setzten sich damit aber selbst unter starken Zeitdruck und scheiterten vielfach an den ungünstigen externen Arbeitsmarktbedingungen.

Die Qualifizierung und die systematische Arbeitsplatzsuche und -vermittlung mit Hilfe des Unternehmens bot zwar keinen absoluten Schutz, wohl aber eine relativ größere Chance, einen neuen Arbeitsplatz zu erhalten, als die individuellen Wege einer schnellen Kapitalisierung oder in die Selbständigkeit.

#### 5.2.2.4 Das neue Sozialabkommen von 1987

Das Sozialabkommen der Stahlindustrie von 1984 lief 1987 aus. Mitte 1987 wurde ein neues Sozialabkommen unterzeichnet, mit dem ein Abbau von weiteren 30.000 Arbeitsplätzen zwischen 1988 und 1990 begleitet werden soll. Der Abschluß dieses neuen Abkommens schien vorübergehend in Frage gestellt zu sein. Die Gewerkschaften waren durch ihre Uneinigkeit und den erfolglosen Widerstand gegen den Personalabbau geschwächt. In dieser Situation wollten die Unternehmen die Regelungen des Personalabbaus auf das Niveau des allgemeinen Kündigungsschutzes absenken. Zur 'Bewahrung des sozialen Friedens' stimmten Unternehmerverband und Regierung jedoch einem neuen und beträchtlich verschlechterten Abkommen zu, in dem die Frühpensionierungen wegen ihrer hohen Kosten das „letzte Mal" verlängert werden sollen (Sidérurgie: nouvelle CGPS, 1987).

Das Unterhaltsgeld für die Vorruheständler wird um knapp 10 vH durch zusätzliche Sozialversicherungsbeiträge etc. abgesenkt. Die CFC werden auf zwölf Monate reduziert. Nur für Ältere ab 45 Jahren und Personen, die eine längere Berufsausbildung absolvieren, können sie auf 24 Monate ausgedehnt werden. Den Beteiligten muß nur noch ein einziges Arbeitsplatzangebot unterbreiteten werden. Als Ziel der CFC war 1984 ausschließlich die Weiterbildung genannt worden. Seit 1987 werden die Arbeitsvermittlung und Evaluation der individuellen Handlungsmöglichkeiten als gleichrangige Ziele genannt. Ein Praktikum in einem anderen Unternehmen wird ausdrücklich als Weiterbildung klassifiziert, da hierdurch eine Arbeitsplatzvermittlung erfolgen könne. Die Kapitalisierung ist weiterhin auf der Basis einer fiktiven Verweildauer in CFC von 24 Monaten berechnet, wodurch der finanzielle Anreiz zu einer sofortigen Kapitalisierung deutlich erhöht wird.

Während die Weiterbildungselemente in den CFC abgebaut werden, wird die unternehmensinterne Weiterbildung mit Unterstützung öffentlicher Mittel ausgebaut. Neu vereinbart wurden die „Contracts de formation interne á la sidérurgie" (COFIS). Beschäftigte, deren Arbeitsplatz weggefallen ist, werden im Rahmen der vorgesehenen Mittel, die in Jahresverträgen mit dem Staat festgelegt werden, bis zu zwölf Monate freigestellt, in denen sie mindestens neun Monate weitergebildet werden. Anschließend werden sie innerhalb der Stahlindustrie versetzt. Bevorzugt berücksichtigt werden sollen hierbei die 45- bis 49jährigen, die noch nicht für einen Vorruhestand in Frage kommen. Ihr Unterhaltsgeld beträgt ebenso wie bei CFC ca. 84 vH des Nettolohns; hiervon werden 30 vH vom Staat getragen. Die Unternehmen werden verpflichtet, eigene Konversionsstrukturen einzurichten, es sei denn, eine zu geringe Zahl von CFC rechtfertige dies nicht. Zu den Aufgaben dieser Strukturen gehören auch Studien über die Erfolgschancen individueller Projekte (Selbständigkeit) und eine entsprechende Beratung.

Der in der Praxis schon sichtbar gewordene Widerspruch zwischen kurzfristiger Vermittlung und mittel- bzw. langfristiger Qualifizierung in den CFC wird also zugunsten der Vermittlung aufgelöst. In der Bilanz des Sozialabkommens von 1984 heißt es, daß man das geringe Interesse der Stahlarbeiter an einer Weiterbildung unterschätzt habe. In der Praxis habe die direkte Arbeitsplatzvermittlung überwogen. Positiv zu vermerken sei allerdings, daß man durch die Konversionsstrukturen die Stahlarbeiter für einen Betriebs- und Branchenwechsel „sensibilisieren" konnte (Bilan Lorrain, 1987, S. 148-149). Der für die CFC bei Unimetal Verantwortliche bezeichnete die ursprüngliche Orientierung auf Weiterbildung als „naiv und optimistisch". Der größte Teil der Personen sei schon vor Ablauf eines Jahres aus CFC ausgeschieden. Dem habe man Rechnung getragen. Die wirklich Bildungswilligen könnten durch Ausnahmeregelungen weiterhin zweijährige Qualifizierungsmaßnahmen absolvieren.

Das neue Sozialabkommen ist sicherlich ambivalent zu bewerten. Einerseits werden die alten Regelungen – wenn auch verschlechtert – verlängert; andererseits werden die Vereinbarungen in der Stahlindustrie aber an das Niveau des allgemeinen Kündigungsschutzes herangeführt. Man kann hier eine langsame Aushöhlung der Vorreiterrolle erkennen, die die Stahlindustrie lange Jahre in der Sozialpolitik gespielt hat.

## 5.3 Die gesetzlichen Regelungen zur Rekonversion und ihre Praxis

### *5.3.1 Die Gesetze von 1985, 1986 und 1987*

Bis Mitte 1985 hatte sich die Rekonversion als Methode des Personalabbaus mit öffentlicher Unterstützung in den großbetrieblichen organisierten Branchen, wie Stahl-, Schiffbau-, Automobilindustrie etc. verbreitet. 1985 wurden auf der Basis der hier gesammelten Erfahrungen diese Maßnahmen im allgemeinen Arbeitsrecht (Code du travail) verankert; damit konnten alle Betriebe, die aus konjunkturellen oder strukturellen Gründen betriebsbedingte Kündigungen aussprachen, staatliche Finanzhilfen des Fonds National de l'Emploi für Konversionsmaßnahmen in Anspruch nehmen (Congés de Conversion, 1985).

Die Betriebe, die eine Rekonversion einleiten wollen, können einen Antrag auf Förderung stellen, in dem die Anzahl der Entlassungen, die Qualifikationsstruktur der Betroffenen, die Zielbeschreibung der Konversionsmaßnahme, die Entscheidungsfrist für den Beschäftigten (mindestens 15 Tage), die Dauer des Congé, die Höhe des Unterhaltsgeldes sowie die Beteiligung des Staates beschrieben werden müssen; der Antrag muß mit dem Betriebsrat beraten sein.

Das Beschäftigungsverhältnis ruht während der Konversion. Die Maßnahme muß mindestens vier Monate dauern. Die maximale Länge ist nicht begrenzt. Der Staat beteiligt sich jedoch höchstens zehn Monate lang an dem Projekt. Das Unterhaltsgeld darf 65 vH des vorherigen Bruttogehalts bzw. 85 vH des gesetzlichen Mindestlohns nicht unterschreiten.

Auch während der Konversion kann eine Kündigung ausgesprochen werden, wenn der Betroffene ein Beschäftigungs- oder Qualifizierungsangebot nicht annimmt bzw. vermittelt wird. Am Ende der Rekonversionsperiode wird das Beschäftigungsverhältnis aufgelöst. Das Unternehmen muß dann eine Abfindung von zwei Monatsgehältern zahlen; im folgenden kann das Arbeitslosengeld voll in Anspruch genommen werden.

Der Staat beteiligt sich finanziell in unterschiedlicher Höhe an der Rekonversion. Seine Beteiligung hängt von der jeweiligen regionalen Arbeitsmarktsituation sowie dem Einsatz des Betriebes für die Reintegration seiner Beschäftigten ab. Der Staat übernimmt maximal die Hälfte des gesetzlichen Minimums der Unterhaltsgelder und die Hälfte der Qualifikationskosten.

Auf dieser Basis wurden zwischen 1985 – 1987 1185 Rekonversionsvereinbarungen abgeschlossen. 14.329 Gekündigte traten in eine Rekonversion ein. Dies entsprach knapp einem Fünftel der Gekündigten in den betreffenden Betrieben. Der Rest zog eine Abfindung und eine Arbeitsplatzsuche auf eigene Faust vor. Die statistischen Erhebungen zeigen weiterhin folgende Tendenzen auf (Marioni 1987; Marioni 1988):

- Von den 922 Vereinbarungen der Jahre 1985 – 1986 sind 117 auf nationaler Ebene für größere Unternehmen mit mehreren Niederlassungen abgeschlossen worden, auf die allein 50 vH der Entlassungen der Unterzeichnerbetriebe entfielen.
- Kleinunternehmen mit weniger als 50 Beschäftigten stellen ungefähr 86 vH aller Betriebe in Frankreich, aber nur 25 vH der Unterzeichner.
- Konversionsmaßnahmen werden vor allem bei Massen- und weniger bei Einzelkündigungen angewendet. Im Durchschnitt wurden pro Unternehmen 3,5 betriebsbedingte Kündigungen ausgesprochen, bei den Unterzeichnerunternehmen hingegen 47.
- 62 vH der Unterzeichner sind Industrieunternehmen. Der tertiäre Sektor ist erheblich unterrepräsentiert.
- 61,4 vH der Personen in Konversion sind Arbeiter, nur 17,5 vH Angestellte. Überraschend hoch ist der Anteil der Techniker und Meister mit 15,1 vH.
- Die durchschnittliche Dauer der Konversion lag 1984 – 1986 bei sechs Monaten, allerdings mit einer starken Streuung. In rund 11 vH der Unternehmen überschreitet die Dauer zehn Monate, bei 38 vH liegt sie bei der gesetzlichen Mindesthöhe von vier Monaten. 1987 stieg die durchschnittliche Dauer auf sieben Monate an.
- In fast allen Betrieben überschreitet das Unterhaltsgeld nicht das gesetzliche Minimum.
- Im Durchschnitt beteiligt sich der Staat 1984 – 1986 mit 33 vH (1987 35 %) an den Unterhalts- und zu 28 vH (1987 32 %) an den Weiterbildungskosten. Die Beteiligung streut jedoch sehr stark. Hieraus läßt sich schließen, daß die Höhe der Zuschüsse nach Prüfung der besonderen Bedingungen des Einzelfalls vorgenommen wurde.
- Bis Ende 1987 sind 5418 der 14329 Personen, dies entspricht 37,8 vH, vermittelt worden; dabei gibt es beträchtliche Unterschiede je nach regionaler Arbeitsmarktsituation. Der Vermittlungserfolg hängt auch von einer aktiven Beteiligung der Unternehmen ab, die nur zum Teil eigene Konversionsstrukturen geschaffen haben. Da sich Ende Dezember 1987 noch rund 2620 Personen in laufenden Konversionsmaßnahmen befan-

den, ist die erhobene Vermittlungsquote jedoch noch nicht aussagekräftig.

Aus dieser Analyse wird erkennbar, daß durch die gesetzliche Regelung Konversionsmaßnahmen zu einem akzeptierten Begleitinstrument des Personalabbaus bei Massenentlassungen, allerdings nur *für Arbeiter in größeren Betrieben der Industrie wurden,* dort aber verglichen mit anderen Instrumenten, wie Abfindungen, nur bescheidene Dimensionen erreichten.

55 vH aller betriebsbedingten Kündigungen in Frankreich werden aber in Betrieben mit weniger als 50 Beschäftigten ausgesprochen und ungefähr die Hälfte aller Kündigungen entfallen auf Einzelentlassungen oder Entlassungen bis zu 10 Personen. Für diese Fälle ist in der Regel noch nicht einmal ein Sozialplan vorgeschrieben. Um diese Defizite im Kündigungsschutz zu beseitigen, einigten sich Unternehmer und Gewerkschaften 1986 auf zentraler Ebene in einer sog. interprofessionellen Vereinbarung, die Konversionspolitik auch auf Kleinbetriebe und Einzelkündigungen auszuweiten. Ende 1986 sicherte der französische Staat die Vereinbarung gesetzlich ab (Contrats de conversion 1987). Konversionsmaßnahmen sind nunmehr obligatorisch bei betriebsbedingten Kündigungen

- von weniger als zehn Beschäftigten innerhalb von 30 Tagen unabhängig von der Betriebsgröße,
- von zehn Beschäftigten und mehr in Unternehmen mit weniger als 50 Beschäftigten und in Betrieben, in denen es keine Belegschaftsvertretung gibt.

Sie sind fakultativ für betriebsbedingte Kündigungen von zehn und mehr Beschäftigten in Unternehmen, die mindestens 50 Personen beschäftigen, und in denen ein Betriebsrat existiert. Die Rekonversion ist also für alle Kündigungen kleineren Ausmaßes, in Kleinbetrieben und in Betrieben ohne Interessenvertretung obligatorisch, nicht aber bei Massenentlassungen in größeren Betrieben. Die Logik dieser Neuregelung besteht in einer Korrektur der Ungleichheiten zwischen den durch einen stärkeren Einfluß der Gewerkschaften und der Betriebsräte bei Massenkündigungen besser abgesicherten Beschäftigten in Großbetrieben und den schlechter abgesicherten sonstigen Kündigungen, bei denen fakultative Regelungen mangels eines handlungsfähigen Akteurs nicht greifen würden.

Die Verpflichtungen für das Unternehmen sind allerdings durch das Gesetz von 1986 weitgehend reduziert worden. Der Staat muß nunmehr betriebsbedingte Kündigungen nicht mehr genehmigen. Hiermit wurde einer alten Forderung der Arbeitgeber nachgegeben, die in dem staatlichen Genehmigungsverfahren eine unzulässige Eingrenzung unternehmerischer Flexibilität sahen. Träger der Konversion ist jetzt die örtliche Arbeitsvermittlung. Das Unternehmen zahlt an diese pro Beschäftigten die zwei Monatsgehälter, die es ohnehin als Abfindung hätte tragen müssen; Kleinunternehmen mit weniger als zehn Beschäftigten zahlen nur einen einmaligen Betrag von 4.000 F pro Beschäftigten in Konversion, die außerdem auf die Weiterbildungsabgabe angerechnet werden[54].

Die Entlassenen sind nur anspruchsberechtigt, wenn sie jünger als 56 Jahre sind und zwei Jahre Betriebszugehörigkeit nachweisen können. Sie erhalten während der Konversion 70 vH ihres Bruttoeinkommens für maximal fünf Monate. Allerdings entfällt im Falle einer Kündigung die Abfindung von zwei Monatsgehältern, und das Arbeitslosengeld wird insgesamt zwei Monate kürzer gezahlt als bei Nichtinanspruchnahme einer Konversion. Der Rechtsstatus einer Person während der Rekonversion entspricht der eines Teilnehmers an öffentlich geförderten Weiterbildungsmaßnahmen.

Mitte 1987 wurden diese Regelungen noch einmal ergänzt. Konversionsmaßnahmen werden für alle betriebsbedingten Kündigungen bei Konkurs- und Vergleichsverfahren obligatorisch (Convention de conversion, 1987).

Das Gesetz von 1985 über die congès de conversion gilt weiter. Congès (1985) und conventions (1986) können aber nicht gleichzeitig in Anspruch genommen werden. Die Conventions haben qualitativ eine wesentlich größere Bedeutung als die Congès gewonnen. 1987 wurden 12.012 Conventions unterzeichnet (1988 18.772) und 11.846 Beschäftigte (1988 26.237) gefördert. 1988 durchliefen damit schon 29,1 vH aller betriebsbedingt Gekündigten aus den Unterzeichnerbetrieben und 5 vH aus der Gesamtwirtschaft eine Rekonversionsperiode. Fast 50 vH aller Teilnehmer der Conventions kommen aus Betrieben mit weniger als 50 Beschäftigten, 45 vH aus dem Dienstleistungssektor, 56 vH sind Angestellte.

In Frankreich gelten also zwei unterschiedliche Rekonversionsgesetze. Das Gesetz von 1985 findet Anwendung bei Massenkündigungen in Großbetrieben der Industrie, das 86er Gesetz wird vor allem in Kleinbetrieben, bei Einzelkündigungen und auch im Dienstleistungssektor bzw. für Angestellte genutzt. Diese Expansion der Rekonversionspolitik in den kleinbetrieblichen Bereich hinein war nur mit erheblichen Abstrichen möglich. Die Betriebe wurden nicht in die Pflicht genommen, die Konversion selbst organisieren zu müssen. Konversion ist vielmehr eine öffentliche Aufgabe; die Verbindungen zum alten Unternehmen sind gekappt. Der ursprüngliche Konversionsgedanke wird auf eine Art verstärkter öffentlicher Arbeitsvermittlung in den ersten Monaten des Arbeitsplatzverlustes reduziert, die durch einen neuen Status, der noch nicht das Stigma der Arbeitslosigkeit trägt, erleichtert wird. Dieser Status erhöht die Erfolgschancen von Vermittlungen, da er hilft, zwischen „unschuldigen" (betriebsbedingten Kündigungen) und „schuldigen" (personen- und verhaltensbedingten Kündigungen) zu differenzieren[55].

54 In Frankreich muß jedes Unternehmen eine Weiterbildungsabgabe von 1,1 vH derLohnsumme zahlen; bei Durchführung von Weiterbildungsmaßnahmen kann diese Summe zurückerstattet werden (Méhaut, 1985).

55 Alle Untersuchungen zu Betriebsstillegungen und Massenkündigungen zeigen, daß hier die Vorbehalte gegen die Einstellungen der Betroffenen geringer sind als bei Einzelkündigungen, da man bei letzteren eine persönliche „Schuld" vermutet (vgl. Kapitel 2.1).

Für die Unternehmen sind die gesetzlichen Regelungen von 1986, anders als die von 1985, kostengünstiger als eine Kündigung; wie bei einer normalen Kündigung muß das Unternehmen in diesem Fall zwar zwei Monatsgehälter Abfindung an den Staat zahlen. Andererseits wird aber die Auflösung des Arbeitsvertrages schneller vollzogen als bei einer Kündigung. Für den Staat ist die Maßnahme kurzfristig durch die Erstattung der Abfindungssumme kostenneutral bzw. kostengünstiger; langfristig wird sie jedoch aufwendiger, falls die Vermittlung nicht gelingt; diese Mehraufwendungen läßt sich der Staat jedoch durch einen kürzeren Arbeitslosengeldanspruch wieder zurückerstatten (Vernaz, 1987). Für die Betroffenen sind Konversionsmaßnahmen finanziell ungünstiger als eine normale Entlassung, wenn man das durchschnittliche monatliche Unterhaltsgeld zugrunde legt; allerdings kann der Einzelne von den besonderen Vermittlungsbemühungen und dem neuen Status profitieren.

### *5.3.2 Restrukturierung der Belegschaften und Rekonversion*

Die Feinstrukturen der gesetzlichen Rekonversionspraxis (einschl. einiger Fälle von Rekonversion in Eigenregie der Unternehmen) wurde in insgesamt 33 Betrieben aus 25 Unternehmen untersucht (Ardenti/Vrain 1988). Auch in diesen Betrieben wurde der größte Teil des Personalabbaus mit traditionellen Mitteln geregelt. 63,4 % der Abgänge entfielen auf „klassische Maßnahmen", wie Entlassungen, vorzeitige Pensionierungen etc., 9,1 vH auf interne Versetzungen, 19,7 vH auf eine Reintegration über verschiedene Rekonversionsmaßnahmen (Hilfe zur Unternehmensgründung, Hilfe beim Übergang in ein neues Unternehmen und Weiterbildungsmaßnahmen). 6,2 vH der Betroffenen wurden nach Abschluß eines CFC entlassen.

Interessanter als diese Durchschnittsgrößen ist allerdings die außerordentlich große Spannbreite der Inanspruchnahme von Rekonversionsmaßnahmen, die von 0 % des Kreises der potentiell Begünstigten bis zu fast 100 % reichte. Welches sind die Ursachen für diese großen Unterschiede zwischen den Betrieben?

Der Personalabbau in den untersuchten Betrieben begann oft schon viele Jahre zuvor, die meisten Unternehmen haben ältere Beschäftigte vorzeitig pensioniert, für un- und angelernte Arbeiter einen Einstellungsstop verhängt und gezielt nur qualifizierte Arbeitskräfte eingestellt. Der Einstellungsstop über mehrere Jahre führte zu einer ungünstigen Altersstruktur gerade bei den am schlechtesten qualifizierten Arbeitskräften. Eine solche *ungünstige Alterspyramide* war eine schlechte Voraussetzungen für eine erfolgreiche Rekonversion.

Die Personalpolitik der Unternehmen orientierte sich auch während der Rekonversionsphase auf eine *qualifikatorische Neustrukturierung* der Belegschaften. Hauptziel war es, weniger qualifizierte Arbeitskräfte zu entlassen. Die „professionelle Kompetenz" war mehr als zuvor Selektionskriterium bei der Auswahl der zu Entlassenen. Diese Kriterium der Auswahl wurde größtenteils nicht offen ausgesprochen (eine Politik des non-dites), um Konflikte zu vermeiden. Die Autoren sehen hier eine langfristige Tendenz, die Betriebsbindung von Stammbelegschaften aufzulockern und einen permanenten Austausch mit dem externen Arbeitsmarkt zu fördern. Die Rekonversionspolitik , die von einigen Unternehmen auch aus eigener Initiative eingeführt wurde, diente vorrangig der konfliktfreien Intensivierung der externen Mobilität (Ardenti/Vrain 1988, S. 81).

Die meisten Unternehmen scheinen jedoch nur auf Intervention der Arbeitsverwaltung Congés de Formations angeboten zu haben. Die Arbeitsverwaltung spielt in Frankreich schon seit längerem beim Aushandeln von Sozialplänen eine starke Rolle. Sie mußte einerseits Massenentlassungen genehmigen und konnte andererseits diese Genehmigungen an bestimmte Maßnahmen, die sie auch finanziell unterstützte, binden, darunter auch Vorruhestandsmaßnahmen und CFC. Eine solche von der *Arbeitsverwaltung auferlegte Rekonversionspolitik* wurde von den Betrieben allzu oft ohne große Begeisterung durchgeführt.

Die Rekonversionsbemühungen der Unternehmen variierten insbesondere in Abhängigkeit von dem *qualifikatorischen Niveau der Beschäftigten.* Die Rekonversion zielte vorrangig auf qualifizierte Beschäftigte, die auf dem externen Arbeitsmarkt leichter unterzubringen waren. Bei einem hohen Anteil unqualifizierter Arbeitskräfte dominierten Abfindungen und Vorruhestandsmaßnahmen. Insbesondere bei Ausländern oder Frauen war die Bilanz der Rekonversion katastrophal (Ardenti/Vrain 1988, S. 160). Sie blieben praktisch von der Rekonversion ganz ausgeschlossen.

Die unterschiedliche *regionale Arbeitsmarktsituation* führte zu sehr konträren Ergebnissen der Rekonversion. Auf dem Arbeitsmarkt von Paris, dessen Spezifität die hohe zwischenbetriebliche Mobilität der Arbeitskräfte ist, war z.B. die Vermittlung in andere Unternehmen mit oder ohne Weiterbildung leichter als in anderen Arbeitsmärkten. Die schlechtesten Resultate wurden in monostrukturierten lokalen Arbeitsmärkten mit überdurchschnittlicher Arbeitslosenquote erzielt.

Schließlich waren die *sozialen Beziehungen* vor und während der Rekonversion entscheidend für ihren Erfolg. In Betrieben mit harten Konflikten um die Massenentlassungen summierte sich oft das gegenseitige Mißtrauen („synergie de la mefiance", Ardenti/Vrain 1988, S. 179); die Gewerkschaften und Beschäftigten glaubten nicht mehr an die Ernsthaftigkeit der Rekonversion und sahen hierin nur ein besonders perfides Mittel, sie loszuwerden. Erfolgreich war die Rekonversion, wenn die Unternehmen zeigten, daß sie nicht den für sie leichteren Weg von Aufhebungsverträgen gehen wollten, sondern die Mühen einer schwierigen Rekonversion nicht scheuten. Auf betrieblicher Ebene reagierten die Gewerkschaften anders auf nationaler. Die CGT hat entgegen der ablehnenden Haltung ihrer Zentrale in mehreren Fällen CFC ausdrücklich mitgetragen, geriet aber häufig auch aus „strukturellen Gründen" in eine Oppositionsrolle, da gerade sie die Ungelernten, Ausländer und Frauen repräsentierte, die von den Rekonversionsmaßnahmen ausgespart blieben.

Hilfen zur Selbständigkeit und zur Schaffung neuer Arbeitsplätze in der Region wurden nur von den *neugeschaffenen Wirtschaftsgesellschaften* weniger französischer Großunternehmen gegeben. Diese Unternehmen konnten hiermit fast 20 % ihrer entlassenen Beschäftigten wieder in eine neue Beschäftigung integrieren[56].

Eine erfolgreiche *Abwicklung von Rekonversionsmaßnahmen* war schließlich an den Einsatz betrieblicher Ressourcen gebunden. Zunächst mußte das Unternehmen in der Lage und willens sein, hierfür qualifiziertes Personal einzusetzen, das vor allem in Zweigbetrieben mit einem hohen Anteil ungelernter Beschäftigter nicht verfügbar war. Pro 20 Beschäftigte in der Rekonversion war mindestens ein Betreuer notwendig. Externe outplacement Agenturen erzielten zumeist nur „mittelmäßige" Resultate, da sie ausschließlich auf kommerzieller Basis arbeiteten, an einem schnellen Erfolg interessiert waren und schwer plazierbare Arbeitskräfte (Frauen, Ungelernte, Ausländer) daher systematisch vernachlässigten. Ardenti und Vrain heben zwar die Bedeutung einer *gezielten beruflichen Qualifikation* für eine schon konkretisierte neue Tätigkeit hervor, sehen aber vor allem bei Ungelernten in einer zu langen beruflichen Qualifizierung eher ein Hemmnis einer schnellen und erfolgreichen Vermittlung.

## 5.4 Spezifika der französischen Konversionspolitik

Anders als in der Bundesrepublik kam die Initiatvie zu einer „sozialen Behandlung des strukturellen Wandels" in Frankreich von seiten der Regierung. *Rekonversion* gilt für die *sozialistische Regierung in Frankreich als notwendige Begleitmaßnahme bei raschem strukturellen Wandels*, den man durch eine *restriktive Wirtschaftspolitik systematisch forciert* hat.

Die französischen Großunternehmen haben mit Hilfe staatlicher Unterstützung inzwischen regionale Wirtschaftsförderungsgesellschaften aufgebaut, die sogar außerhalb der Standorte dieser Unternehmen und unabhän-

56 Allerdings sind die von den Konzernen veröffentlichen Zahlen der neu geschaffenen Arbeitsplätze teilweise nicht vertrauenswürdig. Die Unternehmen rechnen hier z.B. auch Arbeitsplätze ein, die erst im Verlauf mehrerer Jahre geschaffen werden sollen. In einem Fall – dem wohl am meisten zitierten Buch über die Rekonversion bei Creusot-Loire – wurde eine Wiedereingliederungsquote von 90 % der Beschäftigten publiziert (Deck 1986). Hierbei wurde unterstellt, daß alle Personen, die eine Abfindung in Anspruch genommen haben, auch wiederbeschäftigt sind. Die spätere Begleitforschung zeigt jedoch, daß 20 Monate nach der Stillegung 44,2 % der ehemaligen Beschäftigten von Creusot-Loire arbeitslos sind (Outin, Silvera, Perrier-Cornet 1988, S. 31).

gig vom ursprünglichen Anlaß des Personalabbaus in einem bestimmten Unternehmen operieren. Offensichtlich ist beabsichtigt, sie als dauerhafte Infrastruktur für die regionale Entwicklung von Klein- und Mittelbetrieben zu stabilisieren. Es wird zwar noch der mangelnde Professionalismus dieser Einrichtungen beklagt, der aber mit der Beendigung ihres nur provisorischen Status und einer größeren Kontinuität gestärkt werden kann.

Die Grenzen der regionalen Diversifizierungspolitik sind am ehesten in den lokalen Arbeitsmarktbedingungen zu sehen. Monostrukturierte und isolierte lokale Arbeitsmärkte mit einem geringen Anteil an vom stillgelegten Betrieb unabhängigen Klein- und Mittelbetrieben gelten als extrem schwieriges Terrain für die unternehmerischen Wirtschaftsförderungsgesellschaften. Bei solchen Arbeitsmärkten wird teilweise gar nicht erst der Versuch einer Reindustrialisierung unternommen und den Beschäftigten ein Umzug als die einzige Lösung angeboten (Bertherat 1989, S. 72). Die neuen Arbeitsplätze werden oft erst im Ablauf mehrerer Jahre geschaffen. Als Mindestzeitraum für ein erfolgreiches Anlaufen einer regionalen Diversifizierung werden zwei bis drei Jahre genannt. Die *Zeitstrukturen von regionaler Diversifizierung und Rekonversion der Beschäftigten sind daher nicht kompatibel.* Die unter Legitimationsdruck stehenden Wirtschaftsförderungsgesellschaften veröffentlichen allerdings oft getürkte Zahlen, die eher Langfristperspektiven als Kurzfristerfolge widerspiegeln.

Kernstück der Rekonversion der Arbeitskräfte sind die CFC. Auch diese wurden oft nur auf Druck der Arbeitsverwaltung angeboten. Die französische Arbeitsverwaltung konnte mit Hilfe des Fonds National d'Emploi mit dem Betrieben sehr flexibel verhandeln und sich je nach Maßnahmegestaltung in unterschiedlichem Maße finanziell beteiligen. Mangelnde Unterstützungsbereitschaft der Arbeitsverwaltung scheint in Frankreich kein Problem gewesen zu sein. Hindernisse waren eher in einem Traditionalismus der Personalpolitik der Unternehmen zu sehen, die allzu häufig durch eine unzureichende Informationspolitik bei Entlassungen harte soziale Konflikte provozierte. Die Uneinigkeit der Gewerkschaften, die oft kritiklose Zustimmung der meisten Gewerkschaften einerseits, die reine Oppositionsrolle der CGT gegen die Rekonversion andererseits erschwerte in vielen Fällen ihre effektive Umsetzung.

Die praktische Umsetzung stieß auf erhebliche *objektive Restriktionen,* die vor allem in der *beruflichen Spezialisierung der Arbeitskräfte* und *der räumlichen Arbeitsteilung der Großunternehmen* zu sehen waren. Die Vermittlung in neue Unternehmen mit und ohne CFC sowie die Hilfe bei der Gründung neuer Unternehmen war bei gut qualifizierten Beschäftigten in Verdichtungsräumen am erfolgreichsten und am schwierigsten bei unqualifizierten Arbeitskräften, aus Betrieben in Randregionen. Unqualifizierte und darunter wiederum besonders Frauen und Ausländer blieben von der Rekonversion fast ausgeschlossen. Dies spiegelt die Tendenz einer qualifikatorischen Restrukturierung der Belegschaften sowohl in den entlassenden als auch in den einstellenden Betrieben wider, die gleichzeitig mit einer Verschärfung der Diskriminierung von Frauen und Ausländern verbunden war.

*Bei gleichen Arbeitsmarktbedingungen und beruflichen Profilen konnte jedoch mit Hilfe von Rekonversionsmaßnahmen ein größerer Teil der Entlassenen in eine neue Beschäftigung integriert werden als mit den traditionellen Aufhebungsverträgen.*

In den meisten Fällen müssen die Betroffenen – auch die, die von einer Rekonversion profitiert haben – jedoch Lohneinbußen zwischen 15 und 25 vH hinnehmen, da sie in schlechter entlohnte Sektoren (Dienstleistungsbereiche), Betriebstypen (Klein- und Mittelbetriebe) sowie Beschäftigungsformen (neue Selbständigkeit) abwanderten.

Ursprünglich sollte die Vermittlung vorrangig durch eine berufliche Weiterbildung erleichtert werden. Als Vermittlungshemmnis waren vor allem Qualifikationsdefizite der entlassenen Beschäftigten diagnostiziert worden. Die Praxis der Rekonversion in der Stahlindustrie und in anderen Vorreiterbranchen hat die Konversionsphilosophie in Frankreich gründlich geändert. Die Qualifikation als Transporteur von Vermittlungserfolgen ist deutlich in den Hintergrund getreten, wird bei Ungelernten sogar nur als hinderlicher Zeitverlust gewertet. Vorrangig ist heute die direkte Vermittlung und die Vorbereitung der Beschäftigten auf neue Berufsmilieus durch ein breites Spektrum von „Flexibilitätsschulungen", die die klassischen Stabilitäts- und Lohnerwartungen von Stammbeschäftigten in Frage stellen sollen. Dies schlug sich in der Neufassung der Vereinbarungen in der Stahlindustrie und in den gesetzlichen Regelungen nieder, die alle eine kurzfristige Vermittlung in den Vordergrund stellen.

Die veränderte Konversionsphilosophie hat darüber hinaus handfeste finanzielle Gründe. Die „Fallkosten" werden durch eine kurzfristige Vermittlung reduziert. Erst eine solchermaßen abgespeckte Rekonversion wurde auch für Kleinbetriebe verallgemeinert. Das Gesetz von 1986 entließ zusätzlich die Unternehmen aus ihrer Verantwortung zur Schaffung von Konversionsstrukturen. Die Beschäftigten stehen sich bei Eintritt in einen CFC finanziell sogar ungünstiger als bei einer normalen betriebsbedingten Kündigung. Es wird allerdings *ein besonderer Status zwischen Beschäftigung und Arbeitslosigkeit geschaffen, der unter Umständen eine Vermittlung erleichtert.*

In Frankreich ist eine politische Dynamik der *kontinuierlichen Verflechtung einer sozialpolitisch fortschrittlichen Idee mit einer Strategie der Flexibilisierung des Normalarbeitsverhältnisses* zu beobachten. Diese politische Dynamik ist nicht ohne die Schwäche und Uneinigkeit der französischen Gewerkschaftsbewegung zu verstehen, die wie kaum eine andere europäische Gewerkschaftsbewegung Mitgliederverluste zu verzeichnen hatte[57]. Sie hat

57 Noch 1970 organisierte die französische Gewerkschaftsbewegung 21,3 vH aller Beschäftigten; dieser Prozentsatz nahm bis 1985 auf 14,5 vH ab (Visser, 1987).

offensichtlich die von der Regierung kommenden Rekonversionsinitiativen zu wenig auf betrieblicher Ebene aufgreifen, in den Erwartungen ihrer Mitglieder verankern und weiterentwickeln können. Die Rekonversionspolitik hat die Uneinigkeit der Gewerkschaften sogar noch verstärkt. Die Diskussion über die Perspektiven der Rekonversion werden weitgehend von Vertretern des Staates, der Unternehmen und Wissenschaftlern bestimmt. Die Gewerkschaften hingegen reagieren eher pauschal ablehnend oder zustimmend, als daß sie versuchen, aktiv zu gestalten.

# 6 Beschäftigungspläne in der Praxis

Unsere Ausgangsfrage war, ob mit Beschäftigungsplänen externer oder interner Arbeitsplatzwechsel der Beschäftigten sozialverträglicher als mit den bisherigen Mitteln gestaltet werden kann (vgl. Kap. 1.3). Eine pauschale Antwort hierauf ist kaum möglich, da die einzelnen Beschäftigungspläne sehr unterschiedlich konstruiert waren und auch in unterschiedlichem Ausmaße praktisch umgesetzt wurden in Abhängigkeit von den jeweils besonderen objektiven Arbeitsmarktbedingungen der Betroffenen und dem Handeln aller beteiligten Akteure (Unternehmensleitungen, Betriebsräte, Gewerkschaften, Bundesanstalt für Arbeit und Belegschaften). Bevor wir versuchen, eine vorläufige Bilanz der Beschäftigungspläne zu ziehen (vgl. Kap. 7), sollen diese Unterschiede herausgefiltert werden. Erst sie können die Bedingungen verdeutlichen, unter denen Beschäftigungspläne ein praktikables und je nach arbeitsmarktpolitischen Zielsetzungen des Betrachters auch wünschbares arbeitsmarktpolitisches Instrument der Zukunft sein können.

## 6.1 Qualifizierung ohne Diversifizierung

Beschäftigungspläne sollten eigentlich wie in Schweden – so die gewerkschaftliche Diskussion – Qualifizierung und Diversifizierung miteinander verbinden. Die Betroffenen sollten nach Abschluß einer Qualifizierung auf einen intern oder extern neu geschaffenen Arbeitsplatz wechseln. Diese gezielte Verknüpfung von Qualifizierung und Diversifizierung setzte aber beträchtliche *öffentliche Investitionsprogramme zur Umstrukturierung von Regionen* voraus, die in der Bundesrepublik zwar gefordert (Löwe/Wand, 1987), nicht aber verabschiedet wurden. Eine Diversifizierung allein auf betrieblicher Ebene anzustreben, erwies sich als wesentlich schwieriger. Bei Grundig und Krupp wurden paritätische Kommissionen eingerichtet, die Vorschläge zur *internen Produktdiversifizierung* erarbeiten sollten. In der Praxis wurden diese Diversifizierungsziele nicht annähernd erreicht. Grundig und Krupp unterstützten die Arbeit dieser Kommissionen kaum. Grundig blokkierte etwa die Berufung von externen Sachverständigen und brachte die eigenen Sachkompetenzen (aus Forschungs-, Entwicklungs- und Stabsabteilungen) nicht in die Kommissionsarbeit ein. Ganz offensichtlich gaben beide Unternehmen einer gewerkschaftlichen Forderung nach, um Druck aus den Verhandlungen zu nehmen, und in der Erwartung, die Vereinbarung später nicht einlösen zu müssen. Damit liefen Gewerkschaften und Betriebsräte mit ihrer Forderung nach Produktdiversifizierung ins Leere. Die Unternehmensleitungen hofften vermutlich, hiermit den erheblichen Sprengstoff solcher Ansätze (Mitbestimmung bei Produkten und Investitionsentscheidungen) für die Zukunft zu entschärfen.

Kaum zu übersehen sind allerdings auch die sachlichen Schwierigkeiten einer Produktdiversifizierung auf *betrieblicher Ebene.* Alle untersuchten Unternehmen bemühen sich, ihre Produktpalette zu erweitern. Angesichts umkämpfter Märkte, langer Produktentwicklungszeiten, hoher Innovationsfähigkeit der Konkurrenz, Spezialisierung der Betriebe, die in einem Konzernverbund stehen, sowie vieler schon verworfener Produktvorschläge, die sich „nicht rechneten", ist eine Diversifizierung zu den ohnehin schon mit beträchtlichem Aufwand weiterentwickelten Produkten ein schwieriges Unterfangen, das sich nur in Ausnahmefällen synchron zu den für die Qualifizierungsmaßnahmen zur Verfügung stehenden Zeiträumen bewältigen läßt.

Dies gilt um so mehr für die Unternehmen, die durch Modernisierungsversäumnisse in der Vergangenheit (z.B. Berthold und Präwema) oder durch von ihnen nicht beeinflußbare Branchenkrisen (Werften, Stahlbetriebe, Schiffsbau) in eine Krise hineingeraten waren. Sie begannen zwar ihre Produktion zu modernisieren, gleichzeitig war aber klar, daß sie nur mit erheblich verkleinerter Mannschaft überleben würden.

Die Unmöglichkeit der Planung einer erfolgreichen Diversifizierung oder die Erwartung einer notwendigen Schrumpfung des Unternehmens veranlaßte die meisten Unternehmen, keinerlei Zusage über die interne Schaffung von Arbeitsplätzen zu machen[58], die aus ihrer Sicht nur zu unrealistischen Illusionen über die Situation des Unternehmens und zu für das gesamte Unternehmen unverantwortlichen Verzögerungen des Personalabbaus führen konnten. In der Sürken-Werft kam es allerdings aufgrund der günstigen konjunkturellen Lage und einer Erweiterung der Produktpalette *ex post* zur Neuschaffung von Arbeitsplätzen im Betrieb und zu einer unerwartet gelungenen Verknüpfung von Qualifizierung und Diversifizierung. In den meisten anderen Unternehmen zog die jeweilige betriebliche Konjunktur gerade zum Zeitpunkt des Auslaufens der Qualifizierungsmaßnahmen an. Dies ermöglichte einen *internen Strukturwandel, der unter anderen ökonomischen Bedingungen nicht geglückt wäre.* Die verbesserte konjunkturelle Lage erhöhte außerdem die Chancen für eine zwischenbetriebliche Mobilität. Vor allem in Regionen mit günstiger lokaler Arbeitsmarktlage (z.B.

58 Nur bei Krupp Rheinhausen konnte in einer Betriebsvereinbarung die Schaffungs von Ersatzarbeitsplätzen erreicht werden, die allerdings nicht auf einer Diversifizierung des bestehenden Betriebes, sondern auf Standortverschiebungen von schon geplanten Investitionen innerhalb des Konzerns zurückzuführen ist. Diese Investitionen beruhen dennoch auf Diversifzierungen des Konzerns in der Vergangenheit. In Frankreich etwa, wo die Stahlkonzerne reine Stahlunternehmen geblieben sind, ist eine solche Standortplanung von Investitionen gar nicht möglich.

Villingen-Schwenningen) verließen viele Beschäftigte den aus ihrer Sicht gefährdeten Arbeitsplatz im Unternehmen und schufen über die absehbare natürliche Fluktuation hinaus weitere Vakanzen für die Absolventen von Bildungsmaßnahmen. Die Beschäftigungspläne ließen eigentlich alle Möglichkeiten für eine solche Reintegration offen, sei es weil die Beschäftigungsverhältnisse vor der Qualifizierung noch nicht gelöst worden waren (z.B. Blohm & Voss), sei es weil nach Abschluß der Qualifizierungsmaßnahmen noch einmal eine Prüfschwelle eingebaut wurde, in der untersucht wird, ob die Betroffenen nicht doch wieder ins Unternehmen reintegriert werden können.

Nur bei Thomson in Villingen-Schwenningen wurde nach französischen Vorbildern der Versuch einer *externen Diversifizierung* unternommen: Es wurde die „Industrie- und Technologie-Park-Management-Gesellschaft (ITM)", eine Art privater Wirtschaftsförderungsgesellschaft gegründet, die auf dem Gelände stillgelegter Produktionsstätten Neuansiedlungen anwerben sollte. Die ITM erreichte die Ansiedlung einer Reihe von Unternehmenstöchtern und stabilisierte damit den Standort Villingen-Schwenningen im Gesamtkonzern. Evtl. wird die ITM in Zukunft einen Teil der Ansiedlungspolitik der Kommune übernehmen. Auf dem Hintergrund entsprechender französischer Erfahrungen kann davon ausgegangen werden, daß solche Diversifizierungsaktivitäten zwei bis drei Jahre Anlaufzeit brauchen. Sie mögen damit zur *Arbeitsplatzschaffung in der Region* beitragen, die durch den Personalabbau zuvor einen Aderlaß erlitten hat, ohne daß die *entlassenen Beschäftigten* unbedingt hiervon profitieren, da die Arbeitsplatzschaffung einen wesentlich längeren Zeitraum in Anspruch nimmt als mögliche Qualifizierungsmaßnahmen. Dies bedeutet, daß durch eine solche externe Diversifizierung Auffangmaßnahmen für die Beschäftigung nicht überflüssig werden. „Bei der Restrukturierung der Regionen und der Umorientierung der Beschäftigten handelt es sich in der Praxis um *zwei Paar getrennte Schuh*", bemerkte ein Gesprächspartner.

### 6.2 Qualifikations- und Warteschleifenmodelle

In den betrieblichen Verhandlungen und in der späteren Praxis fand eine Zielverschiebung von der Diversifizierung zur Qualifizierung oder sogar zur Warteschleife statt. *Die Beschäftigungspläne wurden fast überall reine Qualifizierungs- oder Warteschleifenvereinbarungen.* Sie wurden einerseits durch betriebliche Mittel und andererseits durch Mittel der Bundesanstalt für Arbeit und in einigen Fällen auch durch zusätzliche Landeszuschüsse finanziert. Die Interessenlage der Betriebe prägte die Modelle ebensosehr wie die institutionellen Strukturen der Bundesanstalt für Arbeit. Probleme ergaben sich durch die Konstruktionsunterschiede zwischen betrieblich ausgehandelten Beschäftigungsplänen und dem Arbeitsförderungsgesetz. Beschäftigungspläne zielen auf die Qualifikation ganzer Gruppen von Entlassung bedrohter Beschäftigter; das Arbeitsförderungsgesetz formuliert zwar im § 2 Arbeitsförderungsgesetz einen abstrakten strukturpolitischen Auftrag, das gesamte Förderrecht ist hingegen auf Einzelpersonen zugeschnitten, die gewisse Versicherungszeiten und individuelle Voraussetzungen (Bildungseignung) erfüllen müssen. Da außerdem die Qualifizierung von Beschäftigten nach dem ordnungspolitischen Verständnis der Bundesanstalt für Arbeit grundsätzlich Aufgabe der Betriebe ist, kann Beschäftigten nur ein Unterhaltsgeld gezahlt werden, wenn ein besonderes arbeitsmarktpolitisches Interesse vorliegt. Dieses Interesse wird vermutet, wenn An- und Ungelernte mit dem Ziel eines anerkannten Berufsabschlusses qualifiziert werden, sowie wenn Beschäftigte von Arbeitslosigkeit bedroht sind und die Qualifizierung der Vermeidung von Arbeitslosigkeit dient.

Diese Vorschriften brachte zwei Typen von Qualifizierungsplänen hervor. An- und Ungelernte und von Arbeitslosigkeit bedrohte Beschäftigte werden qualifiziert. Ihr Beschäftigungsverhältnis bleibt im ersten Modell unbefristet aufrechterhalten (Schaubild 13). Falls die Übernahme dann nicht möglich ist, finden Kündigungen statt oder eine neue Gruppe von Beschäftigten geht in Qualifizierung, und der Zeitraum für eine Umstrukturierung des Unternehmens wird durch eine solche Rotationsstrategie verlängert (Sürken-Werft). Die Unternehmen, die schon vor der Qualifizierung die nötigen Kündigungsprozeduren, mit denen sie ohnehin rechneten, abgeschlossen haben, bieten nur noch ein befristetes Beschäftigungsverhältnis für den Zeitraum der Qualifizierung an (Modell 2). Den beiden ersten Modellen ist gemeinsam, daß die Alternative zu Abfindungen ausschließlich eine Qualifizierung ist. Hiermit ist eine beträchtliche *Selektionsschwelle* eingebaut. Alle Beschäftigten, die aus den verschiedensten Gründen nicht an

Schaubild 13: *Grundmodelle von Qualifizierungsplänen*

| | | |
|---|---|---|
| Qualifizierung von Beschäftigten/ Ruhendes Beschäftigungsverhältnis | **1** Unbefristetes Beschäftigungsverhältnis Beispiel: Blohm & Voss | **2** Für Dauer der Qualifizierung befristetes Beschäftigungsverhältnis Beispiel: HDW-Ross |
| Warteschleifenmodell ohne Qualifizierungsverpflichtung | **3** Wiedereinstellungszusage Beispiel: Krupp | **4** Keine Wiedereinstellungszusage Beispiel: Saarstahl (allerdings moralische Wiedereinstellungsverpflichtung) |
| Warteschleifenmodell mit Qualifizierungsverpflichtung | **5** Wiedereinstellungszusage Beispiel: Klöckner-Becorit | **6** Keine Wiedereinstellungszusage Beispiel: Stahlstiftung Voest-Alpine |

einer Qualifizierung teilnehmen können, müssen ausscheiden. Diese Selektionsschwelle konnte zwar in den meisten untersuchten Betrieben durch Verhandlungen über den in Frage kommenden Personenkreis abgeschwächt, aber nicht ganz entschärft werden. Beide Modelle setzten eine *enge Kooperation von Arbeitsämtern und Betrieben* voraus. Die Arbeitsämter müssen bereit sein, alle in Frage kommenden Beschäftigten zu qualifizieren, selbst wenn dies ihren Etat erheblich belastete, und die gesetzlichen Vorschriften (insbesondere die Definition einer „Bedrohung von Arbeitslosigkeit") auszuschöpfen (vgl. Kap. 3). In einer Reihe von Fällen funktionierte diese Abstimmung. Unerläßlich war dabei in den meisten Fällen auch externer politischer Druck[59]. Die Verantwortlichen in der Bundesanstalt sehen mehrheitlich in den Beschäftigungsplänen, die zunächst in Betrieben vereinbart und erst dann mit den Arbeitsämtern verhandelt wurden, einen unzumutbaren Eingriff in ihre Autonomie. Es ist mehrfach davon gesprochen worden, nach Abschluß dieser ersten Generation von Beschäftigungspläne „die eigene Autonomie wiederzugewinnen". Die Umsetzung der beschlossenen Sparmaßnahmen bei der Bundesanstalt für Arbeit[60] erfordert geradezu eine solche Autonomie, da ansonsten die Ausgaben für Qualifizierungsmaßnahmen nicht kontrolliert werden können.

Angesichts der Abstimmungsprobleme mit dem Arbeitsamt sind mehrere Unternehmen auf *Warteschleifenmodelle* ausgewichen. Dieser Weg entlastete sie von vielfältigen Verpflichtungen, angefangen von Klärungen der Rechtslage mit dem Arbeitsamt bis hin zur Organisation von Qualifikationsmaßnahmen. Insgesamt waren vier Typen von Warteschleifenmodellen anzutreffen (Schaubild 13). Es gab Warteschleifenmodelle ohne Qualifizierungsverpflichtung. Arbeitskräfte mit ganz unterschiedlichen Qualifikationsvoraussetzungen und Lebensalter gehen in die Warteschleife und beginnen dort je nach indidividuellen Voraussetzungen eine Qualifizierung oder auch nicht. Diese Modelle eignen sich aus unternehmerischer Sicht zum schnellen und auch massenhaften Personalabbau und einer harten Selektion leistungsschwächerer Arbeitskräfte.

Wenn die Warteschleifen mit einer Qualifizierungsverpflichtung verbunden sind (Modelle 5 und 6), liegen die Selektionsschwellen für den Wiedereintritt ins Unternehmen wesentlich höher. Die Betroffenen müssen sich individuell um eine Qualifizierung bemühen (z.B. Klöckner-Becorit). Es werden nur Personen wieder eingestellt, die eine Qualifizierung erfolgreich absolviert haben. Auch hier wurde im Vorfeld versucht, keine Beschäftigten für die Warteschleife vorzusehen, die später an dieser Schwelle scheitern

59 Im Rahmen des Werftprogramms forderte die Bundesregierung die Bundesanstalt für Arbeit auf, das Arbeitsförderungsgesetz insbesondere in den Bereichen der Werftindustrie anzuwenden. Der Bereitschaft der Arbeitsämter, die Werftbeschäftigten bevorzugt zu fördern, wurde durch diesen politischen Druck nachgeholfen.

60 Durch die neunte Novelle des Arbeitsförderungsgesetzes, die am 1.1.1989 in Kraft trat, wurden die für Weiterbildungsmaßnahmen zur Verfügung stehenden Mittel von 6,37 Milliarden DM auf 5,76 Milliarden DM gekürzt.

würden. Bei einem massenhaften Personalabbau über ein solches Modell ist das Unternehmen sehr stark in die Pflicht genommen, die entsprechenden Qualifizierungs- und Beratungsmaßnahmen auch zu organisieren. Die Stahlstiftung Saarland und die Stahlstiftung Voest-Alpine unterscheiden sich durch den ungleich größeren Ressourcheneinsatz der Österreicher für Bildung und Beratung. Warteschleifenmodelle konnten je nach Zielsetzung des Unternehmens und Auslegung des Arbeitsförderungsgesetzes durch das jeweilige Arbeitsamt mit oder ohne verbindliche Wiedereinstellungszusage konstruiert werden. Daß es in der Bundesrepublik zu den verschiedenen Modellen 3 und 4 kam (vgl. Schaubild 13), ist allein der unterschiedlichen Rechtsauffassung der Arbeitsämter in Nordrhein-Westfalen und im Saarland zuzuschreiben. Im Saarland wurde die Zahlung von Arbeitslosengeld bei einer Wiedereinstellungsgarantie nicht für rechtmäßig gehalten.

Ein siebentes nicht in dieses Schema einzuordnendes Modell wurde bei Thomson geschaffen. Die dortige Ausbildungs- und Beschäftigungsgesellschaft stabilisierte durch die Aufrechterhaltung der alten Beschäftigungsverhältnisse die Betriebsbindung und erleichterte gleichzeitig durch die institutionelle Trennung vom Betrieb die Durchführung von Qualifikationsmaßnahmen auch für von Arbeitslosigkeit Bedrohte und die Beantragung von Kurzarbeitergeld; mit einem eigenen Management vermag eine solche Gesellschaft sowohl die gezielte Vermittlung der Beschäftigten als auch ihre Beschäftigung durch Einwerbung von Aufträgen oder den Verleih von Arbeitskräften organisieren. Damit entsteht die Chance, Ausbildungs- und Beschäftigungsmaßnahmen für die Betroffenen miteinander zu kombinieren. Die Potentiale solcher Gesellschaften können allerdings nur ausgeschöpft werden, wenn sie nicht die schwächsten Arbeitskräfte des Betriebes aufnehmen müssen, die weder qualifiziert noch vermittelt werden können.

Die dargestellten Modelle lassen sich nicht abstrakt bewerten. Sie sind aus besonderen betrieblichen, politischen und arbeitsmarktpolitischen Konstellationen entstanden. Es läßt sich aber verallgemeinernd folgendes festhalten:

1) Durch eine zu restriktive Auslegung der „Bedrohung von Arbeitslosigkeit" veranlaßt die Bundesanstalt für Arbeit die Betriebe in Warteschleifenmodelle Typ 3 und 4 auszuweichen. Diese sind durch die Zahlung des Arbeitslosengeldes für die Beitragszahler kaum kostengünstiger als Qualifizierungsmodelle, strukturpolitisch aber auf jeden Fall nachteiliger: sie veranlassen die Betriebe, eher schwächere Arbeitskräfte, die kurz vor dem vorzeitigen Rentenbezug stehen, vorübergehend auszugliedern und auf Qualifizierungsmaßnahmen, die auch einen Beitrag zur regionalen Umstrukturierung bedeuten können, zu verzichten.
2) Alle Modelle sind sowohl mit internem als auch mit externem Strukturwandel vereinbar, je nachdem ob sie eine Rückkehr ins Unternehmen garantieren bzw. das Beschäftigungsverhältnis von vornherein nicht auflösen. Die Modelle 1, 3, 5 sind explizit auf internen Struktur-

wandel der Arbeitskräfte angelegt, die Modelle 2, 4 und 6 haben die Vertragsverhältnisse zu ihren Beschäftigten schon aufgelöst bzw. so weit gelockert, daß die Weichen für eine externe Mobilität der Arbeitskräfte schon gestellt sind[61], ohne damit allerdings eine Rückkehr ins Unternehmen auszuschließen.

3) Als zentrale Funktionsbedingung aller Modelle erwiesen sich die Selektionsprozesse, durch die die Beschäftigten für die angebotenen Maßnahmen ausgewählt wurden und nach denen sie evtl. wieder in den Betrieb zurückkehren konnten. Diese Selektionsmaßnahmen sind mindestens ebenso entscheidend für den Ablauf der Qualifizierung und des Wartens wie der durch die Modelle vorgegebene institutionelle Rahmen. Modelle mit harten Selektionskriterien können nur einen Teil der Gekündigten umfassen.

## 6.3 Umstrukturierung der Unternehmen und Teilnehmerauswahl

In eigentlich allen Betrieben war der Widerspruch zwischen anspruchsvollen Qualifizierungs- und Vermittlungszielen für die „überschüssigen" Arbeitskräfte und dem Interesse der Unternehmen, mit dem Personalabbau auch seine Belegschaftsstruktur zu verbessern, unübersehbar. Dieser Widerspruch ist allenfalls partiell auflösbar. Es ist kaum vorstellbar, daß die Unternehmen in einer Periode raschen technologischen und organisatorischen Wandels sich von ihren besten Arbeitskräften trennen bzw. deren Betriebsbindungen durch marktgängige Qualifizierungen lockern, nur weil diese Arbeitskräfte besonders gut vermittelbar sind.

Die Chancen, im künftigen Wettbewerb erfolgreich bestehen zu können, hängen auch von einem hohen Qualifikations- und Leistungsniveau der Belegschaft ab. Allerdings sind die Unternehmen durch die gesetzlich erforderliche Sozialauswahl bei Kündigungen zu Kompromissen mit den Betriebsräten gezwungen; eine reine „Bestenauslese" ist nicht möglich, denn durch die Sozialauswahl werden insbesondere Ältere, langjährig Betriebszugehörige und Erwerbstätige mit abhängigen Familienmitgliedern geschützt. Die Unternehmensleitungen ließen sich nur auf neue Modelle des Personalabbaus ein, sofern sich hierdurch ihre Spielräume bei der Personalauswahl gegenüber der herkömmlichen gesetzlichen Lage nicht verringerte, insbesondere wenn wie bei den Qualifizierungsmodellen mit dem Arbeitsamt noch ein weiterer, externer Verhandlungspartner hinzukam, der durch die Feststellung der Bildungseignung in die Personalauswahl eingriff.

61 Die Stahlstiftung Saarland zielt allerdings weitgehend auf einen internen Wandel. Nur aufgrund der Intervention des Arbeitsamtes wurde keine Wiedereinstellungsgarantie gegeben.

Die Betriebsräte beharrten aus Interesse am künftigen Erfolg des Unternehmens nicht immer auf einer extensiven Ausschöpfung ihrer gesetzlichen Möglichkeiten der Sozialauswahl, sondern wollten hier eher einen Kompromiß zwischen den Interessen, einerseits schwächere Arbeitskräfte zu schützen und andererseits die besten Kräfte im Betrieb zu halten, finden. Denn, so ein Gesprächspartner aus einem Betriebsrat: „Es würde niemand im Betrieb verstehen, wenn wir uns für diejenigen einsetzen, die ihre Leistung auf Kosten ihrer Kollegen reduziert haben, ohne daß es hierfür nachvollziehbare Gründe, wie Krankheit, Familienprobleme usw. gibt“[62]. In den meisten Betrieben waren die Gesprächspartner interessiert, Einzelheiten der Personalauswahl nicht nach außen dringen zu lassen[63], da natürlich solche Kompromisse zwischen Sozialauswahl und langfristigen Interessen des Unternehmens immer juristisch anfechtbare Einzelentscheidungen enthalten, insbesondere wenn die tatsächlichen Entscheidungskriterien öffentlich verhandelt werden. Insofern bleibt die Personalauswahl bei Entlassungen für empirische Sozialforschung teilweise intransparent. Man darf nicht dem Irrtum verfallen, die öffentlich geäußerten Auswahlprinzipien und -verfahren würden die Realität widerspiegeln.

Da wir zudem nur in Einzelfällen genauere Informationen über die Altersstruktur, das Qualifikationsniveau und den Gesundheitszustand der Gesamtbelegschaft und der in die verschiedenen Maßnahmen (Qualifizierung, Abfindung) wechselnden Beschäftigten erhielten, bleibt unser Bild über die Prozesse der Personalauswahl unvollständig. Zudem liegen bei uns, anders als in Frankreich, zu wenig Untersuchungen über Personalabbau vor, die diese Auswahlprozesse näher beleuchten. Unsere Fallstudien geben jedoch eine Reihe von Anhaltspunkten, die andeuten, in welch unterschiedlicher Weise der Widerspruch zwischen Sozialauswahl, „Negativauslese“ und Feststellung der Bildungseignung durch das Arbeitsamt ausgetragen worden. Es lassen sich folgende Typen von Vorgehensweisen unterscheiden, die zum Teil in einzelnen Unternehmen gleichzeitig jeweils für verschiedene Beschäftigtengruppen oder in zeitlicher Reihenfolge praktiziert wurden:

1) *Entlassen oder qualifizieren:* Einzelne Unternehmen versuchten durch die Qualifizierungsmaßnahmen die bei Kündigungen nötige soziale Auswahl zu umgehen. Bei Blohm & Voss war beispielsweise eine Entlas-

---

62 Aus früheren Studien ist bekannt, daß die Haltung der Betriebsräte sehr stark vom Kündigungsgrund abhängt. Verhaltensbedingten Kündigungen (etwa wegen einer Straftat oder unentschuldigtem Fernbleiben) stimmen Betriebsräte häufig zu. Es kann sogar davon ausgegangen werden, daß sie hierbei auch von der Belegschaft unterstützt und zum Teil sogar unter Druck gesetzt werden, der Kündigung zuzustimmen. Am ehesten widersprechen Betriebsräte Kündigungen wegen einer Krankheit und mit dem Alter abnehmender Leistungsfähigkeit. Diese werden als unverschuldete Ereignisse, die größtenteils durch den Verschleiß im Betrieb verursacht wurden, gesehen (Höland, 1983, S. 73).

63 Die Personalauswahl wird in Frankreich sehr treffend als eine Politik des UNAUSGESPROCHENEN (NON-DITES) bezeichnet (Ardenti/Vrain 1988, S. 61).

sungsliste aufgestellt worden. Die Betroffenen wurden zunächst noch ohne Intervention des Betriebsrates und des Arbeitsamtes vor die Wahl „Qualifizieren oder Entlassen" gestellt, und einige verließen – wie vom Unternehmen erwartet und erhofft – den Betrieb. Auch Eintritte in Qualifizierungsmaßnahmen erfolgten unter diesem Druck, so daß die Motivation und auch die Erfolgschancen der Qualifizierungsmaßnahmen entsprechend gering waren. Durch die Intervention des Betriebsrates und die Überprüfung der Bildungseignung durch das Arbeitsamt wurde diese Zwangslage gemildert und die Notwendigkeit deutlich, zusätzlich für eine freiwillige Teilnahme zu werben. Hieran kritisierte später die Unternehmensleitung, daß sie letztlich auf Arbeitskräften „sitzengeblieben sei, die sie nicht mehr verwenden könne." Auch Grundig beabsichtigte nach Abschluß des ersten Beschäftigungsplans ein ähnliches Vorgehen; das Unternehmen hatte eine „Transferliste" von älteren und schlecht qualifizierten Beschäftigten zusammengestellt, die sie vor die Wahl „Qualifizieren oder Entlassen" stellen wollte. Dem widersprach der Betriebsrat. Die Geschäftsleitung verlor darauf ihr Interesse an Qualifizierungsmaßnahmen, und der Beschäftigungsplan 1985 wurde nicht umgesetzt.

2) *Verbesserung der Belegschaftsstruktur durch Frühpensionierungen und Kompromisse bei der Teilnehmerauswahl für Qualifizierungsmaßnahmen:* In den meisten der untersuchten Betriebe wurde nur ein kleinerer Teil des Personalabbaus über Qualifizierungsmaßnahmen abgewickelt. Die Unternehmen verbesserten durch vorzeitige Pensionierungen ihre Altersstruktur beträchtlich und hatten durch einen Einstellungsstop für un- und angelernte Kräfte und die Übernahme ihrer Auszubildenden in der Vergangenheit bereits ihre Belegschaften zugunsten Jüngerer und höher qualifizierter Arbeitskräfte umstrukturiert. Hinzu kommen sicherlich Einzelkündigungen aus persönlichen und verhaltensbedingten Gründen, die sich in betrieblichen Krisensituationen häufen, ohne daß das Unternehmen explizit eine Beziehung zwischen diesen Kündigungen und dem geplanten Personalabbau herstellt (vgl. Fußnote 12). Gerade, wenn die Qualifizierungsmaßnahmen keine Massenaktionen mehr waren, fanden sich die Unternehmensleitungen zu Kompromissen bereit. In der Mehrzahl dieser Betriebe ist es dann durch eine gründliche Beratung der Betriebsräte und der Arbeitsämter gelungen, der Teilnahme an einer Weiterbildung den Beigeschmack eines Kündigungsersatzes zu nehmen und Voraussetzungen für eine freiwillige Teilnahme zu schaffen. Bei Klöckner-Becorit in Castrop-Rauxel und bei der Sürken-Werft in Papenburg war z.B. die Fähigkeit zur Teilnahme – hier ist man in der Regel von einer Altersgrenze von ca. 40 Jahren ausgegangen – ein Kriterium für die Auswahl. In anderen Betrieben beruhten alle Qualifizierungsmaßnahmen auf freiwilligen Entscheidungen (Grundig 1988/89).

3) *Kompromißspielraum durch öffentliche Mittel erweitert:* Wenn durch öffentliche Mittel für Qualifizierungsmaßnahmen dem Unternehmen keine eigenen Sozialplankosten entstanden, konnte es versuchen, mit Hilfe dieser Unterstützung die Qualifikationsstruktur seiner Beschäftigten zu verbessern und das Abwandern wichtiger Kräfte durch eine längere Beschäftigungsperspektive zu verhindern. Die evtl. notwendige Auswahl für Kündigungen konnte zeitlich hinausgeschoben und unter Umständen ganz vermieden werden. Ein Beispiel hierfür ist die Sürken-Werft, die durch die Qualifizierungsmaßnahmen auf eine teure Entlassungswelle verzichten konnte und heute über eine besser qualifizierte Belegschaft als zuvor verfügt.
4) *Verringerung der Selektionsmöglichkeiten durch ungeplante Fluktuation:* Aufgrund der günstigen externen Arbeitsmarktsituation und des allgemeinen Gefühls der Beschäftigungsunsicherheit wegen des Personalabbaus wanderten vor allem qualifizierte Arbeitskräfte ab. Die Unternehmen waren nunmehr wegen ihres schlechtes Images auf dem Arbeitsmarkt nicht mehr zu einer „Bestenauslese" in der Lage; entsprechend stieg ihr Interesse, ihre Beschäftigten zu halten und zu qualifizieren.

Im Gegensatz zu den Qualifizierungsmodellen ermöglichen die Warteschleifenmodelle eine viel drastischere Personalselektion, da die Betriebe nicht mehr die mögliche Bildungseignung in Rechnung stellen müssen und das Arbeitsamt als dritter Partner bei der Personalauswahl ausgeschaltet ist (vgl. 6.2). Allerdings wird ein solches Modell von Betriebsräten nur mit einer Rückkehrgarantie ins Unternehmen bzw. sozialen Absicherungen der Betroffenen beim Übergang in den vorzeitigen Ruhestand oder in ein anderes Unternehmen mitgetragen. Diese Bedingungen lagen bei Saarstahl vor. Das Unternehmen hat in der jetzt verbesserten konjunkturellen Situation die meisten jüngeren Beschäftigten, die nicht während der Stiftungszeit vorzeitig in den Ruhestand gehen können, wieder integriert, hat also bei der Reintegration geringere „Anforderungen" gestellt, als es bei normalen Einstellungen vom externen Arbeitsmarkt der Fall gewesen wäre. Solche Warteschleifenmodelle gab es auch betriebsintern. In mehreren Stahlbetrieben wurden sog. „Personaleinsatzbetriebe" eingerichtet; dies sind Abteilungen mit „überschüssigen" Arbeitskräften aus verschiedenen Teilstillegungen und Rationalisierungsmaßnahmen, die längerfristig Kurzarbeit fahren oder als kurzfristige Personalreserve dienen, bis die Betroffenen wieder in andere Betriebsteile oder in den Vorruhestand versetzt werden können. Auch Grundig hatte im Werk 11 nach seinen Rationalisierungsmaßnahmen einen „Restbestand" von Beschäftigten, der für eine Qualifizierung nicht in Frage kam, „geparkt" und dann auf verschiedene andere Werke verteilt. Zum Teil haben sich diese angeblich „schwachen Kräfte" sehr gut in neue Abteilungen integriert; sie waren offensichtlich entweder in festgefahrenen sozialen Strukturen an ihrem alten Arbeitsplatz zu Außenseitern geworden und konnten sich in veränderten sozialen Zusammenhängen auf einmal entfalten; oder in der Beurteilung ihrer Leistungsfähigkeit spiegelten sich die weit verbreiteten Einseitigkeiten der Sichtweise von Vorgesetzten wider, die eher die Bereitschaft, sich unterzuordnen, als Selbständigkeit honorieren. *Manche angebliche „Verbesserung der Belegschaftsstruktur" scheiterte nicht nur an einer unerwarteten Abwanderung wichtiger Arbeitskräfte, sondern auch daran, daß solche die Kooperation und die Produktivität hemmenden Sozialstrukturen nicht aufgelöst werden.*

## 6.4 Begrenzter Ressourceneinsatz der Betriebe

*In keinem der untersuchten Betriebe war ein Beschäftigungsplan teurer als ein herkömmlicher Sozialplan.* Die Beschäftigungspläne waren für einen Teil der Unternehmen kostenneutral, für einen anderen Teil sogar kostengünstiger.

Bei den Werften und bei Saarstahl wurde das Unterhaltsgeld bzw. die Arbeitslosenunterstützung durch die Länder aufgestockt. Saarstahl wurde hier ein sehr teurer Sozialplan erspart; die Hamburger Werften Blohm & Voss und HDW Ross konnten ebenfalls auf größere Abfindungsaktionen verzichten; die Einspareffekte wurden dort allenfalls etwas durch die Fortzahlung des Urlaubs- und Weihnachtsgeldes für die Beschäftigten während der Qualifizierung gemindert.

Die Unternehmen, die aus eigenen Mitteln das Unterhaltsgeld bzw. Arbeitslosengeld aufstockten, verrechneten diese Beiträge beim Ausscheiden aus dem Betrieb mit den möglichen Abfindungen. Falls der Aufstockungsbetrag die errechnete Abfindung überschreitet, entfällt er oder wird abgespeckt (vgl. Schaubild 6), so daß die „Stückkosten pro Abbau eines Beschäftigten" gegenüber einem Sozialplan allenfalls geringfügig steigen. Allein bei Thomson wurde die Anrechnung des Unterhaltsgeldes auf die Abfindung durch eine Sozialklausel aufgelockert. In den meisten Fällen wurde der Abfindungsanspruch durch die schnelle Reintegration der Beschäftigten nach Abschluß der Qualifizierung nicht verbraucht, so daß die Unternehmen sogar weniger als bei einer reinen Abfindungsaktion ausgaben. Insofern muß man zwischen den *potentiellen Kosten* eines Beschäftigungsplans (maximale Ausschöpfung des Unterhaltsgeldes und anschließende Restabfindung beim Ausscheiden) und den *tatsächlichen Kosten* unterscheiden. Die potentiellen Kosten entstehen in voller Höhe nur bei einem außerordentlich blockierten Arbeitsmarkt. Nur Thomson rechnete aufgrund seiner französischen Erfahrungen mit einer hohen Arbeitsmarktmobilität, die sowohl Rückversetzungen aus der Ausbildungs- und Beschäftigungsgesellschaft ins Unternehmen als auch Vermittlungen in andere Unternehmen nach einer Qualifizierung ermöglichen würden. Das Unternehmen hat deshalb großzügigere Unterhaltsgeldzuzahlungen angeboten als andere Unternehmen. Dieses großzügigere Finanzvolumen gab zweifellos den einzelnen Beschäftigten mehr Sicherheit und Zeit für ihre künftige Arbeitsplatzwahl, ohne allerdings wegen der erwähnten Arbeitsmarktmobilität voll ausgeschöpft zu werden.

Daß die Beschäftigungspläne im Vergleich zu reinen Sozialplänen kostengünstiger oder zumindest kostenneutral waren, scheint von den meisten Unternehmen jedoch nicht voll realisiert worden zu sein; sie sahen in den Beschäftigungsplänen eher ein finanzielles Risiko. Die Unternehmen versuchten daher jeden zusätzlichen Ressourceneinsatz bei der Beratung der Betroffenen und der Planung der Qualifizierungsmaßnahmen zu vermeiden. Sie beteiligten sich (Ausnahmen: Saarstahl, Sürken-Werft, Ruhrkohle AG, Sietas) nicht an der Entwicklung und Umsetzung der Qualifizierungsmaßnahmen, sondern überließen dies weitgehend den Betriebsräten, den Gewerkschaften und dem Arbeitsamt. Die Hauptgründe hierfür waren einerseits der Druck, den Personalbestand möglichst rasch zu vermindern und die Befürchtung, durch umfangreiche Qualifizierungsprogramme Zeitverluste und Mehrkosten hinnehmen zu müssen. Andererseits wollten die Unternehmen den Beschäftigten nicht durch eine aktive Beteiligung den Eindruck vermitteln, daß sie an ihrer Rückkehr in den Betrieb Interesse hätten. Die durch die Einschaltung des Arbeitsamtes zwangsläufig entstandene Orientierung auf den externen Arbeitsmarkt sollte nicht wieder nach innen gewendet werden.

Aus den gleichen Gründen wurden die Qualifizierungsmaßnahmen vorwiegend außerhalb der Betriebe durchgeführt. Die Betriebsbindung sollte gelockert und die Betroffenen mit dem Gedanken vertraut gemacht werden, auch woanders arbeiten zu können. Eine innerbetriebliche Qualifizierung hätte diesen Individualisierungsprozeß nur gefährdet. Der Arbeitsdirektor von Blohm & Voss wollte zudem „keine unterbeschäftigten Kader auf dem Betriebsgelände haben, die Unruhe stiften könnten". Diesen Mangel an betrieblicher Betreuung versuchten die Betriebsräte durch regelmäßige Kontakte mit den Teilnehmern an externer Weiterbildung auszugleichen. Sie reichten deren Beschwerden weiter, bereiteten ihre Rückkehr in den Betrieb frühzeitig früh usw.

Größeres Interesse an der Organisation von Qualifikationsmaßnahmen hatten die Betriebe, die hierdurch ihre überschüssigen Bildungskapazitäten auslasten wollten (Saarstahl, Sürken-Werft, Ruhrkohle AG); sie konnten im Wettbewerb mit anderen Bildungsträgern nur durch eine besondere Qualität ihres Weiterbildungsangebotes bestehen. Da vor allem Stahlbetriebe und Bergbau überlegen, ihre Weiterbildungskapazitäten langfristig zu erhalten und auf den Markt zu bringen, spielten sie bei der Umsetzung der vereinbarten Qualifizierungsmaßnahme eine aktive und entscheidende Rolle (Heimann 1989), mit der Konsequenz, daß die Orientierung der Beschäftigten auf den Betrieb gestärkt wurde. Das Engagement einiger Betriebe reduzierte sich, als deutlich wurde, daß die Bundesanstalt für Arbeit Qualifizierungsmaßnahmen nicht mehr im gleichen Umfang wie zuvor fördern würde. Dies war unübersehbar bei den Teilzeitqualifizierungsmaßnahmen im Ruhrkohle-Bergbau.

Durch die Offenheit fast aller bundesdeutschen Beschäftigungspläne für eine Rückkehr der Beschäftigten in den Betrieben enthielt jede aktive Beteiligung des Unternehmens an der Umsetzung des Plans das „Risiko", die Betriebsbindung der Beschäftigten zu fördern. Wenn die Unternehmen diese Orientierung stützen wollten, organisierten sie mit den Betriebsräten und dem Arbeitsamt die Umsetzung des Beschäftigungsplanes (Sietas, Sürken-Werft, Saarstahl, Ruhrkohle AG). Wenn sie eher auf einen externen Wandel zielten, wurde die Umsetzung allein oder weitgehend dem Betriebsrat überlassen (Klöckner-Becorit, Grundig, Blohm & Voss, HdW Ross), die teilweise dann an der mangelnden Rückendeckung durch die Unternehmensleitung gegenüber dem Arbeitsamt scheiterten (Berthold, Präwema). Diese Unternehmen brachten alle nicht den Mut und die konzeptionelle Vorstellungskraft auf, die externen Mobilitätsprozesse mitzugestalten. Konservatives und phantasieloses kurzfristiges Denken überwog.

Allein bei Thomson waren mit der AuB, der Thomson-Stiftung und der ITM institutionelle Strukturen von seiten des Unternehmens geschaffen worden, die eine systematischere Vermittlung der Beschäftigten auch in andere Betriebe ermöglichen. Hierin spiegelt sich eine völlig andere Unternehmensphilosophie wider: Das Unternehmen ist – allerdings nur mit kalkulierbarem Ressourceneinsatz – auch für das Arbeitsmarktschicksal der Entlassenen und für die Entwicklung der Regionen, in denen es Standorte unterhält, verantwortlich. Die bundesdeutschen Unternehmen lehnen eine solche Verantwortung weiterhin ab (vgl. Fußnote 1). Sie sind in ihrem Engagement für Beschäftigungspläne damit ideologisch doppelt blockiert: an einem internen Wandel wollen sie nicht mitwirken, da sie befürchten, der Personalabbau werde verzögert; auch bei einer sozialverträglichen Gestaltung des externen Wandels wollen sie sich nicht engagieren, da dies ausschließlich eine öffentliche Aufgabe sei. Ihre Politik bei der Umsetzung der Beschäftigungspläne ähnelte vielfach einer Vogel-Strauss-Politik: Verträge mit wenig finanziellem Risiko und ohne einklagbare Verpflichtungen unterzeichnen und dann den Kopf in den Sand stecken.

### 6.5 Sozialpläne und Beschäftigungspläne

Alle Qualifizierungspläne sind auf der Basis der Rechtsvorschriften von Sozialplänen abgeschlossen worden. Die Vereinbarungen enthielten alle auch die traditionellen Regelungen über Abfindungen, vorzeitige Pensionierungen und Versetzungen. Diese Sozialplanregelungen waren sowohl in den Strategien der Unternehmensleitungen präsent als auch in den Orientierungen der Betriebsräte und den Entscheidungen des einzelnen. Die Beschäftigungspläne sind zwar als kollektive Problemlösungen für die von Entlassung bedrohten Gruppen konzipiert worden. Diese Gruppen wurden jedoch – wie wir sahen – bereits durch die Arbeitsämter in Individuen mit unterschiedlichen Versicherungsansprüchen und Qualifizierungseignungen zerlegt. Die Beschäftigungspläne erweiterten außerdem die individuellen Handlungsmöglichkeiten, die von den Betroffenen abgewogen und unterschiedlich genutzt wurden.

In fast allen Betrieben erhielten Abfindungen und Frühpensionierungen ein größeres Gewicht als die Qualifizierungsmaßnahmen. Zumeist wurde ein bestimmter Personenkreis (Arbeiter oder Beschäftigte bis zu einer mittleren hierarchischen Position) pauschal vorzeitig pensioniert, sofern er das notwendige Alter erreicht hatte; damit war schon ein bestimmter Anteil des Personalabbaus „erledigt". Das Ausmaß der Inanspruchnahme von Qualifizierungsmaßnahmen wurde dann durch die Entscheidung der restlichen Betroffenen zwischen Abfindung und Qualifizierung bestimmt. Hier gab es vielfach eine „Abstimmung mit den Füßen" gegen die neuen bisher noch nicht bekannten Maßnahmen. Folgende Aspekte spielten bei der Entscheidung des einzelnen eine Rolle[64]:

1) *Beratungs- und Umsetzungsklima:* Daß Arbeitsplatzangst ein entscheidender Teilnahmegrund an vielen Qualifizierungsmaßnahmen war, ist nicht abzustreiten. Aber diese Angst allein langte nicht, zur Teilnahme zu motivieren. Bildungsentscheidungen sind insbesondere bei längerfristig dauernden Umschulungen und Fortbildungen weitreichende Lebensentscheidungen. Die Betroffenen müssen für einen längeren Zeitraum finanzielle Einbußen und Mehrbelastungen auf sich nehmen, um mittelfristig ihre Position auf dem Arbeitsmarkt zu verbessern und evtl. Zugang zu befriedigenderen Tätigkeiten zu bekommen. Solche Entscheidungen werden gerade von Beschäftigten, die bislang kaum eigene Bildungserfahrungen haben und deren Selbstvertrauen, eine Umschulung zu bewältigen, gering entwickelt ist, nicht ohne *gute Beratung und Überzeugungsarbeit von Betriebsräten, Arbeitsamt und Unternehmensleitung getroffen.* Wenn diese drei Parteien *kooperativ* für eine Bildung warben, auch *genügend Zeit* für eine Beratung hatten, sowie den Betroffenen ausreichend Zeit für eine Entscheidung ließen, dann konnte ein relativ hoher Anteil von Beschäftigten für eine Qualifizierung gewonnen werden. Sobald aber die Qualifizierungsmaßnahmen ein Konfliktthema waren, die Beschäftigten unzureichend beraten und zudem durch die Hektik des Personalabbaus unter Druck gesetzt wurden, entwickelten so kein Vertrauen zu dieser Alternative und entschieden sich eher für eine Abfindung.

---

64 Hier finden sich größtenteils die in Abschnitt 2.3 dargestellten Faktoren wieder, die die Folgen von Massenentlassungen strukturieren. Allerdings sind unsere Analysemöglichkeiten begrenzt, da wir keine Verlaufsstudien über den Werdegang einzelner Beschäftigter nach den Qualifizierungsmaßnahmen durchgeführt haben. Die folgenden Aussagen sind eher als grobe Einschätzungen auf der Basis von Expertengesprächen zu verstehen.

2) *Finanzielle Anreize:* Da es in der Regel keine bzw. nur eine geringfügige finanzielle Besserstellung bei der Teilnahme an einer Weiterbildungsmaßnahme gab, stellte sich natürlich für viele Beschäftigte die Frage, ob es nicht besser wäre, direkt eine Abfindung zu kassieren. Wenn man sofort einen neuen Arbeitsplatz fand, stand man sich kurzfristig finanziell besser. Langfristig mußten jedoch ein Teil dieser Beschäftigten durch einen weiteren Arbeitsplatzverlust erleben, daß sich ihre berufliche Situation destabilisiert hatte. In den Werftbetrieben hingegen wurde das Unterhaltsgeld mit öffentlichen Mitteln aufgestockt. Nur die Beschäftigten, die sich für eine Qualifizierung entschieden, konnten diese Mittel auch in Anspruch nehmen konnten, ohne daß sich gleichzeitig ihre Abfindungsansprüche reduzierten. Diese günstige Situation hat sicherlich zu den hohen Teilnehmerzahlen in den Werften beigetragen. In Einzelfällen war die Aufstockung des Unterhaltsgeldes durch das Unternehmen so gering (z.B. Klöckner-Becorit mit max. 150 DM pro Monat), so daß vor allem Alleinverdiener mit Familien sich nicht zu einer Qualifizierung in der Lage sahen. In den Warteschleifenmodellen (Krupp, Saarstahl) wurden Teilnehmer an Qualifizierungsmaßnahmen gegenüber Arbeitslosen finanziell nicht besser gestellt; da jede Qualifizierung zusätzliche private Aufwendungen mit sich bringt[65], verschlechterten sie sich materiell sogar; viele Beschäftigte von Saarstahl bevorzugten daher den passiven Wartestand; einige wollten sogar nachträglich aus einer Qualifizierung in die Warteschleife wechseln.

3) *Der lokale industrielle Arbeitsmarkt:* Fast alle Beschäftigten, die freiwillig oder weil sie eine Qualifizierung ablehnten, in andere Betriebe abwanderten (es handelte sich mehrheitlich um Arbeiter), wechselten innerhalb des industriellen Sektors. Um ihre Lohneinbußen zu begrenzen, scheinen sie zumeist in dem *Segment übertariflich zahlender Industriebetriebe* verblieben zu sein. Kriterium für ihren Arbeitsplatzwechsel war also aufgrund des Lohngefälles zwischen verschiedenen Arbeitsmarktsegmenten die externe Arbeitsmarktlage in dem besser entlohnten primären industriellen Arbeitsmarktsegment. Eine günstige lokale Arbeitsmarktsituation in diesem Segment erleichterte die externe Mobilität von Beschäftigten und veranlaßte vor allem Jüngere und Facharbeiter, auf einen neuen Arbeitsplatz ohne größere Lohnverluste zu wechseln. Eine solche günstige Arbeitsmarktlage war etwa in Villingen-Schwenningen zu beobachten; dort lag die allgemeine und auch die Arbeitslosenquote einzelner Berufsgruppen unter dem Bundesdurchschnitt. Aber auch in *räumlich verdichteten Arbeitsmärkten mit überdurchschnittlichen Arbeitlosenquoten* erhöhte sich durch die anziehende Konjunktur das industrielle Arbeitsplatzangebot, sofern in den Regionen nicht nur schrumpfende Sektoren vertreten waren. So wanderten im Ruhr-

65 Solche Aufwendungen entstehen z.B. dadurch, daß man während einer Qualifizierung weniger Zeit für häusliche Eigenarbeit und Nebenverdienste hat und gezwungen ist, Produkt- und Dienstleistungen auf dem Markt zu kaufen (z.B. Reparaturen und Kinderbetreuung).

gebiet und auch in Hamburg, also in Arbeitsmärkten mit zumindest etwas aufgelockerter industrieller Monostruktur, vor allem jüngere Arbeitskräfte und Facharbeiter in andere Betriebe ab. Der Arbeitsmarkt im Saarland hingegen schien durch das weiterhin überragende Gewicht der Krisenbranchen Stahl und Bergbau eher blockiert zu sein; außerdem erwog aufgrund des überdurchschnittlichen Lohnniveaus bei Saarstahl kaum einer den Übergang in einen schlechter bezahlten Kleinbetrieb. In räumlich isolierten, nicht verdichteten Arbeitsmärkten mit hoher regionaler Arbeitslosenquote bot der externe Arbeitsmarkt kaum Alternativen für Arbeitsplatzmobilität. In den beiden ostfriesischen Werften zogen daher fast alle in Frage kommenden Beschäftigten eine Qualifizierung einem Betriebswechsel vor.

4) *Die individuellen Bildungsvoraussetzungen:* Eines der Hauptargumente für Beschäftigungspläne war die Hypothese, daß man hierdurch Beschäftigte für Weiterbildungsmaßnahmen gewinne, die man in der Anonymität der Arbeitslosigkeit nicht mehr erreichen bzw. mangels einer konkreten Arbeitsplatzperspektive nicht mehr motivieren könne. Da wir nicht über Erhebungen zur Teilnehmerstruktur und über Befragungsergebnisse zur subjektiven Sichtweise der Teilnehmer verfügen, sind hier nur sehr vorsichtige Aussagen möglich.

Der relativ *hohe Anteil von Umschulungen* von Beschäftigten ohne Berufsabschluß an den Weiterbildungsmaßnahmen mehrerer Betriebe (Ostfriesische und Hamburger Werften, Saarstahl) spricht dafür, daß man durch Beschäftigungspläne auch an- und ungelernte Arbeiter motivieren kann, ihre Beschäftigungsperspektiven durch den Übergang in einen beruflichen Arbeitsmarkt zu stabilisieren. Entscheidendes Motiv scheint bei fast allen von ihnen, wie auch bei den meisten Facharbeitern in Fortbildung, die Chance einer gleichzeitigen Stabilisierung ihrer Position *innerhalb* des sich zugunsten beruflich höher qualifizierter Arbeitskräfte umstrukturierenden Unternehmens, als auch die Verbesserung ihrer Wettbewerbschancen auf dem *externen* Arbeitsmarkt gewesen zu sein.

Die meisten Teilnehmer an Weiterbildungsmaßnahmen waren jünger als 40 Jahre. Ältere Teilnehmer waren in erster Linie Facharbeiter, die eine Zusatzqualifikation erwarben. Das Alter, der gesundheitliche Zustand und oft auch die Belastbarkeit aufgrund der familiären Verhältnisse waren die entscheidenden Eintrittsschwellen vor allem für un- und angelernte Arbeiter, deren letzte Bildungserfahrung zumeist die Schulzeit war. „Weiterbildung ist wie zum Zahnarzt gehen", so beschreibt ein Betriebsrat diese Eintrittsschwellen. Nur wenn Weiterbildung als „Holschuld" verstanden wird, die inhaltlich an den vorhandenen Bildungsvoraussetzungen anknüpft, können auch „Ältere" (zwischen 40 und 45 Jahren), Un- und Angelernte, Ausländer und Frauen gewonnen werden. Bei Grundig war durch vorbereitende Kurse eine Bildungsbereitschaft bei un- und angelernten Frauen erzeugt worden, an die dann bei der Umsetzung des Beschäftigungsplanes angeknüpft werden konnte. In mehreren anderen Betrieben wurde die Eintrittsschwelle durch besondere Vorförderungsmaßnahmen gesenkt. Auf der Jansen-Werft in Leer und der Sürken-Werft in Papenburg konnten die Umschüler drei Monate in einer Vorförderung wieder Lernen lernen. In Hamburg stellte der Senat in seinem Aktionsprogramm Wirtschaft zusätzliche Mittel zur Entwicklung von Curricula zur Umschulung von Ausländern bereit. In bis zu 11monatigen Vorbereitungskursen bei der „Stiftung Berufliche Bildung, Arbeitslosenwerk" wurden Sprachkurse, allgemeinbildende Elemente und berufliche Vorbereitung so kombiniert, daß auch Ausländer mit sehr schlechten Bildungsvoraussetzungen an Umschulungen teilnehmen konnten. Die Gesamtmaßnahme läuft allerdings bis zu 35 Monate (11 Monate Vorförderung, 24 Monate Umschulung) und stand wegen der hohen Kosten nur wenigen offen.

Diese verschiedenen subjektiven und objektiven Einflußgrößen konnten sich gegenseitig verstärken oder konterkarieren. Bei der Sürken-Werft beispielsweise wirkten die schlechte lokale Arbeitsmarktlage, das kooperative Umsetzungsklima, die gute Bildungsberatung, die finanzielle Aufstockung des Unterhaltsgeldes durch das Land und besondere Vorförderungsmaßnahmen bei den Umschulungen in Richtung einer hohen Teilnehmerquote. Bei Klöckner-Becorit führten hingegen die verbesserte Arbeitsmarktsituation und die geringen finanziellen Anreize trotz guter Beratung zu einer unerwartet hohen Abwanderung in andere Betriebe. Aufgrund der Vielfalt der Einflußfaktoren ist davor zu warnen, *eine niedrige Inanspruchnahme der neuen Instrumente von Beschäftigungsplänen als Mißerfolg zu deuten.* Es ist ja nicht Ziel eines Beschäftigungsplanes, jede externe Mobilität, die auch Voraussetzung eines notwendigen strukturellen Wandels sein kann, zu verhindern, sondern bei anstehenden Entlassungen die Zwangslagen des externen Arbeitsmarktes für die Betroffenen zu mildern und ihre Optionen zu erweitern. Eine extrem hohe Inanspruchnahme der Qualifizierungsmaßnahmen deutet auch auf eine *Blockierung des Strukturwandels* durch eine unzureichende ökonomische Entwicklung der Regionen hin, wie z.B. in Ostfriesland. Allerdings sind auch allzu häufig durch eine unzulängliche Umsetzung *Potentiale der Beschäftigungspläne nicht genutzt worden.* In mehreren Fällen (z.B. Klöckner-Becorit, Thomson) sehen einige Betroffene dies inzwischen selbst so; sie haben eine Abfindung einer Qualifizierung vorgezogen und sind heute arbeitslos.

## 6.6 Beschäftigungspläne für die Betriebe oder für Region?

Beschäftigungspläne sind ursprünglich aus einer über den Betrieb hinausreichenden Perspektive einer Verringerung der Arbeitslosigkeit insgesamt und einer Restrukturierung der betroffenen Betriebe und Regionen entstanden. Zu dieser Diversifizierung ist es – wie erwähnt – in fast allen Fällen nicht gekommen. Nur Krupp Rheinhausen sagte zu, im Zusammenhang mit der Stillegung des Stahlwerks durch Investitionen anderer Krupp-Töchter Ersatzarbeitsplätze zu schaffen. Weiterhin stellte Thomson durch die Gründung einer regionalen Ansiedlungsgesellschaft Flächen und Ressourcen für die Anwerbung neuer Betrieb zur Verfügung und schuf zumindest bis zum Abschluß dieser Untersuchung durch die Beeinflussung unternehmensinterner Standortentscheidungen eine Reihe neuer Arbeitsplätze für die Region. Das Restrukturierungskonzept von EWD in Villingen-Schwenningen trug zu einer *Stärkung und u.U. auch Verbesserung der regionalen Ansiedlungs- und Wirtschaftsförderung bei.*

In den anderen Betrieben wurden mit Hilfe der Beschäftigungspläne nicht die Entstehung neuer Arbeitsplätze gefördert, sondern durch Qualifikationsmaßnahmen und den Verzicht auf Kündigungen von unzureichend wettbewerbsfähigen Arbeitskräften *nur Beschäftigungschancen umverteilt.* Dieser Umverteilungsprozeß ist für die Regionen zweifellos günstig, da der Arbeitsmarkt nicht durch die Entlassung schlecht qualifizierter Arbeitskräfte, die angesichts der hohen Einstellungsbarrieren gegenwärtig nur geringe Vermittlungschancen gehabt hätten, belastet wird[66]. Sengenberger nennt solche privaten Strategien der Abwälzung von Entlassungskosten auf die öffentliche Hand „soziale Pollution" (Sengenberger 1989). Beschäftigungspläne dienten also der Abwendung sozialer Pollution und der Internalisierung von Kosten des Strukturwandels.

Auch durch die *Inhalte der Weiterbildung* wurde das regionale Qualifikationsprofil verbessert. Die Arbeitsämter bestanden in der Regel darauf, daß die vermittelten Qualifikationen auf dem externen Arbeitsmarkt verwertbar seien. Dazu war nicht nur ein überbetrieblich anerkannter Abschluß, sondern auch die Verwendbarkeit der Qualifikation in anderen Betrieben der Region otwendig. Die Umschulungen von Arbeitern zielten zumeist in Berufe, die vielfältig nachgefragt werden (Schlosser, Elektriker, Dreher etc.). Mit den Fortbildungen wurden den Fachkräften fehlende Bausteine in neuen Technologien vermittelt, die sie in ihrer Berufsausbildung noch nicht erworben haben (CNC, Pneumatik, Hydraulik, EDV-Kenntnisse für Kaufleute etc.). Nur in wenigen Fällen stimmten die Arbeitsämter sehr betriebsgebundenen (Schweißkurse in drei Werften) oder branchengebundenen (Umschulungen zu hüttenspezifischen Berufen) Weiterbildungen zu, weil sie hier vom Fortbestand des Betriebes ausgingen und außerdem mit theoretisch weniger anspruchsvollen Maßnahmen, die zudem an die bisherigen Kenntnisse anknüpften, die Qualifikation von Arbeitskräften verbessern konnten, die für eine andere Ausbildung wahrscheinlich nicht mehr in Frage gekommen wären. Gerade da die künftigen Arbeitsplätze der Beschäftigten inner- oder außerhalb des Betriebes bei Festlegung der Qualifi-

66 Durch eine solche soziale Produktion entstehen infolge von Langfristarbeitslosigkeit hohe Kosten für die Arbeitslosenversicherung. Weiterhin entstehen auch für die Betriebe Anpassungskosten durch ein unzureichend qualifiziertes Arbeitsangebot.

kationsziele noch nicht klar festlagen, Diversifizierung und Qualifizierung also nicht a priori verknüpfbar waren, mußten die *Qualifikationen flexibel und zukunftsoffen* für verschiedene Einsatzfelder sein. Mit der Vermittlung *überbetrieblich anerkannter Fachqualifikationen* wird bildungspolitisch die richtige Antwort auf diese Ungewißheit der Zukunft gegeben. Für die Region ist eine solche Qualifikationsstrategie anstelle rein betrieblicher Anpassungsqualifikation vorteilhaft, da die Betroffenen nach Abschluß der Qualifikationen mobiler und nicht an den Betrieb gekettet sind. Durch diese Art der Qualifizierung unterschieden sich die Qualifikationspläne beträchtlich von den üblichen betriebsbezogenen Weiterbildungsplänen ohne öffentliche Unterstützung.

Vor allem die mitbestimmten Stahl- und Bergbaubetriebe tragen mit ihrer hohen Ausbildungsquote zur Herausbildung eines regionalen Facharbeiterstamms bei (vgl. Kap. 4.5). In einer Reihe von uns nicht untersuchter Betriebe (Krupp Rheinhausen, Thyssen Niederrhein, Thyssen Hattingen) verpflichteten sich die Betriebe im Zusammenhang mit Beschäftigungsplänen, ihre Ausbildungskapazitäten vorerst aufrechtzuerhalten. Dazu wurden neue Trägerstrukturen für die Ausbildungszentren geschaffen, in denen nun neben dem Betrieb die Kommunen, die Arbeitsämter und andere Institutionen vertreten sind. Diese Ausbildungszentren sollen künftig einen Teil der Erstausbildung und Weiterbildung für die Region übernehmen (Heimann 1989). Sie werden vermutlich eine Diskussion über den *regionalen Weiterbildungsbedarf* entfachen und evtl. Anstöße zu einer systematischeren regionalen Weiterbildungsplanung geben[67].

Bei der Umsetzung der Beschäftigungspläne wurden in den Betrieben in der Regel keine eigenen Umsetzungsstrukturen aufgebaut, die nach Abschluß der jeweiligen Restrukturierung der Region für die Bewältigung evtl. anderer Massenentlassungen zur Verfügung stehen. Nur Thomson hat mit der Ausbildungs- und Beschäftigungsgesellschaft eine gesonderte Institution geschaffen, die vielleicht von der Kommune übernommen wird und von anderen Betrieben als *regionale Auffanggesellschaft* bei Personalabbau dienen kann. Auch die Hamburger Beschäftigungsgesellschaft Öko-Tech und die von Saarstahl gegründete „Gemeinnützige Gesellschaft für Beschäftigung und Qualifizierung" könnten längerfristig als ABM-Träger fortbestehen und neue strukturpolitisch gezielte ABM-Maßnahmen (im Bereich Umweltschutz, Denkmalschutz etc.) für Langfristarbeitslose entwickeln.

Die meisten Beschäftigungspläne sind aber nur als *zeitlich begrenzte Sondermaßnahmen für einen konkret definierten Personalabbau* geplant. Durch sie konnte die soziale Pollution dieses Personalabbaus verringert werden. Für die Gestaltung der regionalen Beschäftigungspolitik werden sie jedoch allenfalls durch ihren Vorbildcharakter, der andere Betriebe zur Imitation ver-

67 Eine empirische Untersuchung in zwei Regionen zeigt, daß gegenwärtig kaum Ansätze für eine systematische regionale Weiterbildungsplanung existieren (vgl. Bosch u.a. 1987).

anlassen mag, Spuren hinterlassen. Nur in wenigen Fällen werden beschäftigungspolitische Strukturen, die in Zusammenhang mit den Beschäftigungsplänen entstanden sind, weiterbestehen.

## 6.7 Beschäftigungspläne und Rekonversion im Vergleich

Deutsche Beschäftigungspläne und französische Rekonversionspolitik sind beide aus gleichen Anlässen entstanden: Der Personalabbau in Großbetrieben der von Strukturkrisen betroffenen Branchen (Bergbau, Stahl, Werften, Unterhaltungselektronik etc.) konnte in beiden Ländern nicht mehr allein mit den bis Anfang der achtziger Jahre vorherrschenden Vorruhestandsmaßnahmen und Abfindungsaktionen bewältigt werden. Die älteren Jahrgänge in den Betrieben waren durch vorherige Vorruhestandsmaßnahmen bereits weitgehend ausgedünnt und eine weitere Absenkung der Altersgrenze kam aus Kostengründen nicht in Frage. Die hohe Arbeitslosigkeit verringerte die Bereitschaft, den Betrieb freiwillig mit einer Abfindung zu verlassen. Es standen somit klassiche Entlassungsaktionen bevor, gegen die sich in den gewerkschaftlich gut organisiserten Betrieben Widerstand regte (z.B. in Longwy in Frankreich oder später bei Krupp Rheinhausen in der Bundesrepublik).

Die Reaktion auf diese Probleme und den Ablauf der industriellen Umstrukturierung sind jedoch durch die besonderen ökonomischen, politischen und institutionellen Strukturen beider Länder geformt, die sich beträchtlich voneinander unterscheiden. Die wichtigsten Unterschiede sollen kurz skizziert werden:

1) In Frankreich ist die Rekonversion inzwischen etablierter Bestandteil der staatlichen Wirtschafts- und Sozialpolitik geworden. Die sozialistische Regierung forcierte nach dem Scheitern ihrer expansiven Nachfragepolitik den wirtschaftlichen Strukturwandel und bot zur sozialen Abfederung und Legitimation dieses wirtschaftspolitischen Kurswechsels die Rekonversion an. Mit der Verstaatlichung der Großbetriebe besaß die französische Regierung auch genügend Hebel, die Unternehmen zur Akzeptanz und späteren Umsetzung der neuen Maßnahmen zu veranlassen. Die Rekonversion wurde also auf *Druck des Staates* eingeführt, durch branchenweite Tarifverträge zunächst für die Krisenbranchen und dann durch sogenannte *interprofessionelle (branchenübergreifende) Vereinbarungen und Gesetze* sogar für die gesamte Wirtschaft generalisiert.

In der Bundesrepublik gab es vergleichbare staatliche Politikansätze nur auf der *Länderebene* und dort zielten sie auch nur auf einzelne Branchen bzw. Betriebe. Das Werfthilfeprogramm der Bundesregierung wurde von Hamburg und teilweise Niedersachsen zur Finanzierung von Qualifizierungsmaßnahmen genutzt. Das Saarland richtete die Stahlstiftung ein, um den Strukturwandel der saarländischen Stahlindustrie zu beschleunigen, ohne dabei zusätzliche Massenarbeitslosigkeit zu produzieren. Die restlichen Beschäftigungspläne wurden ausschließlich auf *betrieblicher Ebene* durch engagierte Betriebsräte und Gewerkschafter durchgesetzt. Nur in einem Fall (Thomson) kam die Initiative von seiten des Unternehmens, das seine französische Rekonversionserfahrungen importierte. Aufgrund dieser eher dezentralen Initiativen wurden die vereinzelten betrieblichen Vereinbarungen nicht auf Branchen oder Regionen ausgedehnt.

In beiden Ländern kamen trotz der erwähnten Unterschiede die ersten Anstöße zu diesen neuen arbeitsmarktpolitischen Ansätzen nicht von den Unternehmen selbst, sondern sie wurden vom Staat, den Ländern, den Gewerkschaften oder Betriebsräten gegen ein eher konservatives Management durchgesetzt.

2) Die politische Einflußnahme auf die Unternehmen war allerdings nur mit Hilfe *finanzieller Anreize* erfolgreich. Durch die Kombination öffentlicher Arbeitsmarkt- und und betrieblicher Sozialplanmittel eröffneten sich auch für die Unternehmen attraktive Gestaltungsmöglichkeiten der betrieblichen Restrukturierung. In Frankreich war diese öffentliche Unterstützung institutionell leicht zu arrangieren. Arbeitslosenversicherung, Arbeitsvermittlung und aktive Arbeitsmarktpolitik sind institutionell streng getrennt. Die aktive Arbeitsmarktpolitik wird direkt aus dem Staatshaushalt finanziert; die Mittelgewährung unterliegt somit nicht dem Versicherungsprinzip, sondern kann nach arbeitsmarkt- oder strukturpolitischen Gesichtspunkten gestaltet werden. Die Rekonversionshilfen des Fonds National de l'emploi wurden mit den Betrieben bzw. im Falle von Branchentarifverträgen mit den Tarifpartnern der Branchen ausgehandelt. Der Fonds kann flexibel auf unterschiedliche betriebliche und Branchenprobleme reagieren und z.B. auch ein besonderes Engagement der Betriebe finanziell belohnen. Die externe finanzielle Unterstützung der Rekonversion war in Frankreich kein Engpaßfaktor. Eher im Gegenteil: der Staat versucht, die Rekonversion finanziell attraktiv zu gestalten und als festen Bestandteil betrieblicher Personalpolitik zu verankern.

Die Mittelgewährung der Bundesanstalt für Arbeit in der Bundesrepublik basierte auf dem Versicherungsprinzip, also auf der Prüfung des Einzelfalls; hierbei gab es nur geringen Verhandlungsspielraum zwischen Betrieben und Bundesanstalt. Zudem verfolgt die Bundesanstalt gegenüber einer Förderung von Beschäftigten eine restriktive Politik, da sie die Weiterbildung von Beschäftigten im Prinzip als Aufgabe der Betriebe und nicht der Arbeitsmarktpolitik sieht. Für die Betriebe war es daher schwierig, eine Zusage über eine finanzielle Unterstützung durch die Bundesanstalt zu erhalten, die ganz zudem noch unkalkulierbar blieb, da sie unter dem Vorbehalt der Prüfung der Einzelfalles stand. Dieser bürokratische und finanzielle Engpaß begrenzte sowohl die Inanspruchnahme der angebotenen Qualifizierungsmaßnahmen als auch die Ausbreitung von Beschäftigungsplänen in andere Betriebe.

3) Die unterschiedliche *Arbeitsmarktsituation* in beiden Ländern beeinflußte die Zielsetzungen der industriellen Restrukturierung in den Betrieben. Die Rekonversion zielte fast ausschließlich auf *externe* Mobilität, die Beschäftigungspläne hingegen sowohl auf *interne* als auch *externe* Mobilität; teilweise wurde die Entscheidung hierüber bis zum Ende der Qualifizierung offengelassen. Dieser Unterschied hängt mit dem weitaus drastischeren Personalabbau in der französischen Industrie, insbesondere in den Krisenbranchen[68] zusammen. Die Zahl der in der Industrie Beschäftigten ging dort zwischen 1977 und 1986 jährlich um 2,1 vH zurück (in Krisenbranchen – 4,2 vH) gegenüber – 0,7 vH in der Bundesrepublik (Krisenbranchen – 2,8 vH) (OECD 1989, S. 172). In Frankreich wurden wenig Chancen einer Reintegration der Betroffenen in das Unternehmen gesehen. Mit dem Eintritt in eine Rekonversion wurde daher auch der Bruch mit dem Unternehmen weitgehend definitiv vollzogen. Da gleichzeitig die Arbeitslosenquote in Frankreich beträchtlich höher als in der Bundesrepublik lag[69] und die Beschäftigungsentwicklung insgesamt einschließlich des Dienstleistungssektors nachteiliger verlief[70], stand die Rekonversion vor allem als global konzipierte Politik vor ungünstigeren Voraussetzungen als die Beschäftigungspläne; diese wurden fast nur in Betrieben vereinbart, in denen sie auch eine reale Erfolgschance hatten.

Soweit in der Bundesrepublik mit den Beschäftigungsplänen überhaupt externe Mobilität gefördert wurde, vollzog sich diese für die besonders betroffenen Arbeiter hauptsächlich *innerindustriell*. Die verarbeitende Industrie ist mit einem Beschäftigungsanteil von 31,9 vH (1987) bei weitem der stärkste Beschäftigungssektor. Hier arbeiten prozentual mehr Arbeitskräfte als in jedem anderen OECD-Land. In Frankreich lag der entsprechende Anteil bei 22,1 vH mit stark schrumpfender Tendenz; die externe Mobilität war stärker als in den untersuchten bundesdeutschen Betrieben mit einer *Pluralisierung der späteren Berufsverläufe* verbunden. Nur ein Teil der Beschäftigung konnte innerhalb der Industrie bleiben, ein anderer Teil mußte ins Handwerk oder in den Dienstleistungssektor abwandern und dabei häufig auch einen Statuswechsel von einem stabil Beschäftigten zu einem Selbständigen oder instabil Beschäftigten vollziehen. Aufgrund des Lohngefälles zwischen den Sektoren, insbesondere für Arbeiter ohne Qualifikationen, die für die gut entlohnten Dienstleistungstätigkeiten (Banken, Versicherungen etc.) nicht in Frage kommen, waren somit die Einschnitte in die Arbeits- und Lebensbedingungen der Gekündigten in Frankreich viel gravierender. Im Anschluß an die Stillegung des französischen Stahlwerks in Pompey

68 Zu den Krisenbranchen zählen die Branchen, die seit 1973 überdurchschnittlich die Beschäftigung reduziert haben (OECD 1989, S. 170).

69 Die von der OECD standisierte Arbeitslosenquote betrug 1988 in Frankreich 10,3 vH und in der Bundesrepublik 6,2 vH.

70 Die Zahl der Beschäftigten nahm von 1979 – 1986 in Frankreich um 0,2 vH jährlich ab; in der Bundesrepublik lag die entsprechende Quote bei – 0,1 vH (OECD 1989, S. 15).

machten sich beispielsweise 14 % der entlassenen Beschäftigten größtenteils unfreiwillig selbständig (Villeval 1989); bei der Stillegung der AG Weser in Bremen waren es hingegen nur 1,2 % (Gerdes u.a. 1989) Das provozierte das verständlicherweise völlig divergierende Erklärungsmuster. Die deutsche Untersuchung streift das Thema des Strukturwandels nur am Rande und diskutiert vor allem die Auswirkungen betrieblicher und beruflicher Arbeitsmärkte, die französische rückt den Strukturwandel hingegen in den Mittelpunkt ihrer theoretischen Überlegungen.

Die Rekonversionspolitik wurde, um diese Nachteile zumindest zum Teil kompensieren zu können, wesentlich aufwendiger organisiert. Es wurden Hilfen zur Selbständigkeit geboten, die Lohneinbußen bei einem Betriebswechsel wurden über einen längeren Zeitraum durch Ausgleichszahlungen reduziert; die Unternehmen richteten Wirtschaftsförderungsgesellschaften in den Krisenstandorten zur Schaffung neuer Arbeitsplätze in der Region ein etc. Trotz dieses zweifellos größeren Engagements der Betriebe in Frankreich konnte eine in der Regel höhere Folgearbeitslosigkeit nicht verhindert werden. In der Bundesrepublik hingegen fühlen sich die Unternehmen aufgrund der gerade in den letzten Jahren günstigen Beschäftigungsentwicklung in ihrem Vertrauen in den Markt und in ihrer Zurückhaltung gegenüber einer aktiven Strukturpolitik bestätigt und blockieren weitere Diskussionen über neue Aufgaben der Unternehmen bei der Mitgestaltung des regionalen Strukturwandels.

4) In beiden Ländern wurde die berufliche *Qualifizierung zunächst als der Schlüssel zu einer neuen Beschäftigung* gesehen. Obgleich quantitative Vergleiche nur schwer möglich sind, scheint die Weiterbildung in der Praxis der Rekonversion ein geringeres Gewicht gespielt zu haben als in der Bundesrepublik. Für die Mehrzahl der Betroffenen zielte die Rekonversion durch einen Prozeß der Individualisierung und Auflösung alter kollektiver Zusammenhänge auf eine psychologische Umorientierung in neue Beschäftigungsverhältnisse mit größerer Instabilität und schlechteren oder auch ungewohnten Arbeitsbedingungen bzw. Lebensverhältnisse. Daneben haben berufliche Arbeitsmärkte in Frankreich im Vergleich zur Bundesrepublik ein geringeres Gewicht als betriebsinterne Arbeitsmärkte (vgl. Kap. 2.2). 1982 hatten z.B. 29,8 vH der Beschäftigten in der Bundesrepublik keinen beruflichen Abschluß, in Frankreich waren es hingegen im gleichen Jahr 56 vH[71]. Arbeitsmarktchancen werden in Frankreich hauptsächlich über betriebliche Arbeitsmärkte verteilt. Die Dauer der Betriebszugehörigkeit spielt bei der Lohngestaltung eine erheblich größere Rolle als in der Bundesrepublik (Sengenberger 1987, S. 195); die durchschnittliche Betriebszugehörigkeit ist aus diesen Gründen auch länger und die zwischenbetriebliche Mobilität geringer entwickelt als in der Bundesrepublik (ebenda S. 204). Bei

71 Die Daten wurden dem Mikrozensus und dem INSEE, Récensement de la population entnommen.

einem erzwungenen Betriebswechsel verlieren die Beschäftigten, wie wir aus der Arbeitsmarkttheorie wissen, in betrieblichen Arbeitsmärkten mehr Lohn und Status als in beruflichen (vgl. Schaubild 3). Wenn Betriebszugehörigkeit so entscheidend für den Zugang zu attraktiven und besser entlohnten Arbeitsplätzen ist, wie in Frankreich, macht es durchaus Sinn, einer schnellen Arbeitsvermittlung den Vorrang vor einer Qualifizierung zu geben, es sei denn man strebt an, diese Arbeitsmarktstrukturen etwa durch eine aktive Qualifizierungspolitik zugunsten beruflicher Arbeitsmärkte zu verschieben.

In der Bundesrepublik werden hingegen Berufschancen hauptsächlich über eine berufliche Ausbildung verteilt. Die mit der hohen Arbeitslosigkeit zunehmende Konkurrenz auf dem Arbeitsmarkt hat die Berufsorientierung der Beschäftigten eher noch verstärkt. Dieser Bedeutungsgewinn beruflicher Arbeitsmärkte wird durch die hohe räumliche Arbeitsmarktdichte in der Bundesrepublik gefördert, die einerseits eine hohe Mobilität beruflich qualifizierter Beschäftigter ermöglicht und andererseits den Betrieben die Chance gibt, ihre Arbeitsplätze entsprechend den beruflichen Qualifikationen zu strukturieren. Im Vergleich zu Frankreich verteilt sich in der Bundesrepublik eine höhere Bevölkerung auf weniger als die Hälfte der Fläche. Eine der Bundesrepublik entsprechende räumliche Dichte verzeichnet nur der Arbeitsmarkt von Paris (Ile de France mit 822 Einwohnern pro qkm, Tab. 13), der in Frankreich eine Ausnahmerolle einnimmt[72]. Empirische Untersuchungen bestätigten auch, daß in Paris die Chancen einer erfolgreichen Rekonversion besser sind als in anderen Regionen Frankreichs (Ardenti/Vrain 1988, S. 168). Bei hoher räumlicher Dichte kann jeder einzelne mit einer gewissen Fluktuation auf dem Arbeitsmarkt rechnen, die ihm eine Integrationsmöglichkeit gibt, insbesondere wenn er seine Startchancen durch eine Weiterbildung verbessert hat.

5) Die *Gewerkschaften* spielen bei der Restrukturierung der Betriebe in beiden Ländern eine ganz unterschiedliche Rolle. Beschäftigungspläne sind als gewerkschaftliche Forderung in den siebziger Jahren entwickelt worden. Die Unterzeichnung der ersten Pläne wurde allgemein als großer gewerkschaftlicher Erfolg bewertet. Betriebsräte und Gewerkschaften versuchten daher, durch aktives Mitwirken bei der Umsetzung ihrer Idee zum Erfolg zu verhelfen. Mittlerweile gehört im Organisationsbereich der IG Metall die Forderung nach Beschäftigungs- bzw. Qualifizierungsplänen zum festen gewerkschaftlichen Forderungskatalog bei jedem größerem Personalabbau. Allerdings standen die deutschen Gewerkschaften noch nicht vor der Herausforderung unter ähnlichen ungünstigen Arbeitsmarktbedingungen wie

---

72 Als Vergleichseinheiten standen hier nur relativ große räumliche Einheiten (wie z.B. Bundesländer) zur Verfügung. Eine differenziertere Analyse würde zeigen, daß Frankreich über weitere räumlich verdichtete Arbeitsmärkte, etwa um Lyon, Marseille und Bordeaux verfügt.

Tabelle 13: *Regionale Arbeitslosigkeit und Dichte des Arbeitsmarkts in Frankreich und der Bundesrepublik*

| Region | Bundesrepublik Deutschland<br>Bevölkerung in 1000[1] | Bevölkerung pro qkm | Arbeitslosenquote[2] | Frankreich<br>Region | Bevölkerung in 1000[1] | Bevölkerung pro qkm | Arbeitslosenquote[2] |
|---|---|---|---|---|---|---|---|
| Schleswig-holstein | 2614 | 166 | 7.1 | Nord-Pas-de Calais | 3934 | 317 | 14.2 |
| Hamburg | 1592 | 2109 | 10.4 | Normandie-Picardie | 4817 | 98 | 11.7 |
| Niedersachsen | 7216 | 152 | 7.8 | Ile-de-France | 10206 | 850 | 8.7 |
| Bremen | 666 | 1649 | 11.4 | West | 7328 | 86 | 11.0 |
| Nordrhein-Westfalen | 16704 | 490 | 8.0 | Central | 5226 | 55 | 10.5 |
| Hessen | 5535 | 262 | 4.7 | Ost | 5000 | 104 | 9.5 |
| Rheinland-Pfalz | 3624 | 183 | 5.6 | Auvergne-Limousin | 2072 | 48 | 10.0 |
| Baden-Württemberg | 9241 | 258 | 3.5 | Süd-West | 5053 | 58 | 10.7 |
| Bayern | 10958 | 155 | 4.4 | Rhône-Alpes | 5124 | 177 | 8.6 |
| Saarland | 1051 | 409 | 10.0 | Méditerranée | 6018 | 102 | 13.1 |
| Berlin-West | 1849 | 3852 | 7.9 | Corse | 247 | 28 | 12.2 |
| Insgesamt | 61049 | 246 | 6.2 | Insgesamt | 55062 | 101 | 10.5 |

1) Zahlen von 1985

2) Durchschnitt im Jahr 1987. Es wurden standardisierte Arbeitslosenquoten verwendet, die die Zahl der Arbeitslosen ins Verhältnis zu allen Beschäftigten, also nicht nur zu den abhängig Beschäftigten setzen.

*Quelle:* Employment Outlook 1989, Paris, S. 115 ff.

in Frankreich, Beschäftigungspläne, die vorwiegend externe Mobilität organisieren, mitzutragen. Hier liegt – und dies ist schon absehbar – ein erhebliches gewerkschaftsinternes Konfliktpotential.

In Frankreich hingegen wurde Rekonversion von der sozialistischen Regierung als explizite Alternative zu einer Politik der Nachfrageexpansion und der Arbeitszeitverkürzung formuliert. Die CGT akzeptierte diesen Politikwandel nicht und sah in der Rekonversion nur einen Übergang in Arbeitslosigkeit. Die ablehnende Haltung der CGT hatte darüber hinaus strukturelle Gründe. Ihre Organisationsbasis liegt gerade in den Krisenbranchen, und sie muß infolge des Personalabbaus mit einem erheblichen Einflußverlust rechnen; darüber hinaus organisiert sie in diesen Branchen insbesondere die Arbeitskräfte, die kaum von einer erfolgreichen Rekonversion profitiert (Ungelernte und Ausländer). Die CFDT gestaltete die Rekonversionspolitik auf zentraler Ebene aktiv mit. Ihre Mitglieder, eher Fach- und Führungskräfte, profitierten von der Rekonversion. Auf betrieblicher Ebene war sie aber alleine zu schwach, den Ablauf der Maßnahmen zu verfolgen, geschweige denn mitzugestalten. Die Spaltung der Gewerkschaften und ihre Unfähigkeit, die Rekonversion in der Praxis mitzusteuern, hat die Initiative bei der Umsetzung der Maßnahmen bei den Unternehmen und bei der Weiterentwicklung der Rekonversionspolitik beim Staat belassen. Durch eine einheitliche und vergleichsweise starke betriebliche Interessenvertretung strukturierten die deutschen Gewerkschaften hingegen ganz entscheidend die Realisierung der Beschäftigungspläne und waren auch in der Lage, eigene Initiativen zu entwickeln und durchzusetzen.

6) In Frankreich war die Rekonversionspolitik Gegenstand einer erheblichen *politischen Entwicklungsdynamik.* Die Rekonversion ersetzte zunächst eine expansive Wirtschaftspolitik, wurde dabei in den großbetrieblichen Branchen verankert, dort unter schlechteren Konditionen erneuert und schließlich zu erneut schlechteren Konditionen auf die gesamte Wirtschaft ausgedehnt. Mit der gesetzlichen Verallgemeinerung wurden neue, niedrigere Standards eingeführt, an die offensichtlich die Vorreiterregelungen in der Stahlindustrie und in Werften jetzt schrittweise angepaßt werden sollen. Die Rekonversion ist Bestandteil der Politik der Flexibilisierung der Beschäftigungsverhältnisse, die allerdings im Gegensatz zu einer reinen Deregulierungspolitik nicht nur Sozialplanleistungen und Kündigungsschutzrechte reduziert, sondern gleichzeitig neue Schutzkorridore für die Gekündigten schafft und passive Arbeitsmarktmittel, wie Arbeitslosenunterstützung und Abfindungen, teilweise in aktive Qualifizierungs- und Vermittlungshilfen umwandelt.

In der Bundesrepublik ist eine ähnliche Entwicklungsdynamik bisher nicht zu erkennen. Die Bundesregierung nahm bisher kleinere Korrekturen an den Sozialplanregelungen vorgenommen, ohne dafür einen Ersatz an anderer Stelle wie in Frankreich anzubieten. Den Gewerkschaften gelang es hingegen, vor allem in Großbetrieben durch Beschäftigungspläne die Sozialplaninhalte und die sozialen Absicherungen beim Personalabbau zu erweitern. Einige sozialdemokratisch regierte Länder denken darüber nach, wirtschaftlichen Strukturwandel systematischer als bisher mit einer aktiven Qualifizierungspolitik zu begleiten. Im Moment stehen sich Absichten der Bundesregierung zur Deregulierung von Sozialplänen, Länderkonzeptionen einer aktiveren Strukturpolitik und gewerkschaftliche Strategien eines Ausbaus von Beschäftigungsplänen als unverbundene und zum Teil konfligierende Strategien gegenüber. Diese Strategien werden bei den nächsten größeren Personalabbauaktionen aufeinandertreffen. Je nach politischen Konstellationen sind hier unterschiedliche Entwicklungsszenarien denkbar (vgl. 7.3).

# 7 Zwischenbilanz

## 7.1 Unausgeschöpfte arbeitsmarktpolitische Potentiale

Hat sich der enorme Kraftaufwand für die bisherigen Beschäftigungs- bzw. Qualifizierungspläne gelohnt und sollte dieser Weg weiter verfolgt werden, wenn andere Branchen in eine Krise geraten? Die Antwort auf diese Frage unterscheidet sich sicherlich beträchtlich, je nach „Höhe der Meßlatte“ und nach arbeitsmarktpolitischer Sichtweise. Da die Umsetzung vieler Beschäftigungspläne noch nicht abgeschlossen ist, die meisten Pläne Experimentiercharakter hatten und angesichts der kurzen Zeitspanne seit Unterzeichnung der ersten Pläne ihre Langfristfolgen noch nicht absehbar sind, sind nur vorläufige Antworten möglich. Mit scheinbar „gesicherten Erkenntnissen“ können nur künftige Entwicklungsprozesse blockiert werden. Es ist das Anliegen dieser Arbeit, eine solche Blockade zu verhindern und weitere Diskussionen über die Rolle von Beschäftigungsplänen anzuregen.

Eine enttäuschende Zwischenbilanz wird der verzeichnen, der hoffte, mit Hilfe von Beschäftigungsplänen wie bei der Umstrukturierung der schwedischen Werften in kurzer Zeit neue Arbeitsplätze in der Region schaffen zu können. Daß es nicht zu einer Diversifizierung der betroffenen Betriebe gekommen ist, liegt zum einen an den sachlichen Schwierigkeiten einer solchen Diversifizierung auf betrieblicher Ebene und zum anderen am Ausbleiben zusätzlicher strukturpolitischer Hilfen. Letzteres ist nicht der Konzeption der Beschäftigungspläne, sondern politischen Rahmenbedingungen anzulasten. *Beschäftigungspläne sind somit in der Praxis vorrangig betriebliche Qualifizierungspläne geworden.* Sie können auch nur als solche bewertet werden, ohne daß man hiermit zwangsläufig weitergehende strukturpolitische Zielsetzungen aufgeben muß.

M.E. überwiegen die positiven Folgen von Beschäftigungsplänen, obgleich diese Bilanz nicht frei von Schatten ist. Die Ambivalenz der Bewertung ergibt sich aus dem nicht völlig auflösbaren Widerspruch zwischen dem unternehmerischen Interesse, gering qualifizierte und weniger leistungsfähige Arbeitskräfte loszuwerden, und der arbeitsmarktpolitischen Zielsetzung, die von Arbeitslosigkeit bedrohten Arbeitskräfte durch anspruchsvolle Weiterbildungsmaßnahmen beruflich zu fördern. Dieser Widerspruch konnte etwa durch eine zusätzliche öffentliche Unterstützung von Weiterbildungsmaßnahmen oder die Modifikation unternehmerischer Auswahlprozesse durch die Betriebsräte gemildert werden, blieb gleichwohl in jedem Betrieb präsent.

Positiv hervorzuheben ist, daß durch Beschäftigungspläne Massenkündigungen verhindert werden konnten. Der unmittelbare Entlassungsdruck wurde durch die Qualifizierungsmaßnahmen vermindert. Viele der Qualifizierten konnten aufgrund des Zeitgewinns ins Unternehmen zurückkehren und ihre Position dort durch eine verbesserte Qualifikation stabilisieren. Ihre verbreiterte berufliche Ausbildung sichert sie zudem besser für eine künftig mögliche externe Mobilität ab. Ähnlich wie in Frankreich war auch in der Bundesrepublik die Chance, arbeitslos zu werden, nach Inanspruchnahme einer Abfindung wesentlich höher als nach einem Betriebswechsel am Ende einer Qualifizierungsmaßnahme. Der individuelle Weg auf den Arbeitsmarkt, der durch hohe Abfindungssummen spontan lukrativer erscheinen mag, ist also wesentlich riskanter als der durch Beschäftigungspläne oder Rekonversion sozialpolitisch abgesicherte. Diese Erfahrung bestätigt alle Gewerkschafter, die sich bei der Umsetzung der Beschäftigungspläne engagierten und stellt Strategien in Frage, aus Mißtrauen gegenüber den Unternehmen bzw. aus Enttäuschung über mangelnde strukturpolitische Unterstützung des Staates den Beschäftigten von einer Teilnahme an einer Qualifizierung abzuraten, wie dies die CGT in Frankreich getan hat.

Die Unternehmen wurden stärker auf internen Strukturwandel verpflichtet und von einer Rotation der Beschäftigten abgehalten, die den Arbeitsmarkt belastet. Damit konnten Beschäftigtengruppen (Un- und Angelernte, Ältere, Ausländer) geschützt werden, die auf dem externen Arbeitsmarkt unter Umständen Dauerarbeitslose geworden wären. Sie wurden zum Teil direkt geschützt, indem sie selbst weitergebildet wurden und Zugang zu beruflichen Arbeitsmärkten erhielten, oder indirekt, indem andere Arbeitskräfte an ihrer Stelle qualifiziert wurden. In Einzelfällen resultierte aus den Beschäftigungsplänen ein Ausbau der betrieblichen Weiterbildungsplanung und die Schaffung neuer beschäftigungspolitischer Institutionen für die Region (etwa die Beschäftigungsgesellschaften).

Beschäftigungspläne sind ein Instrument zum Ausbau betrieblicher Arbeitsmärkte. Da der Verbleib im Betrieb langfristig aber ungesichert ist, basiert der zusätzliche Schutz für die Beschäftigten gleichzeitig auf einer Stärkung ihrer individuellen Wettbewerbsfähigkeit in beruflichen Arbeitsmärkten, also auf einer Stärkung beruflicher Arbeitsmärkte.

Negativ zu bilanzieren ist, daß in einigen Fällen nicht geeignete oder unzureichend vorbereitete Arbeitskräfte vor die Alternative „Qualifizieren oder Entlassen" gestellt und aus dem Betrieb herausgedrängt wurden. Hier wurde die gesetzlich vorgeschriebene Sozialauswahl umgangen. Die angebotenen Qualifizierungsmaßnahmen waren in mehreren Betrieben unzureichend auf die besonderen Bildungsvoraussetzungen an- und ungelernter Beschäftigter zugeschnitten; es fehlte an Vorbereitungs- und Motivationskursen, so daß die Eintrittsschwellen hoch blieben. Unübersehbar ist weiterhin, daß durch die Hektik des Personalabbaus vielfach kaum Zeit für eine gründliche Beratung der Betroffenen blieb, die sodann in einer Atmosphäre des Mißtrauens zu Kurzschlußreaktionen neigten und Abfindungen akzeptierten. Sofern sie später arbeitslos wurden oder nur instabil beschäftigt waren, bereuten sie, die durch die Beschäftigungspläne gebotenen Chancen nicht wahrgenommen zu haben. Der Zeitdruck und die Hektik waren nicht immer, aber in einigen Fällen gewollt, um die Abwanderung zu beschleunigen. Die Unternehmen wollten den Beschäftigten nicht den Eindruck vermitteln, sie seien an ihrer Weiterbeschäftigung interessiert. Als Engpaßfaktor erwies sich schließlich die Bundesanstalt für Arbeit, die einerseits an mehreren Orten durch eine engherzige Gesetzesauslegung die Realisierung von Qualifizierungsmaßnahmen behinderte und andererseits durch das am Versicherungsprinzip und damit an Einzelpersonen orientierte Arbeitsförderungsgesetz in der Förderung von Beschäftigten eingeschränkt war.

Die überwiegend positive Bilanz erfolgt allerdings – und dies darf nicht vergessen werden – auf dem Hintergrund der günstigen ökonomischen Entwicklung in der Bundesrepublik Deutschland in den letzten Jahren, die eine Reintegration der Beschäftigten erleichterte und den „Ernstfall" einer externen Mobilität zumeist nicht oder wenn nur unter vorteilhaften Arbeitsmarktbedingungen eintreten ließ. Außerdem wurden kaum Beschäftigungspläne in Betrieben mit ungünstigen Erfolgschancen vereinbart, wie z.B. in Betrieben mit einem hohen Frauen- oder Ausländeranteil an den von Arbeitslosigkeit bedrohten Beschäftigten[74]. In Frankreich sind Rekonversionsversuche in solchen Betrieben unternommen worden, wodurch dort das Ergebnis getrübt wurde.

Die *Potentiale der Beschäftigungspläne blieben* – so läßt sich zusammenfassend festhalten – *unausgeschöpft.* Durch ein kooperatives Zusammenwirken von Betriebsräten, Gewerkschaften, Unternehmensleitungen und Arbeitsmarktpolitik hätten insgesamt zweifellos mehr von Arbeitslosigkeit bedrohte Beschäftigte qualifiziert und im Unternehmen verbleiben können. Ungewiß ist allerdings, ob alle Seiten überhaupt an einer solchen Kooperation interessiert und ob die Bedingungen herstellbar sind, die Voraussetzung für eine solche Kooperation in der Zukunft sind. Die politische Kraft der Gewerkschaften und engagierter Politiker reichte jedenfalls bislang nur zum Abschluß *einzelbetrieblicher* Vereinbarungen, nicht aber zur Verallgemeinerung der Konzeption von Beschäftigungsplänen.

74 In Betrieben mit hohen Frauen- und Ausländeranteil sind die Erfolgschancen aus mehreren Gründen gering einzuschätzen. Beide Beschäftigtengruppen stoßen auch nach einer beruflichen Qualifizierung auf Arbeitsmarktdiskriminierungen, die nicht durch reine Qualifizierungsstrategien zu beseitigen sind; Frauen sind darüber hinaus räumlich und bezüglich der Arbeitszeit in der Regel weniger flexibel als Männer, und daher auf eine stärkere strukturpolitische Verknüpfung von Diversifizierung und Qualifikation angewiesen (vgl. Kap. 2.2).

## 7.2 Vier Entwicklungsszenarien

Das neue Instrument Beschäftigungsplan ist in der Bundesrepublik keinesfalls wie die Rekonversion in Frankreich fest etabliert, sondern bleibt weiter umstritten.

In den *Gewerkschaften* werden die Erfahrungen mit Beschäftigungsplänen trotz der Enttäuschung über die mangelnde strukturpolitische Unterstützung überwiegend positiv resümiert. Neben den erwähnten unmittelbaren arbeitsmarktpolitischen Konsequenzen werden hier auch die politischen Folgen hervorgehoben. Beschäftigungspläne haben den Belegschaften und Gewerkschaften eine Zielsetzung für politisches Handeln in strukturpolitischen Krisensituationen gegeben. Der damit in Gang gesetzte politische Prozeß gilt als einer der wichtigsten Anstöße, die Notwendigkeit zusätzlicher arbeitsmarkt- und strukturpolitischer Aktivitäten deutlich zu machen. Ohne die Konflikte in Rheinhausen und Hattingen beispielsweise hätte es keine Montanrunde gegeben. Darüber hinaus wurde die Mitsprache der Betriebsräte bei innerbetrieblichen Weiterbildungsmaßnahmen gestärkt; damit ist eines der Zukunftsprobleme der Gewerkschaften angegangen worden, die trotz der wachsenden Bedeutung von Weiterbildung auf deren Gestaltung bislang wenig Einfluß genommen haben.

Inzwischen wird bei fast jedem größeren Personalabbau im Organisationsbereich der IG Metall ein Beschäftigungsplan gefordert. Diese Forderung ist auf dem Weg, fester Bestandteil gewerkschaftlicher Programmatik zu werden. Allerdings begrenzt sich die Diskussion um Beschäftigungspläne bislang ausschließlich auf den Organisationsbereich der IG Metall und hat andere Gewerkschaften noch nicht erreicht. Selbst innerhalb der IG Metall scheiterten gelegentlich Vorstöße zu Beschäftigungsplänen bzw. zu ihrer Umsetzung am Traditionalismus einzelner Gewerkschafter und Betriebsräte, die in Abfindungen handfestere finanzielle Vorteile für die Beschäftigten sahen („Kohle-Vorrang-Prinzip") und längerfristigen Personalstrategien mit zunächst unklarem Resultat nicht trauen. Die Gewerkschafts- und Betriebsratspolitik orientiert sich in vielen Betrieben noch zu sehr auf kurzfristige finanzielle Erfolge, als daß sie selbst immer Initiator langfristiger betrieblicher Personalstrategien werden könnte.

Die Mehrzahl der *Unternehmer* sieht in Beschäftigungsplänen eine Einengung unternehmerischer Handlungsfreiheit, eine unzulässige Ausweitung von Mitbestimmungsrechten, eine Verzögerung eines notwendigen Personalabbaus und den Aufbau neuer langfristig kostenträchtiger Verantwortungen der Unternehmen für die Region. Hier scheint die Bereitschaft größer zu sein, Abfindungen aufzustocken, um den Beschäftigten die „neuen Ideen" abzukaufen, als der Mut, selbst neue personalpolitische Wege zu gehen. Dieser Konservatismus spiegelt auch die ideologisch verbrämte Unfähigkeit wider, die Umsetzung von Beschäftigungsplänen organisatorisch und konzeptionell zu bewältigen. Nur eine Handvoll Personalmanager in der Bundesrepublik scheint über die hierzu notwendigen Qualifikationen zu verfügen. Die harsche Kritik der Metallarbeitgeber an der Ausbildungs- und Beschäftigungsgesellschaft von Thomson (vgl. Kap. 4.4) läßt befürchten, daß diese ablehnende Position in den Unternehmerverbänden sogar programmatisch festgeschrieben wird, und zwar um so schneller, je eher die IG Metall Beschäftigungspläne zum Programmpunkt erhebt. Eine flexiblere, aber offensichtlich minoritäre Denkströmung innerhalb der Unternehmen greift die Ideen von Beschäftigungsplänen auf; sie weiß, daß in den 90er Jahren Personalabbau über frühzeitige Pensionierungen schwieriger sein wird und daß man in Kooperation mit den Gewerkschaften und Betriebsräten und der finanziellen Unterstützung der Arbeitsmarktpolitik neue Spielräume konfliktärmerer und sozialverträglicherer Personalstrategien erschließen kann, die nicht teurer als herkömmliche Sozialpläne sein müssen.

Die Beurteilung der Öffentlichen Hand wird je nach politischer Orientierung zwischen gewerkschaftlicher und unternehmerischer Auffassung liegen. Es ist allerdings deutlich geworden, daß die Öffentliche Hand Gestaltungsspielräume besitzt. *Sie alleine kann durch politische Vorgaben und finanzielle Anreize Pattsituationen auflösen und Beschäftigungsplänen zum Durchbruch verhelfen.* Dabei kann sie auf die Unterstützung der Gewerkschaften, Betriebsräte und Belegschaften rechnen; die Unternehmen sind unter bestimmten Konstellationen – wie wir sahen – zur Kooperation bereit. So ist es durchaus möglich, daß die Öffentliche Hand künftig Ideen der Beschäftigungspläne, wie z.B. die Qualifizierungskomponente oder die Beschäftigungsgesellschaften für Ältere und Ungelernte aufgreift und in bestimmten Branchen oder Regionen fördert, um die Akzeptanz von Strukturwandel zu erhöhen und die Benachteiligung bestimmter Personengruppen mit Qualifikationsdefiziten zu verringern.

Auf diesem Hintergrund lassen sich folgende Szenarien für die nächsten Jahre vorstellen:

1) *Das konservative Marktmodell:* Die konservative Strömung im Unternehmerlager schreibt die Ablehnung von Beschäftigungsplänen programmatisch fest und blockiert Vorstöße aufgeschlossener Mitgliedsunternehmen. Die Bundesregierung verschlechtert – wie gegenwärtig erwogen – die Sozialplanvorschriften und beschneidet weiterhin die arbeitsmarktpolitischen Mittel für Qualifizierungsmaßnahmen. Die Unternehmen können ihre neuen Handlungsfreiheiten beim Personalabbau zu einer schärferen und kostengünstigeren Personalselektion nutzen; die Folgen dieser „sozialen Pollution" werden arbeitsmarktpolitisch nicht aufgefangen, so daß die Stärkung der Marktkräfte die Langfristarbeitslosigkeit erhöhen und die Konflikte um Personalabbau verschärfen wird.

2) *Der Status quo:* Den Konservativen gelingt es politisch nicht, den Kündigungsschutz gravierend zu deregulieren, ebensowenig wie die Gewerk-

schaften erfolgreich sind, neue Qualifikations- oder Strukturprogramme durchzusetzen. Beschäftigungspläne werden weiterhin nur fallweise betrieblich ausgehandelt und je nach betrieblichen und regionalen Bedingungen mal mehr, mal weniger erfolgreich umgesetzt. Die gegenwärtige ungleiche Behandlung von von Arbeitslosigkeit bedrohten Beschäftigten in Großbetrieben mit Beschäftigungspläne und Kleinbetrieben ohne solche Pläne bleibt bestehen.

3) *Das Umverteilungsmodell:* Ähnlich wie in Frankreich wird versucht, die unternehmerische Verantwortung beim Strukturwandel zu erhöhen und vor allem die Qualifizierungskomponente beim unfreiwilligen Arbeitsplatzwechsel auszubauen. Dies soll aber – um die Unternehmen nicht zusätzlich zu belasten – kostenneutral erfolgen. Die neuen Verpflichtungen der Unternehmen können so beispielsweise durch eine Umverteilung der Sozialplanmittel zugunsten der schwer vermittelbaren Arbeitskräfte und gezielte öffentliche Hilfen attraktiv gemacht werden.

4) *Das Fortschrittsmodell:* Die bisherigen Sozialplan- und Kündigungsregelungen bleiben im Grundsatz erhalten, wobei allerdings die Umwandlung pauschaler finanzieller Anrechte (z.B. Abfindungen) in aktive Schutzmaßnahmen (Qualifizierung etc.) erleichtert wird. Durch zusätzliche arbeitsmarkt- und strukturpolitische Mittel und Instrumente werden Beschäftigungspläne verallgemeinert und auch auf Klein- und Mittelbetriebe ausgedehnt (vgl. Kap. 7.4).

## 7.3 Philosophie der Beschäftigungspläne ergänzungsbedürftig

In einer kritischen Bilanz der Beschäftigungspläne hat Olaf Sund zu Recht darauf hingewiesen, daß die betriebliche Diskussion um Beschäftigungspläne vielfach „mehr statische Elemente aufweist (neue Beschäftigung für die *gleichen* Arbeitnehmer, am *gleichen* Ort, zu *gleichen* Bedingungen), als sich voraussichtlich mit der Dynamik, man kann auch sagen Willkürlichkeit, wirtschaftlicher Entwicklungen verträgt... Mobilität, auch unfreiwillige, ist ein Element wirtschaftlichen Strukturwandels, der gerade in den Krisenregionen vorangetrieben werden muß. Es kann deshalb nicht *generell* darum gehen, Arbeitnehmer, die vom Arbeitsplatzabbau bedroht sind, vor Umorientierungen in bezug auf ihr Unternehmen, ihre Tätigkeit, ihren Beschäftigungsort usw. zu bewahren" (Sund 1989, S. 54). Die polemisch formulierte Schlußfolgung von Sund lautete: „Nicht qualifizieren statt entlassen, sondern qualifizieren und dann entlassen". Der berechtigte Kern dieser überspitzten Schlußfolgerung liegt im Hinweis auf die u.U. notwendige externe Mobilität, die zweifellos auch Konsequenz betrieblicher Umstrukturierungen ist und arbeitsmarkt- und beschäftigungspolitisch mitgedacht werden muß.

Die Philosophie von Beschäftigungsplänen muß also von einer *dynamischeren Betrachtungsweise von Arbeitsmärkten* ausgehen als bisher. Dies wird um so notwendiger, je mehr man versucht, die Grundgedanken von Beschäftigungsplänen auch auf Klein- und Mittelbetriebe auszudehnen, die von ihrer Größe her nur wenig Chancen zu einer ausschließlich internen Mobilität bieten. Darüber hinaus scheint sie noch in folgender Hinsicht ergänzungsbedürftig:

1) Beschäftigungspläne wurden als Alternative zu Sozialplänen gefordert, in der Hoffnung, rein sozialpolitische Maßnahmen in strukturpolitische Aktivitäten umwandeln zu können. Das erscheint nach dem bisherigen Erfahrungen illusorisch. Nicht alle von Kündigungen betroffenen Beschäftigten werden qualifiziert oder auf andere Tätigkeiten umorientiert werden können. *Sozialpolitik läßt sich nicht ganz in Strukturpolitik auflösen,* es sei denn man grenzt bestimme weniger mobile Personengruppen aus und nimmt den anderen unverzichtbarre Mindestabsicherungen. Sozialpläne und klassische sozialpolitische Maßnahmen behalten also bei Personalabbau ihre Berechtigung und Notwendigkeit. *Sozial- und Beschäftigungspläne stehen in einem komplementären Verhältnis.* Nur gemeinsam können sie die Vielfalt der arbeitsmarktpolitischen Problemlagen abdecken und die Handlungsalternativen der Betroffenen erweitern, anstatt neue Zwangssituationen zu schaffen.

2) *Diversifizierung und Qualifizierung* lassen sich nur sachlich und zeitlich synchronisieren, wenn durch strukturpolitische Hilfen – ähnlich wie in Schweden – neue Arbeitsplätze zum Zeitpunkt der Entlassungen bzw. nach Abschluß der Qualifizierungsmaßnahmen direkt neu geschaffen werden. Mit solchen strukturpolitischen Kraftakten ist in der Bundesrepublik in den nächsten Jahren nicht zu rechnen. Allenfalls einem Teil der Entlassenen wird durch gezielte öffentliche oder private Investitionen der *nahtlose Übergang* auf einen neuen Arbeitsplatz angeboten. Der andere Teil wird seinen Arbeitsplatz alleine oder sozialpolitisch abgesichert *über den Arbeitsmarkt* finden müssen und hier – wenn überhaupt – von den mit Hilfe öffentlicher Wirtschaftsförderung geschaffenen neuen Arbeitsplätzen profitieren können. Damit wird der *eigenständige Charakter der arbeitsmarktpolitischen Handlungsfelder* schärfer sichtbar. Da anders als bei konkreten schon geplanten betrieblichen Umstrukturierungen die spätere Tätigkeit der Betroffenen ungewiß bleibt, sollte nicht versucht werden, die Qualifizierung eng auf bestimmte Produktionsverfahren oder Produkte zu orientieren und damit den Korridor möglicher Tätigkeiten frühzeitig zu verengen. Die Berufsbildungspolitik hat hier z.T. mit der Schaffung breiter Grundberufe eine richtige schon institutionalisierte Antwort auf dieses Problem geschaffen.

3) Nicht jeder wird sich qualifizieren lassen, und für Qualifizierte werden Wartezeiten überbrückt werden müssen, wenn sie nicht aus dem Schutzbereich der Beschäftigungspläne herausfallen sollen. Hier muß der *arbeits-*

*marktpolitische Ideenvorrat erweitert werden,* sonst endet man zwangsläufig in passiven Warteschleifenmodellen. Zum einen sollten sinnvolle Beschäftigungsmöglichkeiten konzipiert werden. So könnte etwa die Idee weiterentwickelt werden, mit Beschäftigungs- und Ausbildungsgesellschaften regionale Arbeitskräftepools zu bilden, die eine Form sozialverträglicher Leiharbeit darstellen und helfen, Überstunden in der Region abzubauen. Zum anderen ist der Frankreich dominierende Bereich der aktiven Unterstützung bei der Arbeitsplatzsuche und -vermittlung noch undiskutiert; dies könnte ebenfalls eine der Funktionen einer solchen Ausbildungs- und Beschäftigungsgesellschaft sein.

4) Wenn die *Potentiale* von Beschäftigungsplänen besser als bisher ausgeschöpft werden sollen, müssen finanzielle Anreize für die Teilnahme an Qualifizierungsmaßnahmen geschaffen und die soziale Absicherung besonders gefährdeter Beschäftigter durch eine Umverteilung von Sozial- bzw. Beschäftigungsplanmitteln verbessert werden. Die wachsende Chancenungleichheit zwischen Qualifizierten und Unqualifizierten auf dem externen Arbeitsmarkt bedeutet, daß *gleichen Abfindungsbeträgen immer ungleichere Arbeitsmarktschicksale gegenüberstehen.* Gerade An- und Ungelernte sollten einen finanziellen Anreiz zur Teilnahme an einer Weiterbildung bekommen, um ihre wachsende Benachteiligung auf dem Arbeitsmarkt zu verringern. Es ist vor allem eine Aufgabe der Arbeitsmarktpolitik, die Unterhaltsgelder bei einer Weiterbildung gegenüber der Arbeitslosenunterstützung wieder anzuheben. Aber auch auf betrieblicher Ebene kann hierzu ein Beitrag geleistet werden. Die Teilnahme an einer Weiterbildung sollte gegenüber dem „Warten" finanziell belohnt werden; ein Teil des Sozialplanvolumens kann für besondere Hilfen für un- und angelernte und schwer vermittelbare Arbeitskräfte reserviert werden[75].

## 7.4 Arbeitsmarkt- und strukturpolitische Initiativen notwendig

Durch eine aktive Unterstützung von Beschäftigungsplänen kann die Arbeitsmarktpolitik besser ihre auch im Arbeitsförderungsgesetz niedergeleg-

75 Durch einen besonderen Fonds des Sozialplans könnten Vorförderkurse für Un- und Angelernte unterstützt werden. Mit der Ausbildungs- und Beschäftigungsgesellschaft von Thomson wurde ein diskutierbares Umverteilungsmodell bei den Abfindungen entwikkelt. Arbeitskräfte, denen das Unternehmen einen neuen zumutbaren Arbeitsplatz bieten kann, erhalten nur einen Abfindungsbetrag, auf den die Zuschüsse zu Unterhaltsgeldern bei Qualifizierungsmaßnahmen angerechnet werden. Arbeitskräfte, die ohne Arbeitsplatzangebote entlassen werden, erhalten selbst nach einer zweijährigen Aufstockung ihres Unterhaltsgeldes fast ihre volle Abfindung. Zweifellos enthält dieser Umverteilungsaspekt für Gewerkschaften und Betriebsräte aber viel Sprengkraft. Abfindungsaktionen sind gerade wegen der Arbeitsmarktungleichheiten populär. Viele Beschäftigte bevorzugen Abfindungsaktionen, da sie damit rechnen, schnell einen neuen Arbeitsplatz zu finden.

ten Ziele (§ 2 Arbeitsförderungsgesetz) erfüllen: Sie bekämpft Langfristarbeitslosigkeit vorbeugend und erhöht die Arbeitsmarktchancen von Beschäftigten ohne bzw. mit einem veralteten beruflichen Abschluß; damit wird auch die Struktur von regionalen Arbeitsmärkten verbessert. Die Arbeitsmarktpolitik kann zusätzlich innerbetriebliche Weiterbildung anstoßen, so daß auch über den eigentlichen Anlaß des Personalabbaus hinaus die Unternehmen veranlaßt werden, mehr in ihre Beschäftigten zu investieren. Schließlich kann sie mit Hilfe von Beschäftigungsplänen den Wirkungsgrad ihres Mitteleinsatzes erhöhen, da öffentliche Ausgaben und private Sozialplanmittel miteinander kombiniert, sowie weiterhin nichtmaterielle Ressourcen mobilisiert werden. Eine der wichtigsten dieser Ressourcen ist das Engagement der Betriebsräte und unter Umständen auch der Personalabteilungen der Unternehmen, die Beschäftigte motivieren und beraten, mithelfen, Qualifizierungsmaßnahmen, die auf diese Beschäftigten passen, zu entwickeln und ihre Umsetzung zu kontrollieren. Die Arbeitsämter mit ihrem begrenzten Personal sind nicht in der Lage, sich so intensiv um den Einzelfall zu kümmern.

*Die Arbeitsmarktpolitik sollte – so unsere zentrale Schlußfolgerung – diese Chancen nutzen und aktive und sachkundige Geburtshelferin bei betrieblichen, regionalen und sektoralen Umstrukturierungen spielen, anstatt hier externe Initiativen nur wiederstrebend nachzuvollziehen.*

Diese Untersuchung hat aber zugleich unseren Optimismus untergraben, daß die Bundesanstalt für Arbeit selbst diese aktive Rolle in absehbarer Zeit ausfüllen kann. Durch ihre Verpflichtung auf ein eng verstandenes Versicherungsprinzip ist ihr strukturpolitisches Denken völlig fremd; die herrschende interne Verwaltungsauffassung geht davon aus, daß die Bundesanstalt keine strukturpolitische Aufgabe habe, und schränkt hierdurch die Handlungspotentiale der Arbeitsmarktpolitik bewußt ein. *Anstöße zu einer Weiterentwicklung der Arbeitsmarktpolitik müssen daher weiterhin von außerhalb der Bundesanstalt für Arbeit kommen und in der Politik formuliert werden.* Aufgabe künftiger politischer und wissenschaftlicher Diskussion wäre es, hierzu Denkmodelle zu entwickeln und zu präzisieren, die etwa in folgende Richtungen gehen können:

1) Das *Arbeitsförderungsgesetz wird geöffnet* und eine breitere Interpretation einer Bedrohung von Arbeitslosigkeit wird zugelassen. Man könnte ähnlich, wie beim Kurzarbeitergeld, das ja in der Krisenbranche Stahl bis zu 36 Monate gewährt werden kann, die Arbeitsplätze in einem bestimmten Zeitraum, in einer Branche, einer Region (z.B. mit überdurchschnittlicher Arbeitslosigkeit), oder einem Betriebstyp (Betriebe, die betriebsbedingte Entlassungen vornehmen) als bedroht erklären und hier Förderungsmöglichkeiten für eine Umstrukturierungsphase erweitern.

2) Man legt ein (unter Umständen zeitlich begrenztes) *arbeitsmarktpolitisches Sonderprogramm für Qualifizierungsmaßnahmen* in Krisenregionen oder Kri-

senbranchen auf, das aus Bundesmitteln finanziert wird und sich von dem engen Rechtsrahmen des Arbeitsförderungsgesetzes löst. Hiermit können, ähnlich wie beim arbeitsmarktpolitischen Sonderprogramm von 1979, Qualifizierungsmaßnahmen mit einem höheren Unterhaltsgeldanspruch, als es das Arbeitsförderungsgesetz vorsieht, finanziert werden[76].

3) Es wird ein *flexibel handhabbarer Umstrukturierungsfonds* eingerichtet. Betriebe, in denen Sozialpläne wegen eines bevorstehenden Personalabbaus abgeschlossen werden, können öffentliche Zuschüsse beantragen, wenn sie ihre Sozialplanmittel bzw. Teile davon für aktive arbeitsmarktpolitische Maßnahmen einsetzen und hierbei die Zustimmung des Betriebsrates erhalten haben. Mit einem solchen Fonds können etwa berufliche Weiterbildungen, besondere Vorförderkurse in allgemeiner Weiterbildung für An- und Ungelernte, Beschäftigungsgesellschaften für Ältere, ein Teil des Stammpersonals der Beschäftigungsgesellschaften etc. finanziert werden; der Fonds kann weiterhin neben konkret definierten Maßnahmen auch einen Experimentiertopf umfassen. Die Bundeszuschüsse können steigen, wenn das Unternehmen, die Kommunen oder die Länder ihre Beteiligung zusagen bzw. erhöhen, um Anreize zu vielfältigen Mischfinanzierungen und Synergieeffekten zu geben.

4) Alle genannten Maßnahmen tendieren dazu, Beschäftigte in Großbetrieben zu bevorzugen. Eine *Ausweitung auf Klein- und Mittelbetriebe* erscheint auf zwei Wegen möglich, die miteinander kombinierbar sind: a) Jeder betriebsbedingt Gekündigte erhält, sofern er keinen beruflichen Abschluß hat bzw. dieser nicht den neuen Berufsbildern entspricht, einen Rechtsanspruch auf Qualifizierung. Ältere und schwer vermittelbare Arbeitskräfte (denen z.B. in einem bestimmten Zeitraum kein zumutbares Arbeitsplatzangebot unterbreitet werden konnte) haben einen Anspruch auf eine Arbeitsbeschaffungsmaßnahme; b) die Unternehmen müssen bei einer Kündigung – wie in Frankreich – den Entlassenen entweder beim Übergang in eine neue Beschäftigung helfen oder ihnen in Zusammenarbeit mit dem Arbeitsamt eine Qualifizierung bzw. eine Tätigkeit in einer lokalen Beschäftigungsgesellschaft (unter Umständen auf ABM-Basis) anbieten. Die Kommunen richten Auffanggesellschaften für Gekündigte ein, die den Klein- und Mittelbetrieben bei der Entwicklung solcher Vermittlungs- und Qualifizierungsangebote helfen können (regionalisiertes Modell Thomson). In Branchen mit hoher Mobilität und starken Personalschwankungen können die Unternehmen auch selbst solche Arbeitskräftepools einrichten (z.B. in der Bauindustrie) und bei Bedarf auf diese anstatt auf Leiharbeit und Überstunden zurückgreifen. Die Maßnahmen werden zum Teil durch Sozialplanmittel fi-

---

76 Zu den Erfahrungen mit dem arbeitsmarktpolitischen Sonderprogramm vgl. Bosch, Seifert, Spies 1984. Der Konstruktionsfehler dieses Programms bestand darin, daß mit hohen Lohnkostenzuschüssen (80 % des Lohns) rein betriebliche Qualifizierungsmaßnahmen gefördert wurden, deren Qualitätsstandards nicht ausreichend gesichert waren.

Schaubild 14: *Beschäftigungsgesellschaften*
*Beschäftigungsebenen für Stahlarbeitnehmer, die von Kapazitätsabbaumaßnahmen betroffen sind und deren Arbeitsverhältnisse aufrechterhalten bleiben*

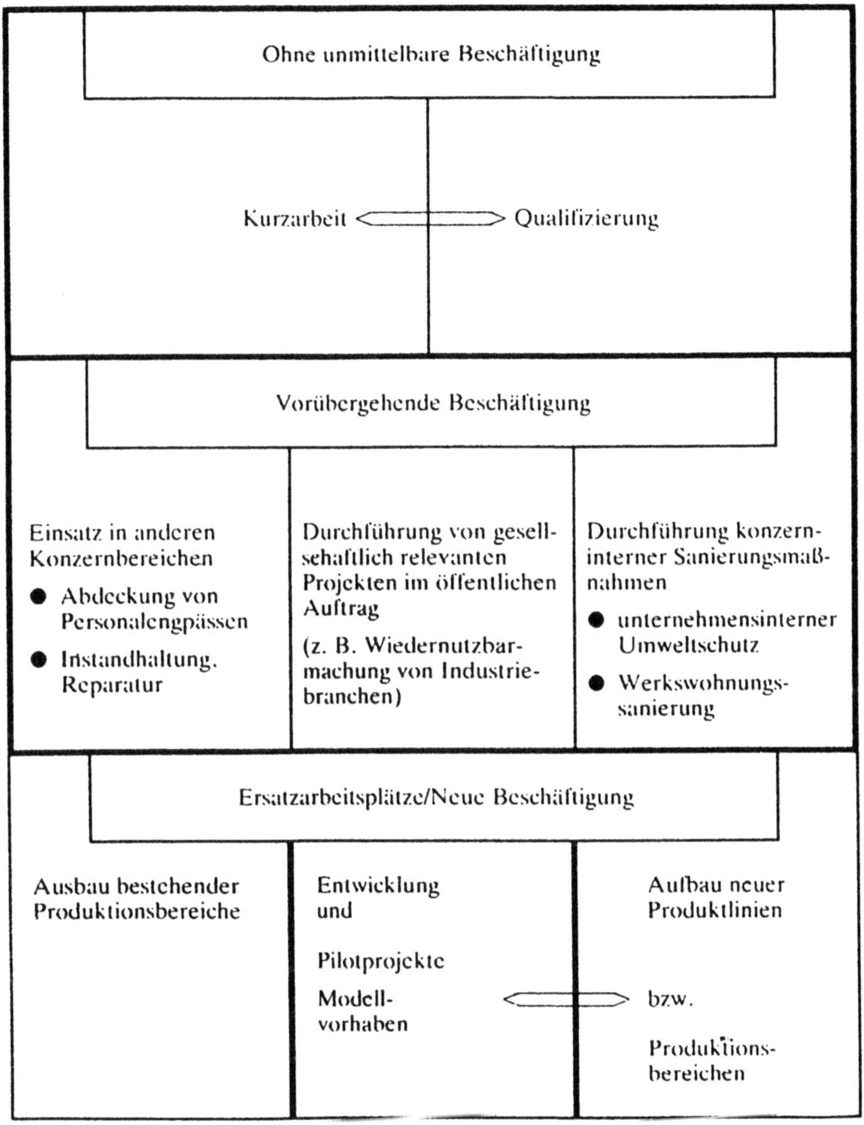


Beschäftigung innerhalb der Beschäftigungsgesellschaft
Beschäftigung außerhalb der Beschäftigungsgesellschaft

*Quelle:* IG Metall 1989

nanziert, zum anderen Teil durch öffentliche Mittel. Die Betroffenen selber bringen – wie bei den Beschäftigungsplänen – einen Teil ihrer Abfindungen ein.

Alle genannten Denkmodelle können rechtlich und finanziell ganz unterschiedlich ausgestaltet und miteinander gekoppelt werden. So kann beispielsweise die Öffnung des Arbeitsförderungsgesetzes mit einem arbeitsmarktpolitischen Sonderprogramm kombiniert werden, das die Mittel des Arbeitsförderungsgesetzes aufstockt. Am flexibelsten wären zweifellos die Lösungen 3 und 4. Sie ermöglich es, öffentliche Mittel nicht allein für Qualifizierung zu gewähren, was ja einem Ausschlußprinzip für einen Teil der Beschäftigten gleichkäme. Gleichzeitig können hier finanzielle Anreize für ein größeres Engagement der Betriebe, Kommunen und Länder geboten und somit verhindert werden, daß sich die Unternehmen durch den verstärkten Einsatz öffentlicher Mittel aus ihren Sozialplanverpflichtungen zurückziehen.

Solche ausschließlich arbeitsmarktpolitischen Initiativen verteilen allerdings nur die Beschäftigungsmöglichkeiten zugunsten der Entlassenen mit geringen Arbeitsmarktchancen um. Die Zahl der Arbeitsplätze in der Region erhöht sich hiermit allenfalls vorübergehend (etwa durch Beschäftigungsgesellschaften auf ABM-Basis). Um nicht die Last der Verringerung der Arbeitsplätze auf die nachrückende Generation oder sonstige schwer vermittelbare Arbeitskräfte abzuwälzen, sind gerade bei Massenentlassungen und Stillegungen in für die Region wichtigen Betrieben zusätzliche strukturpolitische Aktivitäten notwendig, die zur Schaffung neuer Arbeitsplätze in der Region beitragen. Hier sollte der etwa im Hamburger Aktionsprogramm Wirtschaft formulierte Ansatz einer Verknüpfung von Arbeitsmarktpolitik und regionaler Strukturpolitik weiterentwickelt werden. So lassen sich beispielsweise bei einer Wiederaufbereitung von Flächen Arbeitsbeschaffungs- und Qualifizierungsmaßnahmen mit entsprechenden zusätzlichen öffentlichen Aufträgen kombinieren. Solche Kombinationsmöglichkeiten können erweitert werden, wenn in der Region Beschäftigungsgesellschaften geschaffen werden, die mit einem eigenen Management ausgestattet und damit in der Lage sind, arbeitsmarkt- und strukturpolitische Aktivitäten gemeinsam zu realisieren (vgl. Schaubild 14). Die Grenzen einer solchen Verknüpfung liegen darin, daß die Aufgabenstellung und die Zeitstruktur von Arbeitsmarkt- und regionaler Strukturpolitik sich nicht völlig synchronisieren lassen. *Arbeitsmarktpolitik ist bei Massenentlassungen als Soforthilfe zum Schutz der Entlassenen gefordert; regionale Strukturpolitik kann zumeist nur mittelfristig die Schaffung neuer Arbeitsplätze anregen,* und erreicht damit weitgehend einen anderen Personenkreis. Allerdings lassen sich hier Brücken schlagen. Die von der Industriegewerkschaft vorgeschlagenen Beschäftigungsgesellschaften sind bislang die konkreteste Idee einer solchen Brücke, an deren Konstruktion weiter gefeilt werden sollte (vgl. IG Metall 1989).

# Literatur

AARON, B. (1964), Plant Closings: American and Comparative Perspectives, University of California Reprint Nr. 328, Los Angeles.

ABALLEA, F., AUCLAIR, E., LEPAGE, J., ROSE, P. (1988), Le reclassement des ouvriers de la téléphonie dans le Trégor, Recherche méthodologique sur l'evaluation. Commissariat Général du Plan.

ADAMY, W., BOSCH, G. (1988), Arbeitsmarkt, in: Kittner, M. (Hg.), Gewerkschaftsjahrbuch 1988, Köln.

ADAMY, W., BOSCH, G. (1989), Arbeitsmarkt, in: Kittner, M. (Hg.), Gewerkschaftsjahrbuch 1989, Köln.

AGENCE NATIONALE POUR L'EMPLOI (1988), Etude sur les plans sociaux des entreprises en restructuration et les congés de conversion: étude d'une population de licenciés économiques, Direction des Etudes et de la Statistique, Paris.

AIKEN, M. FERMAN, L.A., SHEPPARD, H.L. (1988), Economic Failure, Alienation and Extremism, Ann Arbor: University of Michigan Press.

ANDERSON, M., BYRON, G., O DONNELL, J. (1979), Regional Employment and Economic Effects of a Chrysler Shutdown – Preliminary Data and Analysias, Transportation Systems Center, U.S. Department of Transportation, Cambridge, Mass.

ARBEITSMARKTANALYSE (1988), Arbeitsmarktanalyse 1988 anhand ausgewählter Bestands- und Bewegungsdaten, Bundesanstalt für Arbeit, Nürnberg.

ARDENTI, R., VRAIN, P. (1988), Les restructurations dans les grandes entreprises: politiques de recomposition de la main-d'oeuvre et plans sociaux d'accompagnement des suppressions d'emplois, Centre d'etudes de l'emploi, Paris.

ATKINSON, J. (1986), Employment flexibility and internal and external Labour markets, in: Neue Arbeits- und Tätigkeitsformen, Europäische Stiftung zur Verbesserung der Lebens- und Arbeitsbedingungen, Dublin.

AUTORENGEMEINSCHAFT (1977), Sozialplanpolitik in der Eisen- und Stahlindustrie Köln.

BÄCKER, G., STEFFEN, J. (1988), Alterssicherung der Zukunft, Hamburg.

BANDEMER, J.D. v., ILGEN, A.P. (1963), Probleme des Steinkohlenbergbaus, Basel/Tübingen.

BELLET, M., BOUREILLE, B. (1987), Pôle de conversion: outil de restructuration du marché du travail? Le exemple de Loire-Sud, 6e Journée de l'Association d'Economie sociale, Lille, 25./26.9.1986.

BELLEVILLE, P. (1988), ...et les friches sociales?, in: économie et humanisme, Nr. 304, November-Dezember, Paris.

BERGNER, S. (1987), Fortbilden statt entlassen. Zwischenbericht, Freie und Hansestadt Hamburg, Behörde für Schule und Berufsbildung, Amt für Berufs- und Weiterbildung.

BERGNER, S. (1988), Arbeitspapier für die Beiratssitzung der Hans-Böckler-Stiftung zum Projekt „Qualifizieren statt Entlassen", Manuskript, Hamburg.

BERUFSBILDUNGSBERICHT (1988), hrsg. vom Bundesminister für Bildung und Wissenschaft, Bonn.

BERGLIND, H. (1988), Happy Loosers? A Study of Laid Off Metal Workers and the Swedish Welfare System, in: ALC Stockholm.

BERNAUD, I., BURTEAUX, M., DESLOGES, H., LANDRY, B. (1988), Peugeot-Sochaux: une mutation rapide, in: économie et humanisme Nr. 304, November-Dezember, Paris.

BERTHERAT, J. (1988), Saint-Gobain, la reconversion industrielle et le développement local: entretien avec J. Bertherat, in: économie et humanisme Nr. 304, November-Dezember, Paris.

BESCHÄFTIGUNGSRÜCKGANG (1985), Personalpolitische Beurteilung von Maßnahmen und Mitteln zur Anpassung an Beschäftigungsschwankungen, Teil 1: Beschäftigungsrückgang, Studien zur Mitbestimmungstheorie und Mitbestimmungspraxis, Arbeitsgemeinschaft „Engere Mitarbeiter der Arbeitsdirektoren Eisen- und Stahl" in der Hans-Böckler-Stiftung Nr. 13, Düsseldorf.

BILAN LORRAIN DE TROIS ANNÉES DE CONVERSION (1987).

BLUESTONE, B., HARRISON, B. (1982), The Deindustrialization of America, New York.

BÖHLE, F., LUTZ, B. (1974), Rationalisierungsschutzabkommen – Wirksamkeit und Probleme, Bd. 18 der Schriftenreihe der Kommission für wirtschaftlichen und sozialen Wandel, Göttingen.

BOSCH, G. u.a. (1974), Bedingungen und soziale Folgen von Betriebsstillegungen, Zwischenbericht, Dortmund.

BOSCH, G. (1978a), Arbeitsplatzverlust. Die sozialen Folgen einer Betriebsstillegung, Frankfurt/New York.

BOSCH, G. (1978b), Soziale Probleme bei einer Betriebsstillegung, WSI-Mitteilungen 4.

BOSCH, G. (1983), Kündigungsschutz und Kündigungspraxis in der Bundesrepublik Deutschland – ein Literaturbericht, Arbeitspapiere aus dem Arbeitskreis Sozialwissenschaftlicher Arbeitsmarktforschung 1983 - 5, Paderborn.

BOSCH, G. (1985), Betriebliche Initiativen zur Sicherung der Beschäftigung – Chancen für neue Produkte?, in: WSI und DGB, Regionale Beschäftigungspolitik und gewerkschaftliche Interessenvertretung. Fachtagung von WSI und DGB, Düsseldorf.

BOSCH, G. (1987), Qualifizierungsoffensive und regionale Weiterbildungsplanung, in: WSI-Mitteilungen 10.

BOSCH, G. (1989), Qualifizieren statt Entlassen: Ergebnisse eines empirischen Forschungsprojektes, Soziale Sicherheit 2.

BOSCH, G., SEIFERT, H. (1984), Das geplante Beschäftigungsförderungsgesetz – ein arbeitsmarktpolitisches Notstandsgesetz, in: WSI-Mitteilungen 10.

BOSCH, G., SEIFERT, H., SPIES, B.G. (1984), Arbeitsmarktpolitik und gewerkschaftliche Interessenvertretung, Köln.

BOSCH, G., GABRIEL, H., SEIFERT, H., WELSCH, J. (1987), Beschäftigungspolitik in der Region, Köln.

BRUN, F., BRYGOO, A. (1987), Etude sur les congés de conversion à la NORMED, Centre d'études de l'emploi, ANPE, Paris.

BÜCHTEMANN, Ch. (1985), Infratest Sozialforschung (1983). Die Bewältigung von Arbeitslosigkeit im zeitlichen Verlauf. Repräsentative Längsschnittuntersuchung bei Arbeitslosen und Beschäftigten 1978 – 1982. Forschungsbericht Band 85 hrsg. vom Bundesminister für Arbeit und Sozialordnung, Bonn.

BULLETIN DE LIAISON CGT D USINOR – SACILOR (1987), Nr. 2.

BURDILLAT, M. (1987), La Reconversion des Salariés – Éléments Exploratoires, Groupement d'intérêt public „Mutations Industrielles", Paris.

CASEY, B. (1984), Teilzeitarbeit nach der Lehre – ein neues Arbeitsmarktphänomen?, MittAB 3.

CHASKIEL, P., VILLEVAL, M.C. (1988), Pompey. Crise/Fermeture/Reconversion, Nancy.

CHAUCHARD, J.L. (1985), Restructuration et plan social, Les éditions d'organisation, Paris.

CHÉREQUE, J. (1988), l'Etat-partenaire: entretien avec j. chérèque, in: économie et humanisme, Nr. 304, November-Dezember, Paris.

CHRISTENSEN, J.F. (1988), Transforming industrial destruction into industrial renewal – the case of Elsinore, in: Roskilde University Centre, Grenoble Social Sciences University. Industrial flexibility and work. French and Danish perspectives, Paris.

CONGÉ DE CONVERSION (1987), Conventions d'allocations spéciales du Fonds national de l'emploi (FNE), Liaisons Sociales No. 5696. 11.9.1985.

CONTRATS DE CONVERSION (1987), Régime d'assurance-conversion et adaptation de l'assurance-chômage, Liaisons Sociales, Nr. 5900, 28.1.1987.

CONVENTIONS DE CONVERSION (1987), Entreprises en redressement ou liquidations judiciaires, Liaisons Sociales Nr. 5989, 13.8.1987.

CONVENTION GÉNÉRALE DE PROTECTION SOCIALE DANS LA SIDERURGIE (1984), Liaisons Sociales No. 5522, 9.8.1984.

COUNTY EMPLOYMENT BOARD (1987), The Uddevalla Shipyard. Labour Market Policy Programmes, Ms., Göteborg.

CRAMER, U. (1987), Klein- und Mittelbetriebe: Hoffnungsträger der Beschäftigungspolitik, in: MittAB 1.

DA A FU (1987). Durchführungsanweisungen zur Anordnung über die individuelle Förderung der beruflichen Fortbildung und Umschulung.

DAHREMÖLLER, A. (1987), Existenzgründungsstatistik, Schriften zur Mittelstandsforschung, Nr. 18 NF, Stuttgart.

DECK, J.P. (1986), La reconversion c'est possible, Ed. Erés, Toulouse.

DEDERING, H. u.a. (1970), Die Mobilität von Arbeitnehmern bei Betriebsstillegungen, 3 Bände, Frankfurt.

DEEKE, A. (1983), „Arbeitskräftepool" – ein Modell beschäftigungssichernder Bewältigung des technischen Wandels?, in: KVR/ITZ. Strukturanalyse Ruhrgebiet. Bilanz – Kritik – Perspektiven. Dokumentation einer gemeinsamen Veranstaltung des KVR und des ITZ am 23./24.3.1983 in Gelsenkirchen.

DOBISCHAT, R., NEUMANN, G. (1987), Betriebliche Weiterbildung und staatliche Qualifizierungsoffensive – Qualifizierungsstrategien zwischen privatwirtschaftlicher Modernisierung und staatlichem Krisenmanagement, WSI-Mitteilungen 10.

DOLLESCHKA, B., u.a. (1988), Die Stahlstiftung. Eine Idee wird Wirklichkeit, Voest-Alpine, Stahlstiftung zur Förderung der beruflichen Wiedereingliederung, Linz.

DOMBOIS, R. u.a. (1982), Vom Heuern und Feuern zur stabilen Mindestbelegschaft. Drei Jahrzehnte betriebliche Beschäftigungspolitik eines Schiffbauunternehmens, in: Mehrwert, Beiträge zur Kritik der politischen Ökonomie, Band 23, Berlin.

DRAGENDORF, R., HEERING, W., JOHN, G. (1988), Beschäftigungsförderung durch Flexibilisierung. Dynamik befristeter Beschäftigungsverhältnisse in der Bundesrepublik Deutschland, Frankfurt/New York.

DREWES, C., PELULL, W., WITTEMANN, K.P. (1982) Vorstudie Arbeitskräfte-Pool. Endbericht zur sozialwissenschaftlichen Begleitforschung, Göttingen.

EBERWEIN, W., Tholen, J. (1987), Borgwards Fall. Arbeit im Wirtschaftswunder Borgward Goliath Lloyd, Bremen.

EDIN, P.A. (1988), Individual Consequences of Plant Closures, Uppsala.

EHRMANN, A. u.a. (1988), Folgewirkungen von Betriebsstillegungen am Beispiel des AEG-Werkes „Brunnenstraße" in Berlin-West, Arbeitspapiere aus dem Arbeitskreis Sozialwissenschaftliche Arbeitsmarktforschung (SAMF 1988-1), Paderborn.

FALKE, J., HÖLAND, A., RHODE, E., ZIMMERMANN, G. (1981), Kündigungspraxis und Kündigungsschutz in der Bundesrepublik Deutschland. Eine empirische Untersuchung durchgeführt vom Max-Planck-Institut für ausländisches und internationales Privatrecht Hamburg, Bd. 1 und 2, hg. vom Bundesminister für Arbeit und Sozialordnung, Bonn.

FALKE, J. (1983), Kündigungspraxis und Kündigungsschutz, in: Ellermann-Witt u.a. (Hg.), Kündigungspraxis, Kündigungsschutz und Probleme der Arbeitsgerichtsbarkeit, Opladen.

FLAIM, P.O., SEGHAL, E. (1985), Displaced Workers of 1979-83: How well have they fared?, in: Monthly Labour Review 108, S. 3-16.

FÖRDERUNG DER BERUFLICHEN WEITERBILDUNG (1988), Ergebnisse der Teilnehmerstatistik über berufliche Fortbildung, Umschulung und Einarbeitung im Jahr 1987 und im 1. Halbjahr 1988, Bundesanstalt für Arbeit, Nürnberg.

GARNIER, B. (1986/87), Atouts et limites d'une politique de reclassement: les congés de conversion – le cas de trois entreprises de la région nazairienne, Mémoire de D.E.A., Université de Nantes.

GERDES, J. u.a. (1987), Folgen einer Betriebsstillegung, Bremen.

GERDES, J. u.a. (1988), Betriebstillegung und Arbeitsmarkt. Die Folgewirkungen der Schließung der AG „Weser", Buch-Manuskript, Bremen.

GESAMTSOZIALPLAN (1968), Gesamtsozialplan über die öffentlichen und betrieblichen Leistungen und Vorsorgemaßnahmen für die von Stillegungen betroffenen Arbeitnehmer des Steinkohlenbergbaus von 15, in: Bundesanzeiger Nr. 94.

GEWOS/GfAH/WSI (1988), Strukturwandel und Beschäftigungsperspektiven der Metallindustrie an der Ruhr, Hamburg.

GLÜCKLICH, F. (1988), Kapitulation vor der Dauerarbeitslosigkeit – Welchen Weg nimmt die Bundesrepublik?, Stiftung berufliche Bildung, Arbeitslosenbildungswerk, Hamburg.

GONÄS, L. (1989), Labour market adjustments to structural change in Sweden, Arbeitslivscentrum Stockholm.

GOTTLEBEN, V. (1987), Randgruppen in der zertifizierten Arbeitsgesellschaft? Zur abnehmenden Bedeutung der nicht formal Qualifizierten am Arbeitsmarkt, MittAB, Heft 1.

HAMBURGER AKTIONSPROGRAMM WIRTSCHAFT (1986), Bürgerschaft der Freien und Hansestadt Hamburg, Drucksache 12/137. 30.12.1986.

HANSEN, G.B. (1988), Layoffs, Plant Closings and Worker Displacement in America: A Serious Problem in Need of a National Solution, in: ALC Stockholm.

HARRIS, C.C., CANDEE, S. (1984), The Magnitude of Job Loss from Plant Closings and the generation of Replacement Jobs: Some recent Evidence, in: The Annals of the American Academy of Politic and Social Science, Vol. 475, Philadelphia.

HARRIS, C.C., LEE, R.M., MORRIS, L.D. (1984), Redundancy in steel: labour-market behaviour, local social networks and domestic organisation, in: Roberts, B. u.a. (Hg.), New approaches to economic life, Manchester University Press, S. 154-166.

HASE, D. u.a. (1988), Die Praxis von Interessenausgleichen und Sozialplänen in der Bundesrepublik – eine empirische Analyse, Forschungs- und Beratungsstelle für betriebliche Arbeitnehmerfragen, Berlin.

HEIMANN, K. (1989), Perspektiven des Ausbaus der Ausbildungsstätten der Stahlindustrie zu regionalen Bildungszentren, WSI-Mitteilungen 4.

HEMMER, E. (1988), Sozialplanpraxis in der Bundesrepublik. Eine empirische Untersuchung, Köln.

HERRON, F. (1975), Labour Market in Crisis, London.

HESELER, H. (1987), Europäische Schiffsbaukrise und lokale Arbeitsmärkte. Eine Untersuchung über die Folgen von Betriebsschließungen in Schweden, der Bundesrepublik Deutschland und Dänemark. Universität Bremen, Forschungstransferstelle des Kooperationsbereichs Universität/Arbeiterkammer, Bremen.

HESELER, H. (1989), Gegen den Trend. Arbeitsmarkt- und Strukturpolitik in Schweden, WSI-Mitteilungen 4.

HESELER, H., ROTH, B. (1988), Die Auswirkungen der AG 'Weser'-Schließung auf dem Bremer Arbeitsmarkt, in: Individuelle und sozialstrukturelle Folgen der Massenarbeitslosigkeit, Arbeitskreis sozialwissenschaftliche Arbeitsmarktforschung, Arbeitspapier 1/1988, Paderborn.

HILLEN, K.B. (1971), Arbeitnehmer nach einem Arbeitsplatzverlust, Opladen.

HÖLAND, A. (1983), Das Verhalten von Betriebsräten in der Kündigungssituation, in: Ellermann-Witt, R. u.a. (Hrsg.), Kündigungspraxis, Kündigungsschutz und Probleme der Arbeitsgerichtsbarkeit, Opladen.

IAB (1986), Kurzbericht. 29.9.1986, Nürnberg.

IG BERGBAU UND ENERGIE (1988), Sondertarifvertrag über Teilzeitarbeit von Berufsanfängern im Anschluß an die Ausbildung bei der Ruhrkohle AG.

IG METALL (1984), Unterhaltungselektronik, Arbeitsplätze wie Schnee im Sommer, Frankfurt/M.

IG METALL (1986), Diskussionspapier der IG Metall, Verwaltungsstelle Nürnberg, Zum weiteren Vorgehen bei Grundig in bezug auf die Umsetzung des Beschäftigungsplanes, Nürnberg.

IG METALL (1987), Beschäftigung sichern und neue Arbeitsplätze schaffen. Eine Rahmenkonzeption für eine Beschäftigungsgesellschaft Stahl, Frankfurt/M.

IG METALL (1989), Strukturpolitische Alternativen zur gesellschaftlichen Arbeitslosigkeit. Programmatischer Rahmen und praktische Ansätze; ein strukturpolitisches Memorandum der Industriegewerkschaft Metall.

IHK DES SAARLANDES (1982), Saarhütten in der Neuordnung, Sonderdruck aus „Saarwirtschaft 1982", Saarbrücken.

INDUSTRIALISATION USINOR SACILOR (1988), Paris.

IVERSEN, L. (1987), Some Health Effects of the Closure of a Danish Shipyard. A three Year Follow-Up Studien, in: Unemployment, Theoric, Policy an Structure, New York.

JONES/MACKAY (1987), Redundancy and Redeployment, University of North Wales, Ms.

JUDITH, R. u.a. (1980), Die Krise der Stahlindustrie – Krise einer Region. Das Beispiel Saar, Köln.

JÜRGENHAKE, U., MENGELKAMP, W., WINTER, B. (1988), Fallstudie „Saarstahl/Völklingen", Sozialforschungsstelle, Dortmund.

JÜRGENS, U. u.a. (1989), Moderne Zeiten in der Automobilfabrik. Strategien der Produktionsmodernisierung im Länder- und Konzernvergleich, Berlin, Heidelberg, New York, London, Paris, Tokio.

KAHN, H. (1962) Repercussions of Redundancy, London.

KERN, H., SCHUMANN, M. (1985), Das Ende der Arbeitsteilung, München.

KLEBE, T., ROTH, S. (1989), Beschäftigungsplan statt Sozialplan: Zwischenlagerung eines Problems oder Perspektive? Betriebsverfassungsrechtliche Aspekte und Durchsetzungsbedingungen, in: DB, Heft 30, S. 1518 ff.

KLEES, B. (1983), Ausgewählte Probleme des Kündigungsschutzes in Gegenwart und Zukunft, in: Ellermann-Witt, R., Rottleutner, H., Russig, H. (Hg.), Kündigungspraxis, Kündigungsschutz und Probleme der Arbeitsgerichtsbarkeit, Opladen.

KOHL, H. (1978), Personalplanung und Gewerkschaften – Bericht über eine empirische Untersuchung bei Betriebsräten und Gewerkschaften, WSI-Mitteilungen 4.

KOHL, H. (1982), Die Antikrisenabteilung in der Luxemburger Stahlindustrie, Die Mitbestimmung Nr. 11.

KOISTINEN, P., ASKO, S. (1988), Plant Closings and the Functioning of Local Labour Markets. Theoretical and Empirical Findings in the Socio-Economic Context of Finland, in: ALC, Stockholm.

LABALLE, M. (1985), Inspecteur Général. Enquéte sur la société de conversion de Thomson (le GERIS), Ministére du Redèploiement Industriel et du Commerce Extérieur, Paris.

LARSSON, C., SIGFRIDSON, R. (1988), Structural changes in swedish industry – the uddevalla case. Deindustrialization, Local Labour Markets and Policy Measures for industrial Renewal. Experiences from West Germany, United Kingdom and Sweden, Internationale Tagung, Bildungsstätte der Angestelltenkammer Bad Zwischenahn, März 1989.

LOEWE, W., WAND, K. (1987), Arbeit für eine Krisenregion, Köln.

LUTZ, B., SENGENBERGER, W. (1974), Arbeitsmarktstrukturen und öffentliche Arbeitsmarktpolitik – eine kritische Analyse von Zielen und Instrumenten, Bd. 26 der Schriftenreihe der Kommission für wirtschaftlichen und sozialen Wandel, Göttingen.

MACKAY, D.I. (1972), Redundancy and Re-engagement: A Study of Car Workers, The Manchester School of Economic and Social Studies, Nr. 3, September.

MACKAY, D.I. u.a. (1980), Redundancy and Replacement, Research Papier Nr. 16, Department of Employment, London.

MALMBERG, A., Old industries and uneven regional development. The case of Sweden (1989), Deindustrialization, local labour markets and policy measures of industrial renewal. Experiences from West Germany, United Kingdom and Sweden, Internationale Tagung in Bad Zwischenahn, März 1989.

MARIONI, P. (1987), Les congés de conversion. Dossier statistique du travail et de l'emploi. Supplement au Bulletin mensuel de statistique du travail Nr. 3435, Oktober.

MARIONI, P. (1988), Les dispositifs de conversion,in: Bilan de l'emploi 1987. – Supplement au Dossiers statistiques du travail et de l'emploi (INSEE), Nr. 43/44.

MARTIN, R., FRYER , R.M. (1973), Redundancy and Paternalist Capitalism, London.

MASSEY, D., MEEGAN, R. (1982), The Anatomy of Job Losses, London,

MEHAUT, PH. (1984), Public and Private Policies for the Development of Human Resources in France, OECD, Paris.

MEHRENS, K. (Hg.) (1985), Alternative Produktion. Arbeitnehmerinitiativen für sinnvolle Arbeit, Köln.

MENDIUS, H.G., SENGENBERGER, W., KÖHLER, C., MAASE, M. (1983), Qualifizierung im Betrieb als Instrument der öffentlichen Arbeitsmarktpolitik. Forschungsbericht Nr. 89. Der Bundesminister für Arbeit und Sozialordnung, Bonn.

MENDIUS, H.G. u.a. (1987), Arbeitskräfteprobleme und Humanisierungspotentiale in Kleinbetrieben, Frankfurt/New York.

MURKERJEE, S. (1973), Through no Fault of their Own, London.

NOWAK, Th., SNYDER, K. (1983), Womens Struggle to Survive a Plant Shutdown, in: The Journal of Intergroup Relation, Volume XI, Nr. 4.

OCHS, P. (1976), Analyse betrieblicher Sozialpläne, Saarbrücken.

OECD (1987a), Labour force statistics 1965-1987, Paris.

OECD (1987b), Employment outlook, 1987,Paris.

OECD (1988), Employment outlook, 1988, Paris.

OECD (1989) Employment outlook, Paris.

Ohio Public Interest Campaign (1981), Industrial Exodus Hits Minority Workers the Hardest, in: Shutdown: Economic Dislocation and Equal Opportunity, report prepared by the Illiois Committee to the United States Commission on Civil Rights.

OUTIN, J.L., SILVERA, R. (1988), la reconversion en marche: l'exemple du Creusot, in: économie et humanisme, Nr. 304, November-Dezember, Paris.

OUTIN, J.L., SILVERA, R., PERRIER-CORNET, F. (1988), Que sont devenus les non-repris de Creusot-Loire? Supplément au Bulletin Régional d'Information Travail et Emploi Nr. 101, Mai 1988.

PAINE, D. (o.J.), Closure at Linwood: A Follow-Up Survey of Redundant Worker, Manpower Service Commission, Edinburgh.

PELLUL, W., SCHUMANN, M., WITTEMANN, J.P. (1983), Arbeitskräftepool – ein Ansatz zur Lösung der Werftenkrise, in: Heseler, H., Kröger, H.J. (Hg.), Stell Dir vor, die Werften gehören uns, Hamburg.

PERRUCCI, C., PERRUCCI, R., TARG, D.B. and HARRY, R. (1988), Plant Closings, International Context and Social Context New York.

PERRUCCI, C., TARG, D.B. u.a. (1987), Plant Closing: A Comparison of Effects on Women and Men Workers, in: Lee, M. (Hg.), Redundancy, Layoffs and Plant Closures, London.

PROJEKTGRUPPE VIDEOCOLOR am Institut für Soziologie der Universität Münster (1987), Der Sozialplan ersetzt mir ja nicht den Arbeitsplatz, Betriebsschließung und Besetzungsstreik bei Videocolor Ulm, Köln.

PYKE, F. (1982), The Redundant Worker, Work, Skill and Security in an Engineering City, Durham.

RHYOPE, A. pit closes. A study in redeployment (1970), (Hg.), Department of Employment and Productivity, her Majesty's Stationary Office, London.

ROTH, S., KOHL, H. (Hg.), Perspektive: Gruppenarbeit (1988), Bund-Verlag Köln.

RUHRKOHLE AG (1988), Handbuch für Teilzeitarbeit von Berufsanfängern, Essen.

SAGÉT, F. (1986), Reconversion économique et création d'emplois, la pratique des opérations de reconversion des groupes industriels, Paris.

SAVATIER, J. (1985), La nature des congés de conversion et leurs effets sur l'électorat dans l'entreprise, Droit social, Nr. 4.

SENGENBERGER, W. (1987), Zur Struktur und Funktionsweise von Arbeitsmärkten. Der bundesdeutsche Arbeitsmarkt im internationalen Vergleich, Frankfurt/New York.

SENGENGERGER, W. (1988), Mehr Beschäftigung in Klein- und Mittelbetrieben: Ein Flexibilitätsgewinn?, in: WSI-Mitteilungen 8.

SENGENBERGER, W. (1989), Labour standards and industrial restructuring: Issues and perspectives, A Paper prepared for the Second Meeting of the International Working Group of Researchers and Trade Unionists, Düsseldorf, 30. and 31. Mai.

SIDÉRURGIE: Nouvelle CGPS (1987), Liaisons Sociales Nr. 5987, 12.8.1987.

SKOGÖ, I. (1988), Experiences of Some Major Company Closures Sweden, in: ALC, Stockholm.

SOLTWEDEL, R. (1984), Mehr Markt am Arbeitsmarkt. Ein Plädoyer für weniger Arbeitsmarktpolitik – München/Wien.

STORRIE, D. (1988), Structural change and labour market policy in Uddevalla, Papier for ALC Conference structural change and labour market policy.

STRATH, B. (1987), The Politics of De-Industrialisation – The contraction of the West European Shipbuildung Industry, Croom Helm, London.

SUND, O. (1989), Arbeitsmarktpolitik und Qualifizierung für Beschäftigte aus Krisenbranchen – Handlungsmöglichkeiten und Handlungsprobleme der Bundesanstalt für Arbeit, Soziale Sicherheit 2.

SCHÄFER, H. (1986), Betriebliche Ausländerdiskriminierung und gewerkschaftliche Antidiskriminierungspolitik, Berlin.

SCHULTZ-WILD, R. (1978), Betriebliche Beschäftigungspolitik in der Krise, Frankfurt/New York.

TESSARING, M. (1988), Arbeitslosigkeit, Beschäftigung und Qualifikation: Ein Rück- und Ausblick. MittAB 2.

VENNIN, B. (1988) conversion industrielle: une affaire d'Etat?, in: économie et humanisme Nr. 304, November-Dezember, Paris.

VERNAZ, C. (1987), Rupture pour motif économique, Liaisons Sociales, 9.7.1987.

VERTRAUENSLEUTE UND AK ALTERNATIVE FERTIGUNG Blohm & Voss (1985), Zukunftsperspektiven – aus der Sicht von Beschäftigten – Überlegungen des Arbeitskreises alternative Fertigung u.a. zu Schiffs- und Meerestechnik, Panzerproduktion und Fregattenexport – Arbeitsplatzentwicklung, Hamburg.

VILLEVAL, M.C. (1988), Employees Reconversion Paths und New Employment Relationships. Xth International Working Party on Labour Market Segmentation, Porto.

VILLEVAL, M.C. (1989a), Die Politik der Rekonversion der Arbeitskräfte in Frankreich. Ein Instrument zur Restrukturierung der Beschäftigungsverhältnisse, WSI-Mitteilungen 4.

VILLEVAL, M.C. u.a. (1989b), La reconversion de la main-d'oeuvre, Reflexions autour d'un analyseur des recompositions du travail et de l'emploi, Universite Nancy II, Nancy.

VILLEVAL, M.C. u.a. (1989c), La reconversion de la main-d'oeuvre, Bilan des problematiques (1950–1988), Universite Nancy II, Nancy.

VISSER, J. (1987), In Search of Inclusive Unionism – a comparative analysis. Dissertation, Amsterdam.

VOGT, A. (1974), Sozialpläne in der betrieblichen Praxis, Köln.

WALKER, A., NOBLE, I., WESTERGAARD, J. (1984), From secure employment to labour market insecurity: the impact of redundancy on older workers in the steel industry, in: Roberts, B. u.a. (Hg.), New approaches to economic life, Manchester University Press, S. 319-337.

WARBRUCK, K. (1988), Krise der Stahlindustrie? Ansätze zu einer betrieblichen und überbetrieblichen Bewältigung am Beispiel Krupp Rheinhausen, Diplomarbeit. Universität Gesamthochschule Duisburg.

WEDDERBURN, D. (1964), White-Collar Redundancy, Department of Applied Economics, Occasional Paper, Cambridge University.

WEDDERBURN, D. (1965), Redundancy and Railwaymen, Department of Applied Economics, Occasional Paper, Cambridge University, Press.

WEITZEL, E. (1986), Bescheidende Beschäftigungswirkungen durch Neugründungen IFO-Schnelldienst Nr. 7.

WOOD, St., DEY, J. (1983), Redundancy, Case Studies in Cooperation and Conflict, Aldershot Hampshire.

YOUNG, E. (1963), The Armour Experience: A Case Study in Plant Shutdown, in: Somers, G., Cushman, E., Weinberg, N. (Hg.), Adjusting to Technological Change, New York.

ZUKUNFTSPERSPEKTIVEN (1985), Überlegungen des Arbeitskreises Alternative Fertigung u.a. zu Schiffs- und Meerestechnik, Panzerproduktion und Fregrattenexport, Arbeitsplatzvernichtung, Vertrauensleute Blohm & Voss, Hamburg.

GPSR Compliance

*The European Union's (EU) General Product Safety Regulation (GPSR) is a set of rules that requires consumer products to be safe and our obligations to ensure this.*

*If you have any concerns about our products, you can contact us on ProductSafety@springernature.com*

In case Publisher is established outside the EU, the EU authorized representative is:

Springer Nature Customer Service Center GmbH
Europaplatz 3
69115 Heidelberg, Germany

**Batch number: 10809468**

Printed by Printforce, the Netherlands